掘るだけなら掘らんでもいい話

▲藤森栄一考古学アンソロジー▼

藤森栄一

新泉社

目次

Ⅲ

凡例

一、本書はオリジナル論文を底本としたが、一部、再録書を用い、また『藤森栄一全集』（全一五巻、学生社）を参照した。詳細は巻末の初出一覧に記した。
一、旧字・旧仮名は新字・新仮名に改め、数字・数詞はある程度統一した。
一、難読と思われる語句にふりがなを追加した。
一、明らかな誤記や誤植は訂正した。
一、写真・図版は一部、新たなものに差し替えあるいは割愛した。
一、収録作品の中には現在の人権意識からすると不適切な表現がみられるが、執筆当時の時代背景と作品の歴史的価値を考慮し底本のままとした。

藤森栄一考古学アンソロジー　掘るだけなら掘らんでもいい話

I

掘るだけなら掘らんでもいい話

——若き考古学の友へ——

一

雨の降った後、庭で幼い兄弟が土の上にうずくまるようにして何かしている。日暮れるのも忘れて一心に、鼻汁をすすりながら、あちこち石を上げたり、掘りまわしたりしている。

——御飯ですよ。と母が呼ぶと子供たちは急に思い出したように、土だらけの缶詰の空缶をぶらさげて、勝手口から入ってきた。兄が空缶を握りしめてしまったので、弟はひどく不足らしく、

——兄ちゃんよう、兄ちゃんよう。と後から三尺帯をゆさぶりながらついてきた。

——お母ちゃん、大《おっ》きなミミジュ。これもこれもみんな大きなミミジュ。と兄はとても嬉し

そうだ。缶の中ではお母さんを完全に恐怖させるに充分な、たくましく太いみみず共が、いっぱいにからみ合っている。

――おばかちゃんね、きたないわ、早く捨ててお手《てて》を洗っていらっしゃい。

――だってお母ちゃん、ミミジュが鳴くっていったじゃないの、だからぼく。と半べそをかきながら、叱られた兄はすごすごとみみずを捨てに庭へ出たが、そっと思いついて、縁の下にみみずの缶を隠した。そして植木鉢をその上に被せて、帰ってきて御飯を食べた。

夜の更けるまで、兄は何遍もそっと縁へ出て、耳を当てて聞いたが、その夜はとうとうみみずは鳴かなかった。月がいっぱいに照っていて、冷たい夜の気が子供を震えあがらせた。弟は母とぐっすり眠っていた。

次の日、兄はみみずはどうしているだろうと思って、植木鉢の蓋をとってみた。みみずは一向に動かなかった。兄はそのままみみずのことは忘れてしまった。

長いことたってある日、弟はふと縁の下のみみずの缶を見つけた。

――兄ちゃん、ミミジュだよ。

――ミミジュなんか鳴きゃしないよ。といったまま兄は寄ってもこなかった。その時はみみずはもう錆びた釘のようになってかたまっていた。弟がゆすってみると、コロコロ缶の中で音を立てた。弟は裏の小川へ行って、みみずを水に漬けてみた。バラバラになったみみずは、グキグキ曲ったまま、下の方へ流れていってしまった。

これはぼくの書いた小説だよといったら、君は何だ馬鹿馬鹿しいというだろうね。ところがだ、ぼくは心の中にもペンの先にも、忿懣《ふんまん》と痛憤がめらめらと燃えさかっているのを、いま消すことができない。どんなに下手な理論で、いかにつまらない、短い文章でもいい。いまこそこの笑うべき事実を嘲《あざけ》ってやりたいのだ。

君の若い火のような魂で、このぼくの「永いこととみみずを掘っていた話」を聞いてくれ給え。

二

いわゆる考古学は、みみずを掘る子供みたいな心理、環境から出発した。人々は太いたくましいみみずが、後から後から出てくることをもって、最上の喜びとした。そしてある人はみみずを蒐集することに異常な興奮を覚え、そのいわゆる趣味に酔った。このことには君も異論はないだろう。

ところが、ときにはそのみみずが骨董的価値を与えられたりしたけれど、やっぱりみみずはみみず、時と共に、感興と共に、人と共に、やがてはあきられて川へ流されたり、一生かかったコレクションが、一千円に売れたとか、一万円で資産家にひきとられたとかして、やがては考古学の教室や博物館で、整然たるカードの下に死滅したみみず同然にかえるのであった。

学問がこうした蒐集癖から出発したことは、考古学にとって何としても悲しむべき事実であったが仕方ない。後に科学の観念がこの興味の学問に注入されて、非常な馬力で甦《よみが》ってきたことは君も知っていることだけれど、残念なことに、科学の観念は、みみずを正しき教材にすることを教えず、その掘り方と、別け方と、並べ方を教えただけで、学問のエスプリはお留守みたいで、少しでもその方向へ苦慮する傾向のものは、例の家の芸たる「黙して語らず、眼を開いていても見ようとせず」といった調子で、黙殺されるのだった。こうしていつまでたっても、物へ、物へという執着だけが先行する心のない学問が彷徨していった。そして子供のみみずみたいに、無茶苦茶に資料は掘りまくられた。

もちろん資料のない学問はない。しかし資料だけでは学問は成立しない。ぼくだって考古学において資料が大事なことは知っている。だがそのことはしばらく措いて、みみずの悪口、ぼくのワンサイドゲームをいま少し聞いてもらおう。

学者は、考古学はいわゆるみみずの学問だから、私のみみずは私のみみず、君のみみずは君のみみず、資料はなかなか人に見せられませんね、まだ此奴《こやつ》の太さは発表してくれるななどといわれたりする。おれのみみずを無断で使ったというわけで詫び状をとったり、とられたりした大人のあったことも君は知っているだろう。学者のやっていることはみなたいへんなことにちがいない。掘ったり、集めたり、分類したり、総合したり、仮に対象が何であっても、本能としては、一応敬意を表さなければならないことだ。

こうしていまやわれわれの考古学は、無意識のうちに「完成」と行きづまりの一歩手前まできた。ちょうどそれはみみずの動物学的位置については、至れる限りの分析と総合が完成したときと同様であった。ところがさて、みみずは喰うこともできず、肥料にもならず、せいぜい魚釣の餌にしかならなかった。どうせこんなんだったら嗚呼《ああ》どうして始めから、何のためにみみずを掘るかを考えておかなかったろうか。たったこれっぽちのことだったら、みみずは土の中へまだ寝かせておいてさしつかえなかった。掘ることは何が出るかが問題ではない。何のために掘るかがじつに終局の問題なのだ。みみずにしてもそれを餌にして何を釣るかが、釣人にとってはもっとも大きな関心なはずだ。

大人気のないみみずの話は止めるとして、確かにわれわれの学問はまったくの無為に沈溺しつつあることを君たちはわかるか。現に君たちが進むべき道も知れずに、焦燥していることがそれだ。君、いまわれわれの生きている位置はどうだと思うか。あらゆる不要なもの、じつは人間個人にとっても、日本民族にとってもそれこそ必要な、真理であり、学問であり、生活であるすべてのものが廃され、力のみが伸びていくときだ。

考古学はどうしている。学者は何をしている。嗚呼。

書こう、断固として書こう。悪いところを切り捨てるために、気づいただれでもが大だんびらを振りあげて手術をはじめるべきだ。今こそ負うた子に教えられるがいい。

それもどうだ、考古学が断首されるか、甦生するか、その大だんびらをじつに第一に振りあげたのは、悲しいことに考古学者ではなくて、何といまわしい法の網だった。

われわれの学問の世界には、かくも満ち充ちた知識とすぐれた知性の裡にあってなお、先輩からの宿命的遺伝である蒐集癖を捨てさることができなかった。日本の人類学・考古学の上に不滅の業績を残したK博士には、ついにみみずはみみずで、所詮《しょせん》、古骨よりは古き美の残骸へのノスタルジァの方が怪しく幻惑した。こうして莫大なみみずも、われわれの学の誇りも、博士自身の栄誉も、K大医学部主任教授・正四位・勲三等・医学博士という、おそろしいほどいかつい肩書きも、みんな一把ひとからげにして川へ流してやってしまった。永い博士の開拓期の苦闘は、子供が隣りの庭の美しいチューリップの花を無断で腕一ぱいに摘んで帰るような、みみずの幻夢で空しく幕を閉じて終ったのだ。

だがきっと学界は事実をK博士のプライベイトな誤りとして、できることなら知らぬ顔の半兵衛がしたいであろう。ところがじつに君、それはそんなに偶発的な出来事と違うのだ。学界の屋台骨に火がついたのだ。博士の行為が罪だとしたら、それは人の罪ではなくて、学問の行き止りにできた一つの腫物《はれもの》だ。人の罪に驚きあわてている愚かさよ、病源は学問自身にあるのだ。今のスランプに平然と処しうる学問のマンネリズムをかえりみるがいい。

何のためにそれを掘るか、何のためにそれを学ぶか、いかにしてこれを学ぶか。そうした本義的なエスプリを教えられなかった。また苦悩しなかったわれわれの学問は、本質的な感激を喪失しつつ、材料と知識はガラガラと積み重ねられて、片寄った誤れる知性は一沫の芳香をも持つことなく低徊し、落莫し、今や崩壊の戸口に達しようとしたのだ。どこへ行く考古学、新しい再建を余儀なくされているのに、学者は平然と現状維持の夢を見ている。K博士のもとに生み出された腫物は、それが学界の生命にかかわらぬ以上、触れられないのにしたことはないというのだろうか。

三

秋風蕭条五丈原頭
戦利非らず　馬謖自縛して帰る
陣中冗言なし
涙を揮って　馬謖を斬る

Ｈ博士はただ一言、「親友であろうとも、大学の処置は明らかであり、簡単です」と断ぜられた。大学としてはともあれ、願わくば学問としての全面的の失墜を、この永き学問の根底よりの昏迷をこそ、断固として斬《き》ってほしいのだ。物が備って心がない考古学に、精神を注ぐきっかけになることを願わずにはいられない。

あの明治期の古い考古学からの脱皮の時期からの、いわば同志であり知友であったＫ博士を、かくも無残に切らなければならなかったＨ博士の苦しい心境を思う。そしてこの類なき学問の悲劇に驚き、歎き、そしてわれわれは、君たちは、いまなにをなすべきかを考えなければいけない。

民衆にこびたか、世の利の人であったか、どれほど象牙の塔に不適であったか、ぼくにはわからない。だが山本一清博士の京都帝国大学追出し事件のときに、あの人のとった英文学を背景としたたくましい自信はどうだ。それなのにこっちの場合はどうだったか。Ｋ博士は専門の病理学で失敗されたのではない。一千体か一万人かの古骨と、莫大な考古学的資料が集まって、さて学問の心の中空を感じたとき、考古学に対する自信と若々しい情熱を失われた時、そっと博士の中へ忍びこんだあのみみずの幻惑のいたずらが、このいまわしい事件に発展したのだった。けれども現実は単純に盗まれたといい、贓品《ぞうひん》だといい、盗みだと断定してしまっている。

いまや歎いてばかりいるときではない。さらに本質的にこの危機を分析すべきときだ。君も知っている通り、ぼくは誰にも体系的な学問を教わっていないから、学校の教室でみながいったいなにをしているかは知らない。事実、君は考古学を学んで何を教わったか。きっと、日本の石器時代の遺跡・遺物はどうであったか、大陸や朝鮮の古代文明はどのように日本にもたらされたかといった。いわば知識の範囲を出ないのではないか。

ぼくの知っているかぎり君等の教わった知識は、「在る事実」の外へあまり出ていないらしい。極言すれば、打ち欠いた石の平べったいのが打石斧で、小さな三角形のが石鏃で、磨いたのは棒状でも、平たくても、切れても切れなくても磨石斧で、解らないのは不定形石器、いや何々の形に似ているから「御物石器」だなどということだろう。そして土でこねた器が土器であって、何々式の方が何々式より層位学的に、また型式学的に古いといったような、端的にいえばそうしたことがらの一元的な形のままの錯雑した事実の羅列だけだ。

いま大切なのは、どうやって学ぶのではなくて、いったいなぜ学ばなければいけないかということではないだろうか。なぜわれわれは古いことを知らねばならないのか。第一に考古学ってなんだ。土器でもない。石器でもない。いわんや発掘でもありゃしない。それならなんだ。誰が答えてくれるだろう。君も知らなければぼくも知らない。憐れにも君はたどたどしく読んだ外国のエジプト学以来の、プリンシプルを持ち出そうとするか。そんなものはこの際なんの役にも立たない。

燃えるような若い血潮を持った青年の君らが、火のようになって考古学を、考古学をと絶叫している。だがぼくにしたって君らにしたって、この学問が正しい日本上代史の編成に直接役立つなんて保証一つすら、いまの世の中では持たせてくれていないのだ。趣味なら結構、だがぼくはいやなことだ。いずれにしても、ぼくらには自由に資料を掘ったり、まして掻き集めたり、たとえ資料があってもそれをゆっくり考えるなんて余裕はまったく与えられていないのだ。

こんなことは本当はわれわれの先輩にしていわしめれば、それだけですでに学究者の価値のないたわごとと一笑に付されるだろう。それでも君らは考古学と討死するといっている。面白いからか、ただそれだけでいいか、考古学って何だ、なぜそうした命の燃焼に価するのか。今の考古学に憎悪を感じない人は、そしてこれでいいんだと思っている人は、考古学を苦悩したんではない。

考古学とは嫌な言葉である。どうしてこれが学だろう。学の体系なんかなに一つできていやしない。現在の考古学のままでいいという人は学の字をとって使ってほしいと思うほどだ。考古でもいい、玩古《がんこ》でも結構。趣味的に遊ぼうと、科学的に玩《もてあそ》ぼうと、体系と精神を持たない学問はどっちだって同じことだ。迷子の学よ、いつ、誰が、どうして学という字を拾ってきてこの玩古にくっつけたか。考古学の学を誰が学として承認せしめたか、それよりそうした努力を本気でやった人がかつてあったか。

四

なぜ考古学がこんな状況のもとに低迷しているのだろうか。その原因の一つは考古学アカデミーにある。とうぜん日本考古学の主体となって、その学の正しいあり方を導くべき大学の考古学が知識欲の追求と、資料追随主義という学問の錯覚に毒されて、それ自体爛熟し化膿して崩れかかってきているのである。現に資料も資力も持たぬ巷の考古学究が、生活にすら絶望しながら、方向はともあれわくわくと心を湧き立たせて、私たちの国土を、私たちの祖先を、私たちの精神を、私たちの不滅の魂を、真実の上代史の中に求めようと、血みどろになって努力をしているのに、なんとわれわれのアカデミーは、みみずと古き美の死骸を、いまだに野良犬のようにあさってうろうろしている。国外にまで出かけてその国の民族の遺産を頂戴しようという勢いである。

指導者よ、かえりみるがいい。大学は何人の学究的現役をいま出しているか。何人の正統アカデミーが、正しい学問を目がけて邁進し苦闘しているか、いったい何を教えたのだ。一個人に生活の糧を与えただけで大学はいいのだろうか。幾人かの大学者がそれぞれの時代を牛耳ってきたが、それらの指導者は真実に命を捧げうる何人の弟子を育てたか。弟子は奸佞《かんねい》に先生の殻を守るか、そのための心の貧困をいとう者は止めてしまったかどちらかだった。残ったものは莫大なレポートと、手もつけられなくなったこれも莫大な量の古代の死骸であった。資料、資料で学問の体系も精神もひしがれてしまった学問がゆきづまって、考古学は古代史への正当な発言権の一切を失い、その上K博士事件に見る犠牲を生んだのだといわれて、誰が弁明の余地があるだろう。

五

私たちの唯一の師は、ひしがれ、ひしがれて巷に血を吐いて死んだ。資料もなければ、教室もなかった。それなのにその幾人かの弟子共は、その現身を師の学の各々に与えられたその延長線上に捧げようとしている。

資料の学問より人間の学問へ、古代日本人の生活とともに、われわれの限りなき魂の延長の探究へと腕組みをして出発している。まず新しい学問の体系を建てるためには、第一に古い学問の死骸をとりのぞくことだ。そして自己の信ずるままに自己の信ずる道を求むることだ。近い将来において、それが考古学であったって、また考古学ではないといわれたってどうでもよい。少なくとも人と命と現身をこの祭壇に、厳然と要求しうるだけのすばらしい精神力と情熱に燃えた新しい学問をうち建てるのだ。

いまや私たちは私たちよりもさらに若い人々を、君等はさらに後の人々の一生を、考古学の限りなき前進のために要求してやまない。

まだ晩くはない。皆を呼んでくれ。私たちの国土、私たちの民族の将来を見通すことのできる学問の創造のために、そして私たちの永遠の魂の延長に向かって進んでいこう。

掘るだけなら掘らんでもいいのだ。資料も知識もそれ自身つまるところ何のオーソリティにも価しない。それよりも高い知性と鋭い感性と強い情熱によって、一日も早く一つの学問を形成しよう。それからこの国の人々のすべてから、古い考古学の観念を叩き出してしまおうではないか。


（一九三八年）

考古学への想い

書いてみたいこと

とても慎重に、いつまでも資料を眺めている人がいる。もちろん、それはそれで結構である。しかし、資料は単独でおかれた場合何の役にも立たぬものである。いくつも、小さなつまらないような資料が共通の場に提出され、組立てられるのでなければ価値を生じないのである。われわれ、考古学者は現認した資料を直ぐ学界に報告する負い目があるのはそのためである。こんなことはつまらないことだろうかとか、笑われはしないだろうかなどということは考える必要はないのである。

ところで、書くということは中々に忍耐がいるものである。それはなぜかというと、うまいことをいおう、上手に書こうと気負うからである。ふだん一人の相手をつかまえて、アナタは話してそして説明する。それをそのまま字でひろえばいいのであって、やがて書くことは大変楽しいことになるであろう。また資料はすべて燃料である。燃えつくして尻から噴出したときロケットのように必ずアナタは一歩前進している。燃料を燃さない考古学者は絶対に前進しない。報告や論文が後の世まで残る自分の学績になろうなどおこがましい考えである。

ただ書くことで、アタマが一歩前進すればそれでいいのである。

書いてみたいこと II

私は中学のころ、晦渋なわけのわからぬ論文や作文を書いた。もちろん、作文の点は下の下であった。そのうちに、考古学のいろいろなレポートや論文をその筆で書いて、方々の雑誌へ送った。はじめ私の原稿をみてくれたのは八幡一郎先生で、やがて森本六爾先生にかわった。さぞ、それは大変な代物であって、あるいは両先生、特に森本先生は、ほとんど、改めて書きなおしたくらいではなかったかと思う。活字に印刷されてくると、自分の文章はとてもスマートでしかもとても読みいい、まんざらでもないなと、ちょっとうれしくなる。いく度となく読みかえす。田舎の志を得ない一少年の、このいとおしい藤森栄一という名が、活字になるのだから、もう、うれしくて、紙がぼろぼろになるまで、涙をながしてくりかえしよむ。そのうちに、その誰のともわからない文章がいつの間にか自分の文章の基盤になってしまった。もっとも森本六爾先生の文は志賀直哉と林芙美子が激賞した名筆である。森本先生という人は、それを、アナタは文がうまい、ロマンの味があるというようにあたたかくいってくれた人である。

やがて、私は編集者になって人の文章をたくさんみるようになった。森本さんのように、いく人かの人の代筆や、書き直しをやった。私のような文章を書く若い人がかなりでてきた。

戦後になって、私が長い空白から抜ける契機になったのは、一志茂樹先生から何か書いてみないかという、おさそいがあったからである。そのころ、私はもう、完全に過去の人だった。自分でも再び考古学にかえれようなど思ってもみなかった。何しろ昭和十八年の兵隊から三十五年まで、実に十七年の空白である。家内が一切の雑誌や報告など文献など管理してくれて、文献的には続いていたが、すべては発送袋入りのまま、ほこりをかむっていた。私は手をつけるのがこわかったからである。

一志先生のお声がかりで、曽根を書いた。ところが雑誌の出る二、三日前に原稿がかえって来た。見ると、無残にも真赤である。私はそれまで、自分の原稿がどう料理されていたか見ることがなかったのである。森本先生のときから今まで、藤森栄一という活字の文は、藤森栄一が書いたと思っていたのである。それから〝こんちくしょう〟というわけでむきになって信濃へ原稿を書いて来た。それでも、まだ、帰ってくる原稿は、真赤が、赤まじりになったくらいである。生涯のうちに一度でいいから一志先生に直されない文を書きたいと今、切実に思っている。

こういう本当の指導をしてくれる先輩はもう、そのうちにいなくなるだろう。若い人々は、こういう尊い試金石にぶつかって、自分の文を錬える、長い努力が必要である。

掘ってみること

考古学の専門家、スペシャリストであることは、遺跡を正しく掘りおこすことからはじまる。発掘をしない考古学者と云うものはあり得ない。われわれは、そう考えさせられ、また、そう自任してきた。

したがって、フィルドを持たない考古学者というものほど、あわれなものはないと、疑いもなく信じられてきた。

すくなくとも、発掘を計画的に施行できる団体に属していない研究者というものはあちらへ走り、こちらへとび、行く先き先きで、大きい団体の御手児をやり、使いまわされることで満足し、はては、いらなくなって、もとへかえる。もちろん、自分の研究としてそれを発表するわけにはいかない。写真一つ、自由にならぬのである。

そして、これを勉強になったといってあきらめているが、実はこれは、その人にとってなんにもならないのである。

自分の発掘でなかったら、すべからく、見物にまわって、層位や遺物は、いずれ大業なレポートが出るから、どうでもよい。その自由にできる環境について、深く観察するべきである。その文化をしっかりつかんでいないレポートほど役に立たないものもないし、又、行って見たことのない土地のレポートを利用することは非常に危険である。

かりにしっかりした研究団体でも、フィルドにめぐまれない場合がある。そのときは仕方ないから、草刈場的な地域で、他と角づきあいをしながら、領分をひろげる。

これが原因で、いろいろな悲喜がおこる。

迷惑するのは、そのフィルドに生れついて勉強しようと思っている者たちである。

一度掘った遺跡は、それきり、もとへはもどらない。完全な発掘調査というものは、もともと、なかなかできぬことであって、行き過ぎの考察より、むしろ、考えなさすぎて見のがす現象の方が多いし、本当はおそろしいのである。それを急いでまずお手付をというようなやり方で、何々式を布石におき、ハイお次というようにやられてはたまらない。

私は、発掘をしなくても、考古学はありうると思うのである。世に掘り出された資料の中には、掘り出されたきり、正当に考えるという評価の与えられていない、たくさんな遺物と遺跡がある。その不遇な資料に、正しい考察を与えるべきである。論考の勇気のない発掘者には、別にそれについて遠慮するには当らない。

我々がそういう研究をすると、たいてい思いつきだということでさげすまれる。勿論、さげすまれないような物の観方をして、大いに再吟味の仕事が、考古学界で重視されるべきである。遺跡は、地に眠らせておいても一向に差支えないのである。

既に掘った資料に正しい価値づけもすまぬのに、次を掘る必要はないのである。

何のために遺跡を掘るか。そこに遺物があるから、でない。そこに、どんな人間のいのちがあったかということを知りたいためではないだろうか。

感じてみること

私はいろいろな人を知っている。うらやましく思うのはメモ取り名人芸をもった人などである。先頃なくなられた同志社大学の酒詰仲男さんなど、芸術品に近い見事なメモを作った。のぞいて見ると、いま私のしゃべったことが、きれいな細かい字でぎっしり活字のように並んでいる。貝塚掘りに専念していた頃はフィールドで野帳はもう立派なレポートの体裁を整えていた。どんなに悪筆遅筆の私などうらやましかったものか。家へ行ってみるとそのノートが高く積んであって、気押される思いだった。日本で最も多く貝塚を掘った酒詰さんは、その素晴しい資料群をノートに残こして死なれた。貝塚研究の大成は魂を入れられずにおわった。惜しいことである。

信州では向山雅重先生が素晴しい野帳の集積をおもちのことと聞いている。

一般に学校の先生方はノート作りが上手のようである。私などが、話しをするとき、一斉にさらさらと書き始められる。うれしいエチケットのようにも思える。しかし中にしゃべる方では初めてのことなど話せるわけはないのであって、たいていは何かの本かレポートに出ていたり、自分が既に書いたことでもあるので、少々気の毒で無駄なことのようにも思える。

あんなに何んでも書いて、又、読むことがあるだろうか。たくさんたまってしまってどうするのだろう。このおしゃべりを批判する余裕があるだろうか。私はその時、下を向ききりでノートをしている方々を気の毒に思い、そう感じるのである。

私は指先がうごかないので、急いで書くと字にならないし、原稿紙のコマより小さな字は書けない。重要な会談など、泣きたい思いである。それでいつの間にか、仕方なく覚えることにした。相手の眼をじっと見据えて、表情をリズミカルにとらえながら覚えるのである。

若いうちはそれでも、ほとんど勉強にことかかなかった。ところが中年から人の名前がどうしても覚えられなくなった。中年すぎ初めて逢った人の名前がまず全然頭へ残らなくなった。事柄と顔だけで、どうしても名がでてこない。私はきっといまに、その事柄も顔も忘れるようになるだろう。しかし、駄目にはならない。私には老年いよいよさえている感じる力が残っている。いや、私だけでは勿論なく、誰でもの生理がそうなのである。

私がノートが下手だからいうのだが、事実（資料）はいくら集めても、集めただけではなんでもない。事実は既にどんな研究者の手元にも、目の通しきれないほど集まっているのである。しかも、今もなお、きりもなく印刷されているのである。要は小さな研究者の脳面積で何をすればいいかということである。記録することと記憶することももとより必要である。大切なことである。しかし、今はほとんど懸命になって記録した事実が大ていは既に活字になっている文明開化の世なのである。それとも、どうしても自分の頭でなければできないことは感じることである。

筆記も野帳も、上手な人はもとよりめぐまれた人なので、勿論結構、しかし、これに没入してはいけない。その貴い時間と深い観察を、人各々見あった感性によって文化の在り方を感知すべきである。

学友桐原健君がその専攻の弥生式文化について、ハイマート、瀬戸内〜九州を見たり、一つ一つ歩くわけにはゆかない。空からでも船からでも、そこを見ただけで、書斎につまった資料がみんな生々と呼吸してくるだろうといっている。彼は余り感性を重じない方の型なのに、その彼にして、この言や佳し、と最近私は感じているのである。

観察してみること

私は電車やバスへ乗ると、うんとキョロキョロすることにしている。近いところでも、なるべく地形図を持って乗る。そして、窓の外と地図を見くらべて、窓を開けたり閉めたりする。まわりの人はたいてい席をかえてしまう。

毎日見なれた土地でも、時間の差、光線のちがい、その都度、いろいろな顔をみせてくれる。私はいろんな違ったものが見えて、いそがしいのである。そのいそがしさは楽しいのである。

学究者には貫禄などという老化現象はいらない。子供のように、前での人に泥靴をつけて、後ろ向きに窓へへばりつき、懸命にみるべきである。でんと貫禄をつけ、居睡りしたり、週刊誌の同じところを眺めているなど論外である。もしそこにお母さんがいたとしたら、「お母さん、なぜ？　どうして？」といくらでもくどくきくべきである。

われわれには、角膜から入って、視神経を通し、見えてくる事象のうち、脳神経が反応を示さないことがらがたくさんある。見えていて見えないのである。肉眼は若いほど鋭いが、年をとると、いままで見えていて見えないものが、だんだん見えるようになってくる。昨日より今日のほうがよく見えるのである。あの本はもう読んだ。あの遺物は知っている。あの遺跡はもう見た。そういう観念は捨てるべきである。すべて、昨日みえなかったものが、今日見える可能性をもっているからだ。

何んで、こんなことを見逃していたのだろう?、そういう後悔は進歩のある証拠である。もっとはっきりいえば、学問というのは、そういう後悔の連続なのである。

もうひとつ、意識的盲点ともいうべきものがある。

われわれは、土器や石器をみる。まず何をおいても、これはどういう形式であるかとみる。土器の編年が考古学のすべてのように考えられていた学の創生期の悲しきさがである。冷静に、無機物として、その模様をにらみ、時間的位置をはかる。諸君も私もそうである。けれど本当のことをいうと、考古学は動物分類学や、植物分類学でも、地質学でもない。したがって、自然科学ではないのである。土器の破片は、いれものとしての生活の、または美的表現としての感情の、それぞれ、生きた標本なのである。いまのわれわれは、この点、ほとんど意識的に盲目に近い。

考古学はあくまで、編年学ではなくて、遥かかつての世にいなくなった人々の生活や感情を知るための学問であるはずである。

われわれは、本質的にいえば、掘ることがたのしくて、集めることがうれしくてこの学問に入ったのではない。やっぱり、古代という誰も見たことのない世界、その未知の世界にあるだろうところの、すえるようなロマンチズムの香をしたって入って来たのである。

編年しか念頭にないと、土器をみても石器をみても、人間は見えない。したがって、学問的に人間追求はまた時期尚早だと思うが、本当は、その人の意識的盲点にすぎないのである。実はその観念さえとりのぞけば、古代人の生活は、いくらでも見えてくると思うのである。

それは古代に限ったことでない。いま生きている命の美しさ、私はそれをじっと見つめ、そしてジロジロと観察する。古代と現代と、見つめる人間の美しさに、本質的にどんな違いがあるだろうか、ということを、私はいつも思うのである。

歩いてみること

脚の丈夫なころ、私はよく歩いた。

昭和四年の夏、中津川から塩尻まで、十六日かかって、木曽道中をしたのが歩きはじめだった。三岳、王滝村から、開田村の奥まで遡上した。同行は中学の同級生と三人、みんな考古学が好きだったわけではない。一人は東大の油脂化学を出て、戦争中、鰯油から石油をとる研究に本気に打ちこみ力つきて死に、一人は醸造学をやって、大酒造会社をやっている。私が木曽探検科学者同盟の話をすると、そりゃ、面白そうだ、やろうということになった。少年たちは、お寺や学校の宿直へとまり、元気で歩いた。学校の標本室や蒐集家を歴訪したばかりでなく、川で泳いだり、ケンカをしたり、ハーモニカを吹いたりもした。そして、ウンと喰った。

鉄橋の上を歩いて汽車をとめたのは藪原駅の直前だった。小木曽の分教所にいた岩本新一郎先生のところへは三日もごやっかいになって、井出の頭の遺跡で、はじめて発掘というものをやってみた。

それからは味をしめて、毎夏、それをやった仲間はそのつど変った。二度つきあってくれた友達はなかった。指を折ってみると、安曇姫川谷、千曲川上流の信州峠から上田まで、松本平一周などがある。甲府から右左口峠をこえて大宮、沼津、船で土肥、伊豆西海岸を大島までというのが一番長かった。伊那谷へはどうして行かなかったか覚えがない。探検的な要素がなくてパァトナーができなかったせいかも知れない。今でもおしいことをしたと思っている。

見たものは、蒐集家や学校の片々たる標本だけである。遺跡だけうろついて表採くらいが関の山で、掘ってみたのは、ほんの二三の覚えしかないがその標本を丹念に拓本をとったり、ノートに実測図をしたりした。それが、たくさんたまるのが無しょうにうれしかった。同じ例品が三つ四つとたまると、その不思議さが、もっと類を呼びたい発表欲に連なっていった。

今ごろは、そんなものはレポートにはならないということを誰でも知っている。たしかにそうだろうが、実は、そういう知恵によって、学問の精神的培養源である好奇心の発育を妨害しているのである。そういう雑物を若い人はうんと見聞し、書き、また学界は発表の場を与えなくてはならない。

すべては、歩いてみることに始まる。

遺跡を見、民家を見、人々の顔をのぞき、話しかけ、きれいな女がいれば少しついて行き、それから、土器や石器を見るべきである。

私は今の私の勉強が、いいか悪いか知らないが、しかし、とてもたのしい。そのすべての基礎は、どうやら少年期のその歩いたことにあったようである。

いや、私だけでなく、梅原末治先生でも、八幡一郎先生でも、そうだったように聞いている。私たちの頃には思いもかけぬような好条件の発掘を、今の若い皆さんはあたり前のようにやっている。当もないのに、人の集めたセコハン資料など見て歩く人などいるだろうか、けれど自分の袋の中にためたたくさんのパズル、その鍵をさがしてさまようといったロマンチシズムというものは、すべて学問のエネルギー源なのである。

今どき、無銭旅行や、歩け歩けをさけんで笑われようというのではない。発掘とおなじ費用と努力が、ゼネラル・サーベイにもそそがれるべきだと、高いところへバスでのぼり降りてくることしかできない私は、つくづくと思うのである。
――もっと、若いころ、歩いとけばよかった。――

遊んでみること

考古学も大人になった。――それは、ボクの専門ではないのでね――とか、――無関係の地方の資料だからいらない――などということをよくきくようになった。

それだけ進歩して、内容が多岐にわたったことは、何としてもよろこばしいことである。同じ考古学の研究でありながら、協会の研究発表で、他のセクションの報告者が懸命にやっているのに、ロビーでワイワイやっている大半の会員は、そういう考えからである。

人生は短く、その道は長い。

学問が進んで、複雑に分岐してくれば、むろん、何んでも屋というわけにはいかない。おまけに、われわれは、経済的にも時間的にもめぐまれていないので、学問のほかの分野で遊んでみる余裕などないというのは至極もっともである。しかし、純正な科学者でも、六日の研究の後の一日の遊びは絶対に必要だといっているし、ノーベル賞の後で朝永振一郎さんも、何かの座談会で次のような意味のことをいっている。日本の科学にはもっと夢がほしい。かたくなな何々屋根性のため、学問の原動力になる知的好奇心が弱まってきてはいないか。それは、科学のみでなく、あらゆる学問に通用する警告だと、私は思う。とくに、考古学が知的好奇心を失ったら、いったい何が残るというのか。

いま、日本の考古学は、その基礎工作としての編年学をほぼ完成した。しかしなお、編年学以外に興味を示さない態度が、学の主潮と考えられている傾向が潜在する。たしかに遺跡や遺物はすべて物いわぬ無機物である。しかし、そのたった一片の破片といえども、生きていた人々の、生への執念、殺して、食って、愛して死んだ、生の人間の投影である。私たちは、まったき土器形式変遷を知っているのに、なぜ、土器は変化したのだろうかという原則的な命題については何もしらない。

こういう学問の狭さは、一つに研究者の狭量さに起因する。人間としてその学究に、知性的な遊びがないのである。プレ縄文のスペシャリストが、宮阯の発掘に何かを感じ、縄文文化の研究者が、縁もゆかりもない青銅器の研究に抜本的な文化構造の示唆をうけるといったケースも、実際において少ないのである。

研究者に必要な遊びは、たんに学問的な浮気だけではない。文学を、小説をよみ、あるいは書いて、自分の想念の世界に生きている人間というものを裸にしてみたり、詩を味わったり、音楽を聞いたり、絵をみたり、実際の生活の上では中々にのぞめぬことばかりではあるが、あらゆる人間の遊びを味わう必要がある。失恋をしたり、愛したり、にくんだり、絶望したり、笑ったり泣いたり……。

二十代のはじめ、私は京都で、小林行雄さんと、一生懸命に映画をみた。トーキーの初期で、エーゼンシュタイン、フォン・スタンバアグ、ルビッチ、デビュービエなど、米・露・仏の名匠がならびきそって、連続画面の理論を展開していた。私たちは、その構成をいくどとなくエッセイの組立てに利用し、私はある夜みた「アランーその人と風土ー」という短篇から、弥生式石器の理論を考えた。北海の岩山の孤島には、ハンマーを耕具とする農耕もありうるのである。きっと、石器の機能ということをいいだしたはじめと思う。

そのころ私たちは、森本六爾先生についてまわった。この三十四歳で死んだ考古学者は土器形式など一つも教えてくれなかったが、学問に必要な知的な遊びというものを身をもって教えてくれた。私はいま、もうその死んだ先生より二十年以上も多く生きて、身をもって後進の方々に教えるべき時期にきていながら、いったい、この遊んでみることの必要を、どう表現したらいいかということが、まだわからないのを、つくづく情けなく思っている。

ケンカをしてみること

少年のころ、「スタンレー探険記」という映画をみたことがある。

その映画の冒頭は、スタンレーがアフリカ暗黒大陸の中央部タンガニイカで、行方不明と伝えられていたリビングストーン卿に遭ったという報告を、イギリス王立地理学協会の面々が糺問している場面である。全会員は賛成、反対の二手に別れ、華々しく、それが在り得べきことか、在り得べからざることか激しく論戦し、はては机を敲き、つかみかからん勢であった。むろん、賛否両論、喧々がくがく、丁々はっし、文字通り言葉のケンカであった。やがて、会長が、「私は賛成派に属して論議をつくしてきたが、どうも、スタンレーのいうことには、物証が乏しい。本シンポジュームは、スタンレーの報告は認めない。よって、スタンレーは、再度物証をもって、問題を提起すべきである。」ということで、スタンレーのアフリカ横断がはじまるわけで、一八七三年のことである。

私はここで、リビングストーンとスタンレーのことを言いたいのではなくて、そのシンポジュームというものの、激しい精神的な高揚について考えたいのである。

日本の、特にもわれわれ考古学会で行なわれているシンポジュームと称されるものが、実に微温湯的で、靴の上から足をかくようなもどかしさを覚えるたび、私はいつも、あのすさまじい学問的な闘争を思い出すのである。

日本考古学協会にばかり喰いつくようであるが、一九六二年の奈良県奈良大会のときの『邪馬台国シンポジューム』で、はっきりした自己の信念を披瀝できない考古学代表が、材料を考古学に求めた古代史学者に、こてんぱんにやられて、新聞記者に笑われ、一九六七年の岩手県北上大会では、『縄文晩期の農耕』ということで、さぞかし、縄文農耕論がその存否両説にわかれ激しく討論するのだろうと、胸をとどろかして遙けくもいってみると、どこからこんな打石斧が出たとか、籾がでたとかいう説明ばかりで、列席の学者の誰が賛成か、反対かそれすらわからない。唖然としているうちに、時間切れで、どうということもなく終ってしまった。つまり、それぞれの研究者のレポートにあることを、わざわざ聞きに北上まで行ったわけである。

こんなシンポジュームは、前から九州論×畿内論、縄文農耕存在論×否定論と、論者をわけて対立の上論ずべきで、むろん、否定論者が肯定にまわっても、その反対でもいいのである。たとえ仮定であっても、とにかく論戦が嚙み合わなくては、何にもならないのである。シンポジュームというのは、自分の学説を守ったり、学績を大切にするものではなくて、学問の正しい方向を予察するための手段である。

ケンカのない学界には進歩が少ない。

鳥居博士の縄文アイヌ、弥生固有日本人説に抵抗した縄文トリオ三氏の研究が縄文土器の編年の樹立をはじめ、喜田博士が東北では縄文遺跡から宋銭が出るから地方によっては縄文文化は残っていたという説と、山内清男氏の考古学の王道論との激しい論戦の末縄文土器編年の基礎ができたといえる。また明治大学の夏島貝塚のカーボン・ディテングでBC七四九一±四〇〇年前を天孫降臨説だといって笑った山内博士の反論が結果においては、放射性炭素年代測定のデータを揃え、確立した体系をもった近因にもなった。駁論や反論はそれ自体では要するに単なる捨石となり、人としては負け犬に終るかもしれない。が、学問の為には絶対必要なのである。

学問にはケンカが必要なのである。負けても勝っても双方がどうしても必要なのである。

昭和初年、京都立命館大学に三森定男さんという考古学者がいた。今は北海学園大学の教授である。すごいファイターであった。私はよく徹夜でケンカのような論戦をした。この人が、森本六爾さんと考古学というのは編年学か文化学かという点で激しいケンカをした。そして三森さんはその末、こん畜生というわけで『日本原始文化』（四海書房、昭和十六年）という本を書いた。編年派でも、文化を論ずればこんなもんだという気概にあふれた。今にいたる原始文化論としては最高級の名著である。それ以後、三森さんにはいい意味の刺戟、つまりケンカがなかったのか、お仕事をしていない。

羊頭ケンカをかかげた狗肉シゲキを売ったような仕儀になってしまったが、私はつくづく正しい批判精神の衰えた学問のマンネリ化は、こまると思うのである。

地味をみること

私は『信濃考古散歩』という本をたのまれ、ここ三年ほど、長野県の考古漫歩をつづけている。曽遊の地と自分で調査した土地も含めて、とにかくもう一度、急行便で廻るのである。同志中村龍雄君の車に便乗して、私はキョロキョロとあたりを見まわし、積みこんだ文献を勘案し、地形図を読み、勝手に熱をあげたり、感嘆したりしているのでまことにいい調子で、はじめ、ボロ車だったころは、中村君も勇猛果敢、古墳らしきものがみえると、桑棒にボディを敲かせながら畝道を直進するという便利さだった。ところが、近時、新車にとりかえてからは、まことに慎重そのもの、遺跡があっても、道が悪いと大通りの舗装を迂廻してしまう。運転の方も、人がちがったように終始路面ばかりみつめて、ハンドルにしがみついているので、後であそこはどうだ、などと相談をかけても、いっこうに手ごたえがない。彼には、まことに気の毒だが、それはそれなりに満足してくれているようである。が、どうも学問調査にはボロ車の方がいいように思える。

若いころには、こういう旅行をしても懸命に新しい資料をあさって、収蔵者や学校を尋ね歩いたものであるが、今はもう、そういう必要もなくなった。長野県という土地は、いたるところに専門家がいて、もう未発表のいい資料を、ストレンジャアの身で物にしようなどという大望はなくなった。だいいち、そんな資料が放って置かれるケースは長野県に限っては、ほとんど皆無で、発見されると直ちに、最高の形式で報告されるのが通例である。したがって、装備不完全な旅行者が、下手な実測や撮影をして歩くよりは、印刷されたレポートを道しるべに歩けば、それで充分である。ということになれば、私たちは、何をみてまわればいいのか。

……………………

私の祖父という人は、商売に徹した人だったが、商法のコツは、その土地の地味をみることだというのが、生涯の信条だった。私もいやというほど、父を通じて、地味をみることの重要性を教え込まれた。知らない土地へ行ったら、まず、その土地を甜めてみる。さすがに土がどんな味だったか、いくどくらい甜めたか覚えていないが、祖父紫雲が、地味を甜めたにも拘らず、大して成功しなかったらしいことは、父も私も、何の財産も受け継いでいないところから確かだろう。

が、しかし、紫雲は、国学に通じ、勤王の志もあり、いまでいう地学・地理・気象・天文にも興味をもった人だったので、きっと、彼のいう地味というのは、今ふうにいえば風土で地味をみるというのは、きっと、風土に基盤をおいた産業を狙えという意味なのだろうと、私は受取っている。そして、私の今度の考古学漫遊もその地味をみることを第一義にしている。

車一杯に積みこんだ既出の長野県の文献と、現場でいま一度検算してみて感じることは、遺跡や遺物の記述は、正確で、まんず、これ以上は無理ですね、というほど、くどくどしく書きたてているのに、その遺跡のもつ風土的観察については、何も感じていないということである。一応は、みんな地形とか、環境とかいうおきまりの項目を設けて、地形図をみながら、地学用語をはめ込んでいるが、自分で実際に感じたものではないので、一向に本質をつかんでいない。

私たちは、東北信をめぐり、今度から中南信に移る。

そこで感じたことは、長野県の優れた考古学データを組み立てて、この上に、風土性を加味することで、立派な研究ができる時期にきているということである。

覗いてみること

起きていたころ桐原健君と、一杯やっていたとき、かれからリクエストがあって「覗き」について書いたらと、けしかけられた。ノゾキというのは、ただごとでない語感がある。この野郎と、そのときは思ったが、降参するわけにはいかないので、受けて立つ事にした。

考古屋の中にもノゾキヤというべき種族がある。さしずめ、私などその代表的ノゾキヤといっていいだろう。ひとが懸命に発掘しているところへ、ひょこっと顔を出して、きょろきょろと肝心なところを見学、それでまた手助けもしないで、ひょっこと消えてしまう。一週間も十日も、汗みずたらしてアルバイトした調査員と、さしてかわらない知識を身につけてさっさと帰ってくる。まったくこれでは、発掘に打ち込んできた者はやりきれない。したがって、むろん普通では歓迎はされない。

事実、発掘というやつは、多大な労力と忍耐がいる。それが考古学者の愉悦だといえばそれまでだが、むろん楽の方がいいにきまっている。

昭和四十一年夏の岡谷市海戸の第一次発掘のとき、私はかって二十二年に掘って炉址からたくさんの焼け麦を出した弥生式竪穴に懸命になっていた。二十年の歳月がこまかい地点を忘れさせていた。はずかしい次第である。と、見物の人ごみの中から一人の老婆がひょっこと顔を出して、「麦粒のたくさん出たのはここだよ」と私の顔をのぞき込むようにいった。そのとき、掘った本人より見物のノゾキヤの方が印象が強かったのである。しかし、ノゾキは印象的で面白く、激しい何かの期待がある。他人のやっている発掘・研究また然りである。

伊那の三ツ木の発掘を私と中村龍雄さんがノゾキにいった。雄大なトレンチの端々に押型文らしい積石炉が十数個でている。縄文早期の聚落址である。むろんこんな大規模な例は見たことがない。ところが作業は中心部の土師器家屋の復原に集中している。失礼とは思ったが、こんな竪穴は何処にでもある。トレンチのまま放られている積石こそ〝伊那の三ツ木〟だ、と主任の友野良一さんにいったら、実に快よくこのノゾキヤの野次を受け入れてくれた。私はうれしかった。

　おなじ伊那谷の福島、更埴の森将軍塚など、なかなか見る機会のない珍らしい発掘には、県内のノゾキヤこぞってどっと押しかけ、見聞をひろめ、また担当者は大いにそのうるさいのを歓迎すべきだった。森将軍へは私もよせてもらったが、福島へは、病気でとうとう行けなかった。はたして何人の人がノゾいたか。

　考古学の初心者ははじめから学者ではない。宮坂英式翁は故伏見宮博英殿下の、私は故両角守一氏のノゾキヤであった。東では和島誠一教室、西では岡山県月の輪古墳の近藤教室では出土してくる遺物と同じくらい野次馬（未来の研究者で今のノゾキヤ）を大切にした。ミーティングにはきっとこのノゾキヤたちを列させてしゃべらせた。中には発掘中聞かれても鼻であしらってロクな教示もしない誇り高き学者（?）にみせてやりたいほどだった。その点、信大と豊野団研の野尻湖は見事だった。私も夜のミーティングに呼ばれたが、何分バテ果てて寝てしまい、出られなかった。もっと体が丈夫のころ、もっともっとノゾいておけばよかったと、今、病院のベッドの上で考えている。長野県の考古学界は、もっとノゾキヤを歓迎し、またノゾキヤの行脚に出るべきである。

一度つけた灯を消さないこと

秋が去って冬が来た。私はきっと、暖かい春がくるまで、このベッドでじっと待っているだろう。私のこし方をかえりみると、この、じっと待っている時間がうんと多かった。高血圧の発病は今度が四回目で、一度は脳に軽い出血があったらしい。が、その都度、じっと待ち続けてきた。きっと絶対になおると信じて、むろん今後だってそうである。なおっても、久しい高血圧で心臓は弱りきっているから、上り坂は絶対絶命である。で、必ず目的地より高いところまで車で行き歩いて降る方法をとっている。本当はフイルドの研究者としては、それだけで失格である。

その他にも私には、たくさんのハンデがあった。長男で貧乏で、商家で、成績が悪くておまけに学校で学んだことはなかった。考古学というささやかな灯をつけてからも、破産、不況、就職難、失業、ヘイタイ、多忙、生きるためのあらゆる辛苦というものは、別に誰ともかわらなかった。むろんアナタともだ。

ただ、私はどんなに窮地に追いこまれても、それが十年と長くても、あの初年のころの灯を大切にともしつづけて来た。いくども、一切の書物を売り払って、サバサバしたいと思ったこともあったが、その都度、家内にとめられた。「わたしは、アナタのそこにほれてついてきたのよ。唯の藤森栄一だったら、とっくにサヨナラヨ」。むろんアナタの奥さんだってそうなのである。わが学友である桐原健は煮ても焼いても喰えぬ大入道であるが、ときどき、感慨をこめていう「考古学とのめぐり合いをつくづく仕合せだったと思う」と。その都度、私は、このカワイ気のない大入道が好きになるのである。だから、それを理解しているカアチャンも好きなのである。

考古学という、三上次男さんの言葉をかりるならば、「この怪しい魅力を秘めた学問に」いくらかでも興味を覚えたアナタに私はいいたい。この人生はきっと楽しいと、むろん、どうにもならない時も来る。その時は休めばいい。何も前線にたたなくともいい。五年でも十年でも。それは簡単なことだ。灯が消えてしまわないようにときどき忘れたころ油をさしていさえすれば良い。雑誌を眺めるでも、学会へ顔を出すでも。発掘を覗くでも、コツコツと頭をたたいて考える。ただそれだけでも、むろんいい。大体の学界の動向をつかむだけでいいのである。

考古学に興味をもったアナタは、せっかくともした灯だ。消さないでおこう。

私は今、ベッドで考古学を学んだために楽しく幸福だった過去を思い、明かるい将来を待っている。

さようなら。

（一九六五―六八年）

考古学者は何をしてきたか

その不思議な魅力

確かなことは忘れたし、文芸辞典をみてもよくわからない。昭和のはじめ頃、十一谷義三郎という、はなはだ作家らしからぬ名の小説家があった。その人の何かの作品に、次のような句があった。

人間て何んだ。
ナポレオンでもねえし、クロカダイルでもねえ。
何んだかわからねえが、しかし、すばらしいひびきがする。

わたしは、まだ少年期を脱したばかりだったが、変にこの言葉が頭に残って、——考古学って何んだ。何んだかわからねえ、しかし、叩けばすばらしい轟きがする――と心の中で叫び続けていた。

東大名誉教授の三上次男博士から、いつか――、この考古学という、不思議な魅力をひめた学問――という言葉を聞いた。まさにその通りである。わたしの諏訪考古学研究所の第二回のメンバーの中に、手塚昌孝という少年がいた。彼は脳腫瘍で死んだ。中学も秀才だったが、考古学もよくやった。早稲田を出て、他の仲間が考古学専門の道を歩んだのに、彼は家庭の事情から保険会社へ入った。その後もいくどか、わたしをたずねてきたが、何かさみしそうだった。ある夏、白いすきとおるような顔をして、長髪をゆらしてやってきた。これから脳腫瘍の切開手術にいくけれど、生きていたら、もう、食えなくても考古学をやりたいし、もし駄目なら、生れかわって来ます、そのときは先生よろしく、といって帰った。そして、それきりわたしは彼をみていない。

本来だと、このへんで、私は開き直って、考古学とは、とその学史をのべ、沿革から定義というようなものを述べるのが常道だと思うのだが、あえて、止める。正直、わたしも確かなことは知らないし、そんなことはじつはどうでもいいのである。ほかの入門書にどれも書いてあるし、だいいち、ここに日本考古学という、西欧の考古学とすこし変った学問が現実にあるからである。

数年前、明大の考古学専攻生のM嬢を、助手につかったことがある。彼女は稀れにみるテクニシャンで、原稿の清書や図稿の作成はすごく上手で、わたしはたいへん重宝した。ところが、使うばかりでは悪い。君も何か書いてみないかというと、不審にも尻ごみする。写すのなら何百枚でもいいが、創作するのは苦手だ、という。では、なぜ高校から大学のとき考古学を選んだのかときくと、考古学という学問は大学を出て、結婚して、夫妻でエジプトへ行き、キャンプを楽しみながら王さまの谷を掘れる学問だと思ったという。――もっともである――。

古い文化先進国の考古学というものはあまり、自分の頭脳をつかって考える必要はないのである。エジプトやメソポタミアの考古学では、掘り出されたあらゆる物が完全な物語を語ってくれる。カヤツリ草科の植物パピルス草を原料にしたパピルス紙には、黒や赤のインクで書かれた文書がそのまま残り、命令や報告もあれば、科学も文学も宗教もあって、むろん歴史もある。考古学は遺跡や遺物を掘り出し、いうならば夫妻でキャンプして探険し、それをパピルス紙のいうところに当てはめてみればいいのである。新王朝時代になると、アマルナのような、粘土板の完全文書が続々とでてきて、最早、考古学は完全な補助学でしかない。エジプトの周辺の国々の出来事も、この外交文書保存館の記録がすべてを率《りっ》しているのである。

外国の考古学が、発掘と保存だけすればよいという。いい例は隣りの中国にもある。華中長沙市の郊外馬王堆《まおうたい》で発掘された前漢代墳墓がいい例である。地下六メートル、巨大で岩丈な木槨墓からは、堅い材質の木棺の、美しく漆でまもられた三重の中から、押せば凹んで、またもとにかえるという生《なま》の屍体がでてきた。齢五十代の女性、しかも、棺と棺に詰められた行李の封印がことごとく「軑侯《たいこう》家逐」という封印の封泥がおされているとすれば、ことはもう、まったく論議、考える余地はない。『前漢書』でも何でもいい、書かれた文書の中でさがせばいい。軑侯夫人墓以外の何ものでもないのである。いくつかの行李の中には、それぞれ鶏卵家鴨の卵から、肉、穀物、木の実、それに、日常座臥、前漢の貴族生活が、衣食住ことごとく生《なま》のままあるのである。

古を考えるという手段は、まったくいらなくて、発掘のテクニックと保存の科学処理だけあれば充分なのである。

昭和四十二年夏、わたしはM嬢を長野県岡谷市小尾口海戸遺跡の主任調査補助員につけ出してやった。諏訪湖北岸の天竜川の水源だが、市街地中心の空地で木陰一つない殺伐たる、まことに信州らしからぬ遺跡であった。高原とはいえ、炎天下の紫外線の暑さは格別だった。彼女は色白く小柄、もともとが骨の細い華奢な軀だったが、陽にやけ土砂で真黒になってとにかく女とはいえ最上級生である。若い男の学生たちを叱咤する有様は見るもかなしかった。出てくるものは、石器と土器のかけらばかり、それも、何も話してはくれない。あとは赤土に掘り込んだ家の凹み、竪穴である。床と壁から成り立ち、あとは石組みの炉跡と、深い柱の穴、いったい、文化というものはどこにあるのか。それも、縄文中期のが当ればいいが、弥生文化か、それ以後の土師器文化のに当ればまったく、何も出ないのが、むしろ普通である。M嬢はいった。

――何にもないじゃないの――

わたしは答えた。

――それが、日本という島国の乏しさと、本当の人間の姿だよ。けれどね、ほとんど九〇パーセントの物質が腐朽しさって、たった石器と土器しか残っていないなんて、ほんとに幸じゃあないか。ここに人がいた以上、失われた人々の心は、無限の思考のうちに生きかえってくるのだから――。

M嬢はそれから、彼女のいう、何も出ない日本の考古学を考えるのに本格的にとりかかった。そして、クラスメートの考古学者と結婚して、今はアラスカで発掘旅行をしている。きっと、アラスカ半島の突端に近いホット・スプリングのまわりで、エスキモー人の貝塚でも掘っているだろう。掘っても掘っても、土器もないし、石器もない、骨角器ばかりである。それでも、そこには、ナポレオンでもクロカダイルでもない、すばらしい人間というひびきの生の記録があったのである。私は彼女の夢が充されたのが、エジプトでなくてよかったと思っている。

大陸とちがって、日本の考古学は発掘して、とうぜん、すでに失われてしまったいろんな様相を類推復原してみることのできる、小味《こあじ》な、芸のこまかい学問なのである。
探検ではないのである。

ロマンからサイエンスへ

いま、百般の考古学者は自分のやっていることを、科学だと、疑いもなく信じているむきが多い。が、はたしてそうだろうか。

ヨーロッパの近代考古学の源は、ドイツのウインケルマン（一七一七―一七六八）にはじまるといわれている。ウインケルマンは、今の東独、ドイツ民主共和国ブランデンブルグ州のシュテンダールで靴屋の子に生まれた。シュテンダールはエルベ河の流域の広い沖積地の真中で交通の要衝としてかなり栄えた商業都市で、別に古代の文物に直接の接触はなかったが、ふとしたことからドレスデン博物館で、エジプトやギリシア・ローマの文物に接し、生涯を左右するような啓示をおぼえた。彼のギリシア・ローマの文物に対するロマンチシズムは少年から青年期を通して萌えつづけて、曲折の末、ローマにいって研究を重ね、畢生の大著『古代美術史』を著し、これが考古学の鼻祖と仰がれるようになったわけである。そのため、考古学のスタートはギリシア・ローマの古物学の様式的研究として発生したもので、古物学 antiquities というものこそ当っていた。

ウインケルマンはそういった古物にたいする沈溺のなかにも、人間としてのすぐれた情感の持主であった。一七六八年、ウインの研究旅行の帰路、アルプスを越え、ローマを眼前にして、イタリアのトリエステで馬車強盗に遭い、その悪が見のがせず、交戦して死んだ。ヨーロッパの考古学の主流となったのは、今もウインケルマンのロマン学派だといっていい。

これにたいして、北欧デンマークではすこし変った学問の芽生えがあった。それは、ギリシア・ローマだけが人間の文化じゃない。北の氷と雪の中にも燃えるような夏があるように、人間の文化はあったのだという主張である。代表となったのは、クリスチャン・ジュリジッセン・トムゼン（一七八八—一八六五）やハンス・アスモーセン・ワルセーで、人間が道具を使う動物である以上、その道具のメタルから文化階程の分類をすべきだという主張から、石器・青銅器・鉄器の三つの大きな時代区分を確立した。むろん、今日の日本考古学も主流はその十九世紀後半の北欧考古学の流れをくむものである。

これはロマンからサイエンスへの一歩の前進といっていいだろう。十九世紀末、そのロマンとサイエンスを見事に結びつける契機をつくったのが、じつはハインリッヒ・シュリーマンである。

ハインリッヒ・シュリーマン

Ｈ・シュリーマンは一八二二年（文政五）ドイツ民主主義共和国のメクシンブルグ州シュベーリン湖に近い、北海の、極北平野の真中の、小さな街ノイエ・ブヒョウの牧師の子に生まれた。この地方はそのころまで、近代文明の波及からも遠く、悪霊や幽霊の横行する中世そのままの土地であった。彼、ハインリッヒはそういう民話伝承にきびしく反応を示す性質の子で、いわば夜は独り歩きもできない臆病な特殊児童だったといえた。ことごとくの説話が信じられ、そして頭から離れることができなかったわけである。

八歳のときのクリスマスに、父エレンストは、Ｇ・Ｒ・イエルレル博士の『子供のための世界歴史』をかって与えた。子供にとってはじめての本らしい本であった。同時にそれは激しいおどろきであった。今の憐れな少年たちは、日々のテレビや漫画本で少年らしい感激というもののすべてを磨り減されてしまった知識の代表にすぎないが、この北欧の魑魅魍魎の世の子供はまだ燃えるような好奇心を持っていた。ハインリッヒはこの不思議なものを、再三にわたって読み続け、その口絵のエッチング画の石板画に魅せられた。立派な石造りのトロヤの城壁が描いてある。しかも、その城壁にはスカイヤ門がかかれていて、戦火に追われたエーネアスが老いたる父アンキセスを負い、幼いアスカニアの手をひいて逃げまどう姿も画いてあった。それはホメロスの史詩『イリアス』に出てくると、まったく寸分の違いもなかった。少年はさけんだ。

――イエルレルはきっと、トロヤの落城を見たんだ。それでなくて、なんで、こんな画がかけるはずがあるだろうか――。

父たちは、いや、そりゃ違うよ、ハインリッヒ、あれは想像画というものだよとさとしたが、なかなか承知しない。

――だって、あんな立派な城壁があったとしたら、まったく、根っこからなくなるということはない。きっと、トロヤはどこかにあるんだ。ぼく、きっとそれをみつける――。

ハインリッヒは懸命に、ホメロスの暗記をはじめた。『イリアス』だって『オデッセイ』だって、きっと地上のどこかにあるんだ。少年には二人の理解者が現われた。アンケルスハーゲンから近い、ツァーレン村の小作人の二人の姉妹、ルイーゼとミナのマインケであった。姉のルイーゼはハインリッヒより六つも上だったが、ミナは同じ年だった。ミナは夢多き少女で、ハインリッヒの心に深く入っていった。二人はホメロスの詩を暗誦し合う一面、アンケルスハーゲン一帯の民話・伝説の不思議を、はじからさがしてまわった。北海の岸の曠野には不思議が満ちあふれていた。けれども、少年は青年期にはいり、ミナは農婦として生長しなければならなかった。ハインリッヒは、ミナと、トロヤを探険すべきかたい誓いを立てて、別れわかれに世の中にもまれることになった。ここまでは、どこにでも、誰にもある話で、どうということはなかった。

ハインリッヒ・シュリーマンは、青年期を商業による蓄財に奔走して、ヨーロッパ全土から、ロシアをつきぬけて中国にまで及んだ。むろん、十八世紀末という時代で、そういうブローカーの暗躍できる時でもあったが、彼自身の能力のうちにも、母国語ドイツはいうに及ばず、英語、フランス、ロシア、中国語から、イタリー、ギリシア、ラテンにいたる、あらゆる異国語を、どれでも二か月でマスターできたと豪語している。そういう才能もあったろうが、彼をして遮二無二商魂を刺激し続けたのは、ミナとのトロヤの誓いだった。

ミナは居なかった

一八六四年、四十二歳になったシュリーマンは、すべての商取引を停止し、各地に散在する貸権を整理し、現金化した全財産をアテネのギリシア国立銀行にうつした。しかし、ツァーレン村にはもうミナ・マインケはいなかった。彼の青年期を空しくした大奮闘は、完全な独り芝居にすぎなかった。ミナだって四十二歳である。昔の美しい少女はもう肥っちょのオバサマになっていた。けれど、ミナが結婚してしまったのは、彼が迎えにいく、数か月前でしかなかった。ミナにとっても、むろん、明るい青春ではなかったのである。

誰がミナをなじり、誰がシュリーマンを嘲笑できるだろうか。二人とも、懸命に、少年の日の灯を燃し続けたのである。

シュリーマンは、ミナを失って、苦しい青年期が空しかったことを知った。しかし、幸にも、その疵をいやしてくれる人に遭った。ギリシア婦人のソフィアである。ソフィアの彼に対する求愛のあかしは、『イリアス』の完全暗誦だったというからふるっている。それはとにかく、ソフィア・シュリーマンが、ギリシア人であったということが、かれのトロヤ、ミケーネ、コリント、イタカなどの諸発掘に与って力あったことは事実である。

イタカ島にて

一八六八年七月、ハインリッヒは、何もわからない、ただホメロスの『オデッセイ』の命ずるままに、ギリシアにやってきて、いちばん西の端のイタカ島に上陸した。この島へくること自体、それが大変な探検だったといってよかった。何という目標もない。ただホメロスの『オデッセイ』にトロヤ戦争の英雄オデリシュウズが、戦い終って帰国にさいし、さまざまな苦難をくぐり抜けた末、難破して、この島に流れついたという記述が叙事詩でうたわれているということだけである。たった一人の詩人の、それも二千数百年前の語り伝えによるフィクションに、いったいなんの現実性があるというのだろうか。その詩には、森の落葉に埋れた眼から覚めて、泉のほとりの洗濯場で、世にもうるわしき乙女にあったというのである。シュリーマンは、胸までつかる湿地をわけて、その洗濯場をさがすというのだから、これは、誰が考えても、正気の沙汰とは受取りがたい。

シュリーマンは、顔にかかる泥と、その泥を立ちどころに乾かす炎暑の草いきれの中で考えた。これが本当の七歳のときともして、三十数年もの間、じつにともし続けてきた心の灯だったろうか。全ユーラシア大陸を席巻してきたシュリーマンの本当の姿だったのだろうか。なにか間違ってきてしまったのではないだろうか。ふと、彼は幻覚をすら感じる一瞬があった。

——だめかもしれない——。

ところがである。

荷物の運搬を手伝ったという粉屋が、『オデッセイ』を見事に暗誦するのである。おどろいたシュリーマンが、お前、ホーマーを知っているのか、というと、ホーマーって誰です、と答える。粉屋は字が読めないのである。つまり、粉屋の先祖代々、何の学問もしたことはないのだが、子供が流行歌をうたうようにオデュッセウス王の事蹟を暗誦しつづけたというのである。

ある土塁は王城、あの小川の泉は王女の洗濯場、粉屋の指摘は、昨日のことを指さしているようであった。しめた。古代ギリシアは眠ってはいるけれど、まだ確かに生きている。シュリーマン夫妻に、最初の勇気を与えたのは、考古学者などではなくて、無学の粉屋のオヤジであった。

トロヤの城壁

勢いをえたシュリーマンは、八月、ダーダネルス海峡の東岸、フリジアのトロヤに上陸した。ホーマーは絶対に真実なんだ。彼の脳中には絶対の確信が樹立していた。まず何をおいても、トロヤ城趾の廃墟だけでも見つけなければならない。それが初めからの彼の志なのである。

シュリーマンは、エーゲ海からとおくダーダネルス海峡に眼をそそいだ。トルコ沿岸はたくさんの入江があって、海岸線は複雑をきわめている。どこかに『イリアス』時代のトロヤ城らしいものはないかと聞いてまわったところで、まったくのちんぷんかんぷんである。

ただ、科学派の考古学者からはうとんぜられている、ロマン派の考古学者たちが、ホメロスのトロヤ城は、きっとここだと類推しているブルナバシの丘陵がそこにはあった。彼は丘陵の上に立って、ホメロスを高々と唱えた。英雄アキレス、バトロクロス、そして追われるトロヤ王子ヘクトール、しかしどうも、このブルナバシ丘がトロヤ城とすると、少しく地理がおかしい。だいいち、どんなに眼をこらしても海は見えない。どうしてもトロヤ城としては、ホメロスがゆるさない疑点がある。こうして、ブルナバシより九キロほど北方にあるヒサリックの丘こそ、まったくホメロスの描写にぴったりということをつきとめた。海が見え、海岸には、ギリシア軍の英雄、アキレウスやバトロクロスの塚もみえた。

——ここだ。トロヤは——。

いったい実際にこんなことがあっていいだろうか。古代の詩篇を現実に照らして、ビシリビシリときめていく。『日本書紀』や『古事記』をいま、物語の上の土地にたずね、それそこがどこで、あそこがあれだと指摘したら、いったい正気で受けとる人がいるだろうか。あるとしたら、その人たちを前世紀型の人というだろう。そうだ。シュリーマンも、たしかに前世紀の人だった。しかし、すこし違っていた点は、人間の五感へ感知し得る発掘という手段で、そのヒサリックの丘の崩壊してしまった城壁の根を掘りだして証明してみせてくれたことだった。

トロヤの発掘、それから引き続く、ミケーネもテリンスもコリントも、その波瀾万丈の探検物語と人間的哀歓は、すでに古く、いくつかの文献に紹介されている。

まず、京大総長になった考古学者浜田青陵（耕作）博士は、大正十一年、ギリシアに旅して、ハインリッヒと共にトロヤ、ミケーネと掘り、ミケーネでは「シュリーマン夫人の墓」と命名された金に富める墓を自から発見したソフィア夫人に逢い、ハインリッヒ生誕百年祭にもあった感激の名文が『表現』の四月号に出ている。この文は後、大鐙閣の『百済観音』（大正十五年）という珠玉の名随筆にものっているので、知る人も多いだろう。

浜田先生の弟子村田数之亮博士は、昭和十八年、シュリーマンの自叙伝の全訳を『先史世界への熱情』と題して星野書店から上梓された。

戦後、前二者がともども得難くなった四十八年三月、白柳美彦のシュリーマン伝が『ホメロスの丘』という題で、朝日新聞社から出た。白柳本は、ギリシア半島の描写の処々の個所に、ホメロスやオデッセイアを詩篇そのままに挿入しているので、ひどく印象的である。だから私はその上にさらに、トロヤ城の発掘や、ミケーネのアクロポリス獅子門、そしてアゴラ円型墓地からは三体の遺骸と、葉状黄金の額飾りや王冠が金の仮面やかずかずの黄金宝飾と共に出てきた実況を書くに忍びない。シュリーマンはソフィア夫人と二人で、人夫のことごとくをしりぞけ、掘り上げるはじから、ソフィアのショールに包ませた。シュリーマンはトロヤ王をはじめ、流亡してきた王族たちの墓だと信じて、頑固にゆずらなかったが、じつはトロヤ時代のミケーネはとうのむかしに掘り荒されてしまって、エーゲ海のミノス文化の層だったということが、考古学者一般が、シュリーマンのロマンチシズムをもった、その輝かしい学の端とすることを憚《はばか》る原因となったのである。しかし、まったく、シュリーマンの心境に無関心で、考古学者たり得た人はすくないだろう。考古学者の心の奥にまったくシュリーマン的感興を秘めていない人はないのである。

明治大学教授、杉原荘介博士には、実業家として育つべき要素があった。彼は生まれながらに、大きな商社の社長であり、旦那であった。若くして父君を亡くし、心にもない椅子に座らざるを得なかった。シュリーマンとは異ったが、彼は彼なりに、自分の人生をこよなくいつくしみ、そして貴んだ。中学を出るとすぐ、一応は家業についたが、彼のいくところ、社長室のデスクにも酒席にも、そして車の中にも、ホメロスの『オデッセイア』の呉教授の邦訳があって、暗誦していた。彼の『オデッセイ』には厚いカバーがかけられ、頭の赤い付箋がいっぱいにはさまれて、彼のいく所、ひらひらと、彼の道を教えていた。また、財力にまかせて、シュリーマン著の『トロヤ』、『ミケーネ』、『ティリンス』などの尨大な英訳本を揃えていた。彼の後の歩みは、たしかに、シュリーマンとは違った道だった。しかし、歩き出した歩み自体は、まさしくハインリッヒとおなじだった。いずれ、この人には後の方でなおいく度も出てもらうので、いまは先を急ごう。

学問の成長からみると、日本考古学は、たしかに、シュリーマン型のロマンと、トムゼン型の理科派との入り交りだった。そして、時期時期により、それぞれの旗手の掲げる旗のもとに、学の中心はあった。

玩石派

昭和四十年代はじめ頃、川原にころがっているカッコいい岩石を拾ってきて、磨きをかけ、その形と色沢をたのしむ水石というのがはやって、一世を風靡したことがある。旅行などしてみると、国鉄の駅々にケースが置かれ、何川の何々石とかいった効能書がついて陳列してあった。別にその石が何という岩で、どういう性質だとか、何になる石だとかいうことではなく、トラの皮に似ていれば虎斑石だし、ヘビの皮にみえれば蛇紋石である。この水石趣味というのはそれ自体悪いことではなく、物を見ればかならず金に、資本にみえる世紀の終りに出てくる世紀末現象で、本質はどうでもいい。まず、その形や色に溺れようという甚だしい虚無な思想に通じている。

十八世紀末にも、近江の木内石亭（享保九〜文化五年、一七二四—一八〇八）が、この珍石趣味を大いにひろめ、全国に採集旅行をし、『雲根志』『曲玉問答』などを著した。人々は石の長者と、うやまったような、ヤユのような称号をたてまつっていたが、この人のコレクションの中には、たくさんの考古学遺物が含まれていたらしい。不幸なことに近世日本には、これを正しく考えてみようという風潮も能力もなかった。石器も自然の岩石もただ形の珍奇さによってとらえられ、地表に散る石鏃は雷神の矢戦と考え、いったい地中にあるものか、地上にあるべきものかも考える力がなかった。そういう風潮は十九世紀末までも続かざるを得なかった。

つまり、日本在来の考古学は、ロマン派でも科学派でもなく、趣味派といってよかったのである。もっとも、森本六爾によれば、筑前太宰府近在に生まれた鹿島九平次という人の『鉾之記』という二葉綴りの記録によれば、安政四年(一八五七)、二日市町東方の峰というところから、合口甕棺が発掘され、うちから径三寸四分の良質白銅製の内行花文鏡と、丈一尺一寸二分の中国製有柄式銅剣が出土した立派な考古学レポートが残っている。鏡の図がやや不確実以外、簡かつ要を得た図面もついていて、十九世紀を傑出していたのもある。

フイリップ・フォン・シューボルト

文政年間に長崎へ渡来した人、フイリップ・フォン・シューボルトは、当時、世界学界の最高水準に達していた先覚者の一人だった。

彼は幕末のかなしい事情から、長崎出島から出ることはできず、各藩から選抜されてくる日本中の有為な若者たちにかこまれて、国内の万般の事情とくに歴史地理を、まさに自家薬籠中のものにしていた。

シューボルトは帰国後、大著『日本』を著して、前から鎖国日本の、まったく欧米人にとっては、暗黒に近かった日本の実態に驚歎した。日本の蘭学生たちの提供した研究資料の中には、たくさんの日本石器時代人の資料が含まれていた。むろん、これは、新井白石などを中心とした国内の考古学的関心がつのってのことである。いま、清野謙次博士の訳文のうちから、若干を抄出してみよう。

「日本発見石器の中で、矢の根石がもっとも多いものである。その発見地は殆んど日本全国に及んでいるが、本島北部からがもっとも多く発見されている。この地方は古くエビス（エゾ）の国であった。頑強な闘争の後に、ミカドの占領に帰したが、エビスとはすなわちエゾの居住者であるアイヌ人で、石器使用者は、そのアイヌだったと、日本の学者たちは信じている。」

F・シューボルトの発言は、帰国後で、しかも独文であったから、日本人はまったく知らなかった。明治の維新直後シューボルトの次男ハインリッヒがオーストリア公使として東京にやってき、東京近傍の石器時代遺跡を発掘したり、北海道方面を視察旅行したりして、明治十二年、英文『日本考古学』や独文『エゾ島のアイヌ研究』などを上梓、父の説を強く裏付けした。

これが、学界を一時、風靡していた日本石器時代人アイヌ説のはじめである。

ハインリッヒによると、日本の蓆《むしろ》文土器（縄文土器）はアイヌ土器である。その後、曲玉佩用時代、すなわち金属時代に入った日本人種は、この国土のどこからか、たぶん朝鮮半島を経て、渡来して、アイヌを追って居住し、祝部土器（須恵器）や埴輪土偶を残した。——ハインリッヒの説は、天孫降臨をかたく信じていた当時の識者の間に、素直に浸透していった。日本原住民アイヌ説が、今にいたる抜きがたい一暗流となったわけである。

エドワード・S・モールス

米人エドワード・S・モールス（一八三八—一九二五）は、合衆国最北のメーン州の生まれで、明治十年、東京帝国大学の動物学教師として、日本にやってきた。モールスは日本の気候風土が、はなはだしく故郷メーン州に似ているのに興味を感じた。松の生えた赤土の山々など、とくにそうだった。横浜駅から開通間もない新橋行の陸蒸汽の車中から窓の外を注意していたのは、故郷メーン州についての郷愁だったかもしれない。大森駅をすぎて、すぐ、線路脇の切り通しに、真白く貝塚の堆積しているのをみた。

——あ、貝塚（Shell mound）だ。——

すこし粗暴な感じのするそのモールスの叫びは、メーンでいくども掘ったことのあったインデアンの貝塚に連想がつながったものとすれば、許されるだろう。とにかく、これが、日本現代考古学の黎明につらなったことだけは確かである。モールスは東京へつくや、直ちに大学に申請して発掘調査隊を組織した。モールスは発見から調査までの間、誰かに先んじられるおそれにつかれ、おちおち眠れなかったと述懐している。その気持はわかるような気がする。

当時の記録によれば、

「十年十一月をもって、是より先き教授モールス氏が、武蔵国荏原郡大井村において発見する所の貝墟に生物学生徒を遣わし、該内に埋没せる古土器を発掘せしむ。既にして該器完形破砕片数百を得たり。之がためその介墟の地主に金五十円を償う」

と、『東京大学第六年報』にある。

じつに日本最古の発掘で、しかも、正確なレポートが残り、資料も保存されていることなど、まさに考古学事始というのに足りる。

『大森貝墟古物篇』

大森貝墟の発掘に参加したのは、モールスを指導者に、大学生の松村任三、佐々木忠次郎、松浦佐用彦、人夫六人、それに見学の外山正一、矢田部良吉、福与氏、陸軍省のル・ジャンドル将軍、マレー監師、バーソンズ教授などであった。

発掘は溝や壕をいくつも掘って、その遺物の豊饒さは、今の発掘からみれば驚くほどで、特別につくらせた三人かつぎの長持のような籠に一杯になり、別に小さな包いくつか、珍品類は手提鞄に入れてもなお、運賃三百ポンドの量があった。大森貝墟の発掘は、日本考古学事始でもあり、かつ、日本科学界の黎明をも意味していた。

つまり、博物学の一分野としてはじまったのである。一つ書き加えておきたいことは、日本人人夫がひどくがんばり強く、いやな顔一つせず、発掘後の土手面をならし、礫でかため、もとのように灌木を植え、まったく完全に自然にもどしたということである。モールスは別に帰米してからも日本人にお世辞を書く必要はない。埋蔵文化財の発掘といえども、自然破壊の一つである。今、祖先たちに申訳ないような研究者の事例もすくなくない。

時の『日日新聞』が、日本最古の考古学記事として、次の文を残している。

「開成学校お雇い大博士イーエス・モース氏（米国にて一、二を争う有名な探古学者）は、曽《か》つて汽車にて大森を経過せし時、倉卒《そうそつ》の間にも、一つの小芥丘をキット観察して、その只物ならざるを預めて疑い居りしが、疑念いよいよ胸懐を離れざれば、此頃ついにその穿鑿《せんさく》に着手して、この小芥丘をあばきければ、地下約一間ほどのところに至りて、太古人民の品類甕瓶《かめびん》瓦《かわらけ》凡そ食器などを夥《おびただ》しく掘り出したり、その器物類の形状は、さも米国土人の作為せるものに似たり、よって想像すれば、日本太古の人民は即ち米国太古の人民と同一人種にて、アイノー人種が先で、それを駆り除き、そのアイノー人種を今の日本人が逐除けて、この国に居住することなりしならんかともいえり、尚、些細は他日いづれモース氏より、世界の学者達へ報道するところあるべければ、その報を得て後号に掲ぐべしと、その間雑誌にもみゆ」

この『日日新聞』の記事というのは、モース筆の『Japan day and day』の挿絵《さしえ》の中にあるだけで日付は不詳である。ところが、『朝野新聞』明治十年十二月十六日の一一九号によれば、文部大輔田中不二麿の書いた大森貝墟の出土品を明治天皇にお目にかけたという記事がみえている。これを要約すると、「本年九月東京大学理学部エドワルド・S・モールス氏が、汽車に駕して、府下大森村を駅行したとき、玻瑠《がらす》窓の彼方の崖に貝殻が堆挟し、中には隠々として含有物のある兆象を瞥見し、心頭頗る感触を発した。……」といった大時代なイントロダクションではじまり、モールスが学生を引具して発掘にいったことや、日本最古の発掘の状況をことこまかに述べているが、その最後のむすびがきわめておもしろい。こういう発見品は、外国の古物と交換すれば、地球上の古文化の研究上有益であるが、私利の徒にゆだねれば、いたずらに海外に流出してしまうだけだ。その弊害はどうしても未然にふせがなくてはならない、といっているのは、今日の日本の埋蔵文化財に対する理念からしても、一歩もおくれてはいない。すでに九十年の過去である。

とにかく『大森貝墟古物篇』はまさに、日本考古学事始という価値があった。それは当然苦痛をともなったと思われる。まず、参考とすべき和文の文献、今のように汗牛充棟というほどのことはないまでも、これは大変である。それで、大体の意をのみ、モールスが英文を起草する。成文を、モールス門下生、佐々木忠次郎、飯島魁らが訳出しているわけであるが、とにかく、Arca inflata, Reeve（アカガイ）が明治日本博物界としては魁蛤、ハマグリが文蛤はまだわかるとして、蛤仔（アサリ）、竹樫（マテガイ）、水松貝（ミルガイ）、小甲香（バイ）、蝸〓（ニナ）、扁螺（キサゴ）、石決明（アワビ）、玉珧（クイラギ）にいたっては、判じものというほかない。

万事こうしたことだから大変である。石器や土器につかわれた用語にしても、すでに今は訓訳しなければわからないほどであるが、しかし、その記載の正確さ、とくにモールスも序文で書いているが画工の木村氏、石版工の松田氏、印刷会社の日就社の技術は、まったく現今一流の考古学レポートと何んの遜色もない立派なものであり、それ故に、今にいたる千石の古典として珍重され、復刻版の刊行もみた由縁であろう。

昭和十年代にいたって、一時、加曽利B式という一時期の土器タイプサイトとして、大森式という呼称が用いられたのもその点からである。

モールスの弟子の日本人飯島魁と佐々木忠次郎は『常陸陸平介墟古物篇』を東京大学から英文で出した。大森が一八七九年、陸平が一八八三年である。そして、ここで博物学派考古学は終った。陸平は茨城県稲敷郡美浦村馬掛にあるが、このレポートには、加曽利B式から堀之内式、さらに加曽利E式や阿玉台式、つまり縄文中期までが含まれているが、貝塚土器の全盛地帯のものであるので、各型式ともに雄大厚手で、大森式のやや薄手精巧なのに比較されて、陸平式と呼ばれた。後、鳥居博士の厚手式土器論にも強い理論的影響を与えたが、昭和に入っての再調査で、別に陸平にだけあるという特殊な形式も認められず、陸平式という呼称も使われなくなった。

坪井正五郎博士

坪井正五郎博士は文久三年(一八六三)東京矢之倉に生まれたチャキチャキの江戸ッ子である。父が奥むきの侍医で幕府の微禄をはんでいた関係から、徳川家に従って、幼ないころから静岡駿府に移り、少年期をすごした。にわか百姓の自然につつまれての生活だったから、博物学的な興味にさそわれて、せっせと動植物の採集などをしていたらしい。これに加えて、江戸末の戯昧もつよく、少年時代から、これを筆にたくして、製本し、豆本や趣味本に仕立てていたらしい。

明治十年、東京へかえり、十四歳で大学予備門へ入った。そして、この頃から人類古代の夢に耽るようになった。十八歳、理学部生物学科に入ると同時に、もう古代探究癖は、どうしようにもやみ難いものとなっていた。彼はその自分の性癖に対して、はっきり趣味であると自認していた。明治十六年、『東洋学芸雑誌』に、友人の福家《ふけ》梅太郎と共著で「土器塚考」という一文を書いているが、これは、今の下目黒不動尊の滝に近い包含層をつついた記事で、その中で、積年の趣味、膏肓《こうもう》に入り、といった感慨をもらしている。それだけに大学の正課はまったくほったらかしで、たぶん成績もよくなかったと思われる。親戚一同から、きびしく叱正をうけ、由来、休み以外には決して好事にはしらないという一書を入れ、自分も『三省雑記』という座右の書き留めに行動を律して、いましめていたという(「父坪井正五郎のこと」坪井誠太郎・築地書館)。しかし、一度燃した彼の情熱は消すすべもなかった。十七年、同好の士とそして、学生たちと談合して、人類学会を創立した。日本人類学会のもとで、日本における考古学会のはじめである。十九年には大学を卒業、大学院に進むことで、まさしく人類考古の研究に全身全霊をかたむけることができるようになった。そして、留学。……

アマチュアの育成

坪井博士は日本人類学会を創立し、『人類学会雑誌』を出して、学問の普及に勉めたわけであるが、坪井は何を専攻というでもなく、目の前に出てくる事象のことごとくを文に組み図示した。気どった文語体のかしこまった報告論文が、学界の主潮は今もそうであるように、当時の一般学究の通例でもあったのに、彼は意識的に口語体をもちいた。何々でござります、る、という語尾が頗る得意で、慣用していた。つまり官学第一人者としての気持がまったくなかったのである。こういうふうだから、同学の学究はむろん、地方在住のアマチュアたちからも、心からしたわれることになった。

現時点では、坪井正五郎博士を知る人はすくないが、今も地方へ行くと、同好アマチュアたちの中に坪井博士の書翰、色紙、扇面などを保存している例がはなはだ多い。鑑定がきもある。それらは多く、ごく平易な文面で平がな片カナをまぜて、ユーモアさえまじえている。つまりは、己を高きにおいていないことである。古書の話をしてはおかしいが、古い『人類学会会誌』が、地方のとんでもない思いがけないところから掘りだされてくる例が多いのも、坪井正五郎の性格からである。

坪井正五郎は日本でもっともアマチュアを愛しまた育成した学者である。

コロポックル説

明治の考古学プロパアの興味は、その遺物、今でいえば埋蔵文化財であるが、これが誰の残したものかという関心にしぼられていた風潮があった。つまり、いつのものかという追求の科学性に欠けていたのである。坪井の例でいえば、土器の口縁についている、つまみ把手について、武蔵、常陸いや、陸奥まで、まったく同じ手法があるという鋭敏な着眼をしながら、それは同じ時期の文化所産だからという着眼にはいたらなかった。つまり、日本石器時代文化に時間性を与えようとせず、むしろ、誰のものという路線につとめて進んでいったのである。

そのいい例が、安政五年（一八五九）新潟県長岡に生まれ、明治十三年東京大学医学部を出て、ドイツ・ストラスブルグ大学で解剖を学んできた小金井良精博士であった。彼は二十一年頃から日本石器時代人人骨の調査研究をはじめ、後には縄文式人はアイヌ、弥生式人は南方系の原日本人という結論にたっしたらしいが、おなじ、縄文人にも古いと新しいとあること、いやアイヌと日本人との時間的差別をもあまり考えようとはしなかったのである。今からおもえばドイツ学派のシューボルトの学説に強く影響を受けていたといえるかもしれない。

おなじように、坪井はアイヌの民話の中に出てくる、アイヌの先住の小人、蕗《ふき》の葉の下に住んでいたというコロポックル日本先住石器時代人説を高唱し、コロポックルは在来南方系民族であったが、アイヌに次第に北に追われ、蝦夷地以北にその姿を没していると説明した。むろん、坪井博士の、民衆的人気とともに、明治中葉までの知識人の共鳴を集めていたが、末年にはアイヌ説に圧されて消えた。今、霧ヶ峰の車山肩にコロポックルというスキー小屋があるが、その意味を解する人はすくない。

諏訪湖底ソネ

明治四十一年十月、当時『諏訪湖の研究』という大形学術調査を実践しつつあった長野県諏訪郡の教育会の橋本福松は、湖底の地質サンプルを採集中、曽根という地点の湖面下二メートルで、いくつかの石鏃を採集した。まだ、「信濃の国から石鏃を発見す」などという記事が、堂々と『人類学雑誌』で通用した時代だから、中央学界はむろん、地方人士も、なぜ湖の底から、どうして、という興味にわきかえった。『諏訪湖の研究』の主査は湖沼学者の田中阿歌麿博士だったから、その石鏃発見のニュースは、イギリスの留学から帰ったばかりの坪井正五郎にまわされた。坪井はすぐ諏訪湖へとんだ。諏訪には両角《もろずみ》新治と小沢孝太郎という二人のアマチュアがいた。坪井は泥舟に同行した松村瞭と分乗し、橋本福松を案内に湖へ出ていくと、その二人が別の船で追いかけてきた。三艘の舟では漁師のシジミ掻きの鋤鏈《ジョレン》でかき上げるだけ、それも二時間で、百十四個の石鏃ようの石器があがってきた。ほかに、坪井のいう長方形石片(これは先土器時代の石器で、後に鳥居龍蔵博士は石カミソリといい、八幡一郎が東北アジア大陸の細石器、ラームと比較してから正しい理解がはじまった)が五十四個、そのほか槍先片、黒耀石その他の石片一千三百九十個、土器片、鹿の歯、スズの実、木片などがあがってきた。

発見者の橋本福松はむろん、知見の広い坪井正五郎も驚いた。——これは日本では初見だ。きっと、ヨーロッパのスイスやドイツで見てきた新石器時代の湖上につくられた杭上住居跡に相違ない。だから木片や石器や破片があるのに、カマドがないのは、それが杭上に残されていた証拠だと論じた（『人類学雑誌』二八〇号　明治四十二）。つまり曽根杭上住居説である。

ところが、たちまちにして異説が現われた。おなじ東大地質学教室の神保小虎が坪井説の弱点、杭らしいものが現われない、地点は地質変化の激しいところである、その他から、土地陥没説を出した。いやそれどころではなく当面の案内者である白面の青年橋本福松からも、（一）猛獣毒蛇がいないのに杭上住居の必要なし、（二）太古の湖はより深く大きく、杭打ちなどとうてい及ばなかった、（三）シジミなど近世の物産で、太古には湖中では食糧などえがたかった、（四）冬の結氷がひどく、杭など一年はもたなかった、というクレームがついて、断層地変説というのを出した。前後して、諸家百説で、まさに百家争鳴の感を呈した。いわく、石器運搬船転覆説、いわく水鳥猟場説、河床運搬説（再堆積）などが並び立った。しかし、橋本青年の右に出るロジカルはなかった（藤森『旧石器の狩人』学生社・昭和四十）。誰も、どうして水底にあるかということに懸命で、いつのものかという考えを出した人はなかった。

坪井正五郎という人はそういう人で、また明治の考古学というのは、そうした個性的な弱さをもっていたのである。

両角新治と小沢半堂

その夜、駅停の宿所布屋半助方では、小沢半堂と両角新治、それにむろんのこと橋本福松が加わって、坪井博士の大弁論、いうところの辺縁談がはじまった。松村瞭は休んでしまったが、坪井の湖底ソネの杭上住居説の話は夜ふけるまで続き、ヨーロッパの山岳湖沼の例をひき、自然を復原し、人物を走らせ、まったく活写するようにつきるところがなかった。

しかし、三人のききてには、まったく三人三様にひびいた。

橋本福松はまず、博士の理論にははなはだしい飛躍と非科学性がある。つまりほらを吹いていると感じて、以降博士批判にまわった。

両角新治は六十歳をとうに越えた中学校の漢文の先生で、ひどく腰はまがっていたが端正な顔立ちをしていた。古くからの郷士の素封家、金もあったが、また代々の蒐集癖から、莫大なコレクションをもっていた。今ふうにいえば、コイン、紙幣、藩札、切手、とくに珍とするに足るのは、江戸以来のタバコのコレクションであった。それも空箱商標だけという、よくある類ではない。包装・帯紙・シール・広告のチラシ中味のタバコまで、一本も欠けていないという完全蒐集である。むろんタバコ呑みには出来るはずがない。買い置きを切らしたから、一本くらいならなどというのは許されないのである。当然だが、だから両角には、その湖底の秘密から、どうすればもっとも多くの採集ができるかという点にしばられていた。とにかく、原価《もと》をかけずに蒐集ができる。湖の底にも、山畑にも歩きさえすれば、遺物はおっこちているのである。両角のコレクションは一流の郷土博物館を呈し、その中から、昭和初年、地方考古学研究者として、最高の業績を残した新治の子息両角守一が生まれた。

ところで、明治四十二年五月、坪井正五郎博士は一個所ぐらいは陸上でというわけで、諏訪市島崎で、遺跡の発掘をした。地点は現高島城と市役所の中間で、藤森重吉の裏の畑で、今は市役所の駐車場になっている（坪井正五郎「諏訪湖底石器時代遺跡の調査」『人類学雑誌』二七九）。これは、日本いやすくなくとも信州で最初に行われた学術的発掘で、案内者の橋本福松は約四坪の発掘とはいえ、耕土、砂層のまた下に、スクモを含む黒土層があり、多量の土器片と鹿骨などを出しているのに、博士がさしたる興味を示さなかったことに、不満の意をのべている。この高島城は天正年間、湖中に築城された平城で、当時すでに、湖中の浮城であったはずなのに、もっと古い石器時代に、湖底層の砂層よりまだ下、一メートルも深いスクモ層に遺物があるとは……。坪井博士がこの不思議に一向に不審を感じないことに対する不満である。

坪井博士の杭上住居説にたいする、橋本の断層地変説は、両氏の常識論と科学論との差をきびしく表わしたものといえるだろう。

また、遺物蒐集趣味家としての新治の発掘を、澄んだ瞳《ひとみ》で、じっと見すえていた若い眼があった。新治の一子、十二歳になったばかりの両角守一その人である。

明治四十二年五月十八日、発掘がおわって、坪井・松村両氏が十九日帰京すると、たちまち、両角・小沢の二人は別々に舟を出して湖底曽根をさらいはじめた。両角は採集品をせっせと、コレクション中に並べはじめたが、小沢は坪井博士宛、東大へ送りつづけた。はじめ、博士からは丁重な礼状と指導激励の手紙がかえってきたが、やがて、ハガキにしたためられた到着の挨拶だけになった。坪井正五郎は日本の坪井であり、一国のアカデミーで、曽根の、いや、印判職人半堂のためだけの坪井ではあり得なかった。やがて四年たち大正二年に博士は訪露中、ペテルスブルグで病をえて、客死してしまった。それはそれでやむをえない。坪井博士の調査で掻き上げられた石鏃が一一四本、調査報告の完結した四十三年には七二六本になっていた。半堂はまだいくらも掘り続けていった。東京の大博士が中途で死なれた。これもやむをえない。かくなる上は、自分一人でもやるほかない。半堂は、せっせと、舟で掻き上げ、その夜のうちに原図を描き、店の判台の上の版木に、それを一心に刻みはじめた。『人類学雑誌』の諸先生のリポートを見本に、しかもまったく見おとりしないよう懸命だった。刷木は日々うず高くたまり、完結、印刷の日を待っていた。しかし、遺跡は、いくら掻いてもきりもなく遺物をおくってきた。半堂は窮してきた。やむをえない。こうしてリポートに記載してしまえば、もう遺物は石くれでしかない。半堂は石鏃を二十個ずつ板紙に縫いつけ、「諏訪みやげ湖中曽根もの」と朱印をおし、お土産ものとして上諏訪駅前で二十銭で売った。売った店は駅前の加賀屋博信堂というホンヤである。この店は米屋と酒屋をのぞき半堂のもっとも借りのある店で、諏訪みやげは売上げの半分が借金におさえられた。

大正に入ると半堂はまさに窮死した。曽根調査報告の版木を刻みつつである。決死の執筆のたくさんの版木は博信堂におさえられて、売れ残りの諏訪みやげとともに博信堂の土蔵の二階に積みこまれて、空しく埃《ほこり》をかむることとなった。木版は良質のサクラである。しかし、一枚一枚の板きれでは木材として再生することはできない。(藤森「小沢半堂のこと」『かもしかみち』学生社・昭和四十二)

小沢半堂の人生の仕事はまったく消えた。しかし、半堂は地下でいっているかもしれない。

——人が仕事の中途で斃《たお》れるということは、ちっとも恥にはならんのだよ——と。

(絶筆・未完、一九七三年秋)

II

原始焼畑陸耕の問題

小学校の教科書にも、日本の水稲農耕が今から二五〇〇年前の弥生時代から始まったことが書いてある。今は、だれ一人疑う人のないこの事実も、実は二十数年にわたって学者たちの間ですら黙殺されていたわが師故森本六爾の短い生涯をささげての学績であった。

私はまたとない学的な頭脳訓練を、少年期に森本氏からうけてもの語らぬ考古学の世界の遺物遺跡たちの黙示に、強く鳴りひびく心の琴線を持つことができた。何の学歴も持たぬ一地方人の私が、近畿から九州にかけて弥生時代の原始水稲農耕社会の考古学的な裏づけのために、この半生の旅をつづけてきたのもそのためである。戦後、再びこの高原の街に住むようになって一番不思議に思われてならなかったのは、弥生文化の水稲農耕に対比して、狩猟生活による文化と疑いもなく信じられていた縄文時代中期の文化が、いっこうに狩猟生活らしい様相を持っていないことであった。最初それは、西日本の弥生時代に比較して見て必ずしも狩猟的でないと言う私の感に過ぎなかった。

それから、私はたとえば八ヶ岳山麓の大遺跡尖石などの代表的縄文中期の文化現象の吟味に没頭した。尖石にはいろいろな不思議が秘められていた。

まず宮坂英弌氏の数十軒にも及ぶ竪穴住居の発掘にも、わずか百個代の石鏃しか出ていないのはどうしてだろう。石鏃は当時狩猟生活の象徴である。縄文時代前期の諏訪湖底曽根遺跡からはしじみジョレンでかき上げられただけでも実に万に及ぶ石鏃が採集されているのに比較して第一の不思議である。次に、石で作られた石クワや石スキ（今までは打石斧と言われた）が、石鏃と反比較して登場して来る。弥生時代のスキが木であったのにここでは石である。当然、木の農具にはその工具としての、金属の存在が考えられ石の場合はそれ自身が工具でありまた道具であった、二つの技術カイ程の差と考え得る点もあるだろうが、それよりも水沢沼地の泥田に木が、尖石のように石コロまじりの山土には石がより適当だったと考えるほうが正しいと私は考えた。

それに、ここからたくさんに発見される石ざら、石うすは水稲生活には絶えてないもので、いずれも木実または雑穀を製粉またはパン状にねるのに用いられた道具である。更に、このころからきわだって盛んになる女性それも妊婦を表現した土偶や、地面にでも立てられたとしか思われない長大単頭のペニス状の石棒など、確かに原始的な地母神信仰は諸原始民族の初期農耕生活のシンボルである。

それから、火切用の凹石は素晴しい、数も見通せなかった例を集落の状態にとって見ても、前期の狩猟生活の住居はそれ自体大きく、一家屋即一集落である場合すらあり、せいぜい十数軒の家で構成されている。けれども、この尖石では実に五〇〇を推定される小さな五、六人の家が一集落を形成している。はたして狩猟生活によって養える戸数だろうか。集落の立地も、前期では小集落が小孤丘や山上や谷頭などに散在しているのにこの時期には莫大な洪積台地の四森林地帯に帯のように連なっている。既にそれ自体狩猟には不適である。

私はここで、未開の森林において最初に行っている原始焼畑陸耕を考えた。いわゆる、ハック農耕の森林経済である。

けれども、尖石のような地点では静岡の登呂の泥土とは違って有機質の穀物の実態などは目下発見困難で、かの水田阯に相当する陸畑阯もまずむずかしい。今日まだ軽々しく、結論を発表すべきとは思っていない。ところが最近、私の持論が大いに用いられるようになって、だれが言ったものともつかず、縄文中期の焼畑陸耕生活論は定説化していくような気配が濃厚のようにに見えるので、一端の責任を負うと同時に、決して、ここに約言した程度より以上の確かさはないのだと言うことを明らかにしておく必要にせまられ、この一文を草したわけである。

（一九四九年）

中期縄文文化論

——新しい縄文中期農耕論の可能性について——

縺れた糸巻

土器型式の分類、或は編年序列はすでに精述してあるので、これを約すとして、本書で扱ってきた中期縄文時代の文化を大別すると、その命名はさらに改訂される場合はあるだろうが、黎明期・極盛期・爛熟期を経て、退嬰期と終焉期に至る五つのステップのあることは否定しがたいと思う。こうした在り方を、つぶさに一つ一つの家を発掘しながら観察していくと、これは、確かに、小さいながら一つの世界の歴史だとつくづく思われるのである。こうした世界がなぜ始まり、栄え、やがて滅びていったのだろうか。たしかに、様相は、入り組み攪乱しあっていて容易にときがたい。しかも、そのいたるところが、消しゴムで消され、インク消しがぶちかけられているのである。

けれども、この混乱した文化相は、もともと、そう夾雑したものではないはずである。この文化世界を貫いてきたものは、案外、たった一つの真実であったかもしれないのである。井戸尻文化は、たくさんの縺れた糸がからみ合った糸巻きである。きっと、ほんとにちょっとした縺れの是正で、糸は一本につらなるのである。井戸尻は、まだ、調査をはじめてわずか七年の短期間である。何もいま早急にその文化の本質をたぐる必要はない。

しかし、われわれは、当初に希望したように、莫大な地下の文化財を前にして、一応の反省をしてみたかったのである。そして、感じたことは、一つの目的をしぼって発掘することの恐ろしさと、いま一つある事象に全くの無関心で発掘して、見逃がした資料への後悔である。ともに、ほめられないことには相違ないが、在るべき一つの目的に無知のため、永遠に破棄された遺跡に対する自責は、どうしようにも救いようのないものである。

日本の中期縄文時代の遺跡を代表するといっていい集落群が、われわれの目前にある。しかし、われわれは、少なくも「そこに遺跡があるから掘る」のではない。なぜ、どうして、こんな山麓の高冷地にそれがあったかを知りたいのである。むろん、その願望は、数年先にかなえられるかもしれないし、あきらめざるを得ないことになるかもしれない。いずれにしろ、いま、われわれは、前方にどういう現象があるかもしれないという目標だけは、しっかり握っておかなくては、次の調査での万全は期しがたいのである。

潤葉樹林地帯

開巻の冒頭で、武藤盈は、榛の木の一杯に繋って、いくつかの泉に年間一〇度の清水があふれ、川には冬もなかった。年中、緑のビロウドのような芹の生えていた谷のことを書いている。また、原生食品の項で、武藤雄六は、半日で一斗の栗が簡単に拾えた話を書き留めている。それから、クマが集めた何石ともいうドングリの集積を谷でみつけた話、さらに、野ネズミがクリをためる穴を探す話など、こうしたほほえましい牧歌的な話は、この地域では、今のうちにひろえばきっと限りなくあるだろう。私は、この初夏の臨地調査で、休戸広原の遺跡の試掘をしているうち中、目の先の雑木林で、一番《ひとつがい》のキジが、しきりに右往左往しているのを見た。あのキジは、かつて、五〇〇〇年前の中期中葉の広原人と隣人だったキジの子孫なのだろうと、こんな笑い話も調査員の中から出て、追ってみる気もついにしなかったことがある。

そういうことは、懐古や単なるお話でなくて、かつてこの八ヶ岳南麓一帯が、大潤葉樹林地帯であったろうことの、若干の暗示である。潤葉樹林には、いろいろな下草が生える。針葉樹林の下草が熊笹ばかりなのとは、ひどく対照的である。その下草を求めて、いろいろな鳥獣が集まってくることは、すでに述べた通りである。そして、秋ともなれば、その潤葉樹は、驚くほど多量のいろいろな実をつける。クリ・ハシバミ・トチ・ドングリ、それから栄養価の高いオニグルミ、ヒメグルミも、甲信越山地の水辺の特産である。桐原健の推算によれば、その収穫量はちょっとした農作物も及ばない量であったらしい。そして、敷きつめたようにキノコがでる。冬は猟、春は山草、夏は川魚、ジバチなど、確かに、この広大な雑木林の中では、人の生活を通年にわたって養いうる地力がある。

これが、井戸尻縄文文化の母体であったことは、何人も否定できないだろう。中部日本を区切ってみても、こういう広大な潤葉樹林は、各地の火山麓や河岸段丘や扇状地にはいくつかあった。かつて、八ヶ岳西麓・天竜川段丘・梓川扇状地・茅ヶ岳山麓、それから伊豆にも相模にも武蔵にも甲斐にもあった。そして、その地帯は、いくつかの中期縄文文化の栄えた土地となった。それは、湖の干満の激しい、入江の発達した海岸丘陵の生活適地と、ある意味で、対照的な文化の地盤となり得ただろう。縄文中期文化は、確かに、潤葉樹林の文化である。

中期の中葉、古くから用いられている編年の上で、阿玉台式、勝坂式といわれている時期は、一般的にいって、遺跡の在り方の地域的な偏差がかなり甚だしいのも、この潤葉樹林帯の偏存にもよるのではないだろうか。

ここの生活で、彼らの文化を支えたものは、わりと粗末な石器類であるらしい。はじめは、乳棒状石斧と打石斧、それに大きな粗製の石匙、これらは、竪穴家屋の太いクリ材も切ったし、竪穴の床上も掘れた。コウゾやシナなどの縦に長い繊維、サワラやカバの幅広い皮、ヒノキやスギの屋根葺きの材料も剝げた。いうまでもなく、球根や根茎も掘った。彼らの石器が鈍器ばかりで、わりと利器がないのは、彼らの生産依存度が動物より植物にあったのだということの、動かしがたい証拠である。

植物による生活

中期中葉に多い石皿という石器は、まず、植物性食品の粉食以外に理解のつかないものである。戸沢充則が報告したように、伊豆利島の大石山遺跡のような、漁にも猟にも縁遠い絶壁上の家で、しかも中期から後期にかけて、かかえ上げられぬような大石皿がいくつも使われていたのは、野生のヘンゴ芋以外に何を考えればいいだろうか。それに、主として、その人々の食品が肉食であった場合、そのためにはあまり土器はいらない。だいいち、灼《や》いて食べる方が煮て食べるより柔かく味もいい。肉の容器としての土器は、すごい埴臭がつき、早く腐る実験がある。獣肉や魚肉の保存は、いうまでもなく、乾燥して屋根裏などにかざしておく方が望ましく、燻製的な醱酵味もつこうというものである。

武藤雄六の指摘しているように、中期土器の中には、たくさんの蒸し器があったらしい。かつて、甑や有孔底の土器だけを蒸し器と考えていたわれわれは、まことに芸のなかった話しで、口唇の内面に外反するウケがあり、胴部の一部にわずかでも縊れさえあれば、蒸し器とするにはまことに簡単で、二器一体でなくて、一器二体、すなわち甑でなくて甗だったわけである。問題は、簡単な簀子《すのこ》と蓋だけで、植物細工としては双方とも手もない仕事である。蒸した食品と煮た食品、それも、容器が埴製品であった場合、味覚的には比較にならない優劣があることはいうまでもない。澱粉質の食品を蒸すことによって、それを食べることはとにかく、いろいろな食生活の飛躍がはじまる。まず、これを乾燥させれば、ほとんど永久に近い保存食品ができる。モチである。曽利五号竪穴住居阯出土の炭化食品のコッペパン状の四個、捻り餅状の一個なども、その一例らしく考えられるふしもある。さらに、蒸した澱粉は醱酵すれば酒になる。武藤雄六の力説する有孔鍔付土器を醸造壺だという意見の裏付けになる事実であろう。

さて、雑木林の中で使われた石器についてはすでに書いたが、それは、一言でいうと、枝払いにも、土掘りにも、いろいろに使える石器であった。つまりは、雑木林に即応した石器だったともいえるだろう。石の矢じりの少なかったこと、肉や皮の処理具の少なかったことは、狩猟を否定するものではなくて、雑木林中には、他のいろいろな捕獲法のあったこと、狩猟はその生活の限定者でありえなかったことなどに帰決させるべきだろう。

武藤雄六の考えるように、凹石がオニグルミの殻を割る道具だとすれば、この地方のクルミの多産からいえば、クリと共に或は動物資源によらずとも、充分に蛋白・脂肪の用を補っていたかもしれない。

中期縄文文化の本質は、たしかに、植物によって支えられた文化である。

貯蔵ということ

物をいれるもの、つまり、容器《いれもの》は物を出すのが目的である。出しいいのが第一の条件である。縄文中期においては、たくさんの土器が作られて、いろいろなもの、おそらくは、獣・魚肉以外のいろいろなものが入れられて、そして、出されただろう。そうした当座の容器は、いずれも口の開いた鉢形をしている。ところが、その他に、藤内期や井戸尻期には、一つの生活単位に一つくらい、ずば抜けて大きな深鉢が置かれたり、埋甕になったりしていた。しかも、なお、床下に掘られた深いピットもあった。これはどういうことなのだろうか。秋の収穫期に集められた堅果の類は、当然、冬、春、望ましいなら夏まで、主食としてくいつながれねばならない。事実、獣猟の資料があまりはっきりしない時点では、くいつながれたと考えるべきであろう。そこには、当然、狩猟生活では表面に出てこない貯蔵という現象が考えられる。

この貯蔵という生活の安定と定着、放浪のないエネルギーの蓄積は、何に向けられるか。まず、貯蔵の象徴である土器であろう。文化の本質的高さはまだわからないながら、中期縄文土器の文化史的な高さ、最もゴージャスな先史土器としての説明は、すでに、本書一冊で充分であろう。こうした文化的な高揚がみられること自体、その容器の中に、いつまでも溢れ、出しても出しても尽きぬものを願う心は、古今を問わず人間の本質というものであろう。顔面把手がまずそれを願うように、口縁部につくられて大きく口を開け、鼻孔をひろげ、土器の中をのぞきこんでいるのも、その祈りと願いの現われではないだろうか。用器画の掣肘から脱した中期縄文土器は、あらゆる自由奔放な施文を用いている。抽象文の奇怪さの他、三本指の人体文、蛇或は亀、蛙らしきものも描かれている真意は、貯蔵、いつまでも無限に生まれてくる新しい命を、爬虫、両棲類などのよみがえりに考えたのではないだろうかと思うが、これは、種の発芽とともに最後に論じたい。

その意味では、もっと本質的なのは、有孔鍔付土器である。この形態の土器については、強い異論がある。太鼓説である。しかしこの異説は、この口縁の小さな、たくさんの孔に皮を縫いつけることは、事実上不可能であること、口縁部は皮革の敲叩による緊張に耐えられぬし、また、孔は全然擦れていない、竪穴内で使われたのであることなどから駄目という他ない。第一、民俗例は皮の張り方がちがうのである。筆者も武蔵雄六も、これを貯蔵形態と考えている。

樽形——壺形——土瓶形と変化していくことと、飲用具としての台付土器の併行しての発達から、武藤は、強く酒醸造としての貯蔵を、筆者は、後述するように、本当の意味での貯蔵、冬を越す種子の貯蔵を考えたわけである。

野火

井戸尻一帯に限られたわけではないが、中期の竪穴には、焼滅したらしい家が多いのに気付く。われわれは、当初、復原された竪穴家屋をみて、火事がでるのもこれはもっともなことだと思った。武藤は、井戸尻四号復原家屋内の炉跡で、ほんのわずかな焚火をして、危うく天井を焼きかかった苦い体験をもっている。火は垂直に昇るのである。

ところが、今度の調査によると、竪穴の構造はほとんど六本か八本柱で円錐、南壁の入口以外は、垂木が壁上に立っていたことがわかってきた。すなわち、天井には破風も、煙抜きもなくて、火は垂直には立たず、炉の形から、焚火はほんのほだ火程度のもので、南の入口から空気を吸い、屋根の下の隅々まで対流して温め、煙は入口の上部から出ていったのであるらしい。この可燃物ではりくるんだような家は、実は、むしろ失火しにくい家であったわけである。しばしばの焼けた家の主原因は他にあるのである。

そこで、いったい、井戸尻周辺の調査が、わずか数年で、一応こうした巨大なレポートにまでこぎつけることのできた真因は、調査の章で再三書いたように、一地点の最後の住居阯が、生活をそのまま置いて転退していてくれたからである。そのうちの何割かは、はっきり火災によるものであった。それでも、われわれは、まだ長いこと、病気、外敵、死にかかわるタブー、洪水などむずかしい理由を考えた。けれど、ここに至れば濶葉樹林帯の宿命——野火を考えるのが最も妥当だと信じるようになった。この高原の野火は、今も、野も山も川も村もない、ほってておけば雨が降るまでは燃えて、一切を徹底的に焼き払うだろう。もちろん、野火は、自然でも起り得るだろう。しかし、最大の原因は然るべき人為である。すなわち、井戸尻人の生活には、いくつかの発火原因を内蔵していたわけである。

野火の季節は多く晩秋から早春である。そして、万目褐色に焼けた雑木林は、たちまち、強烈な不死鳥の本性をあらわして、一斉に、食べられる草が、真黒な土の中から生まれてくる。その強烈な蘇生は、彼らにどんな印象を与えたろうか。

野火のあと数年たてば、もう、クリ、クルミ、ドングリは古木にもまして実をつけるようになる。人々が山麓を去るのは、この数年で充分である。野火は、この叢林を絶やすのでなく、大きく育てているのである。

縄文中期の井戸尻人たちの生活も、多分、この大野火を転期にして去り、新しい生命の芽生えによって帰来し、いく度かの土器変遷の文化階程を経てきたのかもしれない。その大きな輪廻は十数回、実時間はほぼ四千五百年前から五千一百年前くらいと考えられる。そうでなければ、この文化の形式的変遷自体もほんとうは理解しにくいだろう。新しい技法、新しい理念が、全面的に旧いものとおきかわっていくのには、こうした根底的な改変のきっかけが必要だったのではないだろうか。いずれ、これは、今後の調査で吟味されるべき見通しにすぎないが、ただに想像されるにすぎないといって、片付けてしまえない想像が一つある。

井戸尻人にとって、野火の後には、食べられる植物が、よくできるという着想が当然わいたろうということである。たとえ、それが、クリであろうとクルミであろうと、焼灰の高く積った赤土に生えた木はよく実をつけた。そうすれば、特定の場所を区切り火をつけて、そこに何かを移植してみようという衝動があったろうということは、夢想にすぎないだろうか。原始農耕は、何を作ったかということでなくて、本当は、社会機構が、何かを作る環境に至っていたということである。筆者は、凹石の発火具説をすてることができないでいるのは、この場合の携帯発火具の一つとしてである。

土からわく新しい命

われわれは、今年も明年も、中期縄文時代で何が作られただろうかという興味にもえて、調査を進めていくだろう。今回までの調査では、クリ、クルミ以外、パン状炭化物などのほかには何も得られていない。そして、今後も、この強酸性土壌ではつかまえることはできないかもしれない。

縄文中期文化は、農耕があったような構造を示しているというわれわれの着想について、反対論者は、第一に作物の資料の提出を求めている。次に、この時期だけこの地域だけといった議論は、社会構造の進歩の上ではとるに足らない、いま一つ、拾集経済でも、高度の生活の安定した文化相をもち得る場合があるというのである。われわれは、今、これまでに知り得たすべての資料を提出した。農耕有無の是非は、もちろん、本書の中から検討すべきものであって、提出者がいうべきではないだろうが、酸性火山灰台地、濶葉樹林帯、野火という三つの条件の中に、原始的な植物栽培が芽生えてきて差し支えないと信じている。

では、いったい、何がいつ作られたというのか。むろん、それはわからない。わかることは、秋は作物など全く要らぬということである。自然食品の拾集、貯蔵のあなは夏である。植物の栽培の行なわれる必要のある時期は、夏成熟する植物である。それは、里イモ、クワイ類、それから小麦である。われわれは一つの暗示としてそれを検討している。

縄文前期末から中期初頭にかけての、籠畑期、九兵衛尾根Ⅰ・Ⅱ期の文化の分布圏は、八ヶ岳南麓より、むしろ諏訪湖岸の丘陵地帯にあった。前期末には、湖から遠い高地に分布していた遺跡が、中期に近づくにしたがって低地に下降して、中期中葉に湖岸洪積扇状地に進出してくる。そして、ここからの発展は、八ヶ岳西南麓に移っている。そこは、人々にとって、ほとんど新しい土だったのである。何かの理由がなくてはならない。この現象はかなりはっきりしていて、これは、湖の水位の変化も考慮の中に入れる必要があるが、より広い、より深い、潤葉樹林の台地を求めて移動したものとは考えられないだろうか。そして、山麓に大きく定着してくるのが新道期である。以降、狢沢期、藤内期と変転するが、その間、急激に人間の領分は拡大していくようである。この数期の生活は、主体が戸外にあったようである。家屋内の火は、埋甕炉に置かれ、せいぜい火種を守る程度で、生活の主体は戸外だったのである。九兵衛尾根、藤内などのように、ほぼ環状に囲んだ集落の中央には、広場や、特殊遺構をもっていた。土を掘ったり、藪を拓いたりする石器がひどくふえた。凹石も、一軒の家に二十以上も集められた。石皿もあり、また、土器は蒸し器、煮沸器、貯蔵器などに分かれ、もっぱら植物性食品が貯蔵され、蒸され、また粉にして処理されていた。こうした生活形式は、井戸尻期に至って爛熟し、顔面把手、土偶などが、土よりの新しい生命の祈りを思わせる造型をとり、日本上代人の考えた、春と共によみがえる新たまの精霊への願望を、蛇或は冬眠より覚めてくる爬虫類や両棲類の象徴に見出しているようでもある。

中期後半から末葉にかけての曽利期にはいると、様相は一変してくる。まず、家屋の炉は火種壺らしいものから、はっきり、一家の団欒の炊事場にかわっていく。曽利五号の家においては、成人用の量目の大コッペ状食品四と、小児用と思われる捻り餅一個とが、炉辺で一ぺんに焼かれた食事量であることを語っている。そして、かつて、集落の中央にあったらしい祭の場は、立石、石組祭壇、石棒などのかたちで、家屋内に持ち込まれてくるようである。これは、生活単位として、家族の構成が確立してくるのであろう。炉は大きく、それから深く、火は次第に多く家屋内に持ち込まれるようになるようであるが、大きな気候の変化があったのだろうか。かつての、豊かな母なる雑木林も、様相が大はばに変わりつつあったのではないかと疑えるふしがある。

住居阯内に保有された打石斧が、甚だしく減り、同時に凹石も少なくなる。乳棒状石斧、大形粗製石匙は、共にもう要らなくなった。一般に石器は少なくなって、土器は、実用一点張りの深鉢――蒸し器形が多い――に限定されてきてしまう。住居内には祭壇が持ち込まれる代わりに、土偶がほとんどみられなくなり、埋甕、伏甕という妙な施設が住居内にでてくる。その中に秘められたものは何か。いままでの発掘例では、無機遺物が出た例はないので、まず、有機物と思っていいだろう。桐原健は、曽利期には、遺跡がひどく拡散する傾向があるといっている。近世における焼畑農耕村落「出作り」のようなものを考えているらしい。確かに、高い山稜や高原に、突然に曽利期の小遺跡が発見される例がしばしばある。全国的に、遺跡が最も普遍した時期であるとともに、一地域にあっても、垂直分布的にもっとも拡まる時期でもある。事実、曽利遺跡のソリという地名は、焼畑の休耕地のことで、ソリ、中ゾリなど並列した帯状台地は、近世まで、その主要生産法は焼畑陸耕であった。もし、焼畑陸耕の形式の村の拡まりの様相を考えるとすれば、まさに、この時期であろう。土器に現われた消費文化、生産性を意味する石器の在り方が、一見稀薄化していくことは、季節による家、生産地に出た作業小屋というようなものを考慮のうちにおけば、納得もいくというものであろうか。

以上、われわれは、井戸尻付近遺跡調査第一期の終りに当たって、そういう予想をもっているのである。新しい第二・第三次の調査において、見落としてしまう大過のないように、それを役立てようと思う。

雑木林の生活のおわり

雑木林の生活は、曽利の時期の進むにつれて、退嬰現象を起し、やがて終焉をむかえる。後期を経過して晩期、もうこれらは全く井戸尻文化とは異質的なもので、全国的にみた後・晩期的なものと、いささかのちがいもない。そして、晩期の終りとともに、再び原始の濶葉樹林にかえってしまったもののようである。その井戸尻式生活形態の終焉には、どういう理由を考えればいいのであろうか。

われわれは、それを思うたび人間の歴史の素晴らしいひびきに、改めて土器を見なおすのである。

（一九六五年）

中期縄文土器とその文化

基礎資料の編年

中期の典型的発達を示す地域

中部日本では、諸磯式文化、つまり前期後半から、顕著な中期的傾向がみえはじめるようである。むろん、それなら諸磯式からを中期とすればいいわけであるが、それまでは熟してはいないというのが実態のようである。とすれば、いったい中期的ということは、どういう文化内容を持つものなのだろうか。

むろん、それは汎日本的な文化現象として把握されるべきものであるが、幸いにもっとも典型的な発達をとげたのが中部日本であり、かつ与えられた表題も中部日本であるので、代表的な地域現象をもって、その概説にもかえたい。

竪穴住居跡の重複による編年

中部日本の中期縄文時代研究の基盤となる土器の形式編年については、今もなお、各地域の編年資料が出揃っているとはいえない。しかし、井戸尻遺跡を中心とする長野県諏訪郡富士見町境地区の発掘調査によって、かなり明確な編年体勢ができあがっていることは事実である。いまは、これによることにしたい。

井戸尻においては、集落内の竪穴住居跡の重複に着眼して、それを、切り込む場合と埋め立てる場合にわけ、重複の時間的前後関係を決定している。すなわち、竪穴相互の接触さえあれば、正しい観察によって前後関係、つまり短時間の編年も可能なはずなのである。この新しい試みに対して、非常に幸いしたことは、いくつかの小時期の中期家屋で、井戸尻では火災によって滅び、その生活の一時点をそのまま埋没させた例が非常に多く、土器を中心としたその生活文化財は、むろん破砕こそしていたが、そのまま復原できるという、好条件を具えていた。かつて貝塚の貝層の累積によって、土器の破片による編年が行なわれたときとは反対に、この場合は、竪穴の上層に浮き、また逆三角形堆土内の混入物、さらにその竪穴が築造されるとき、混入したと考えられる床面または以下の層の破片を一応オミットして、床面上および床よ

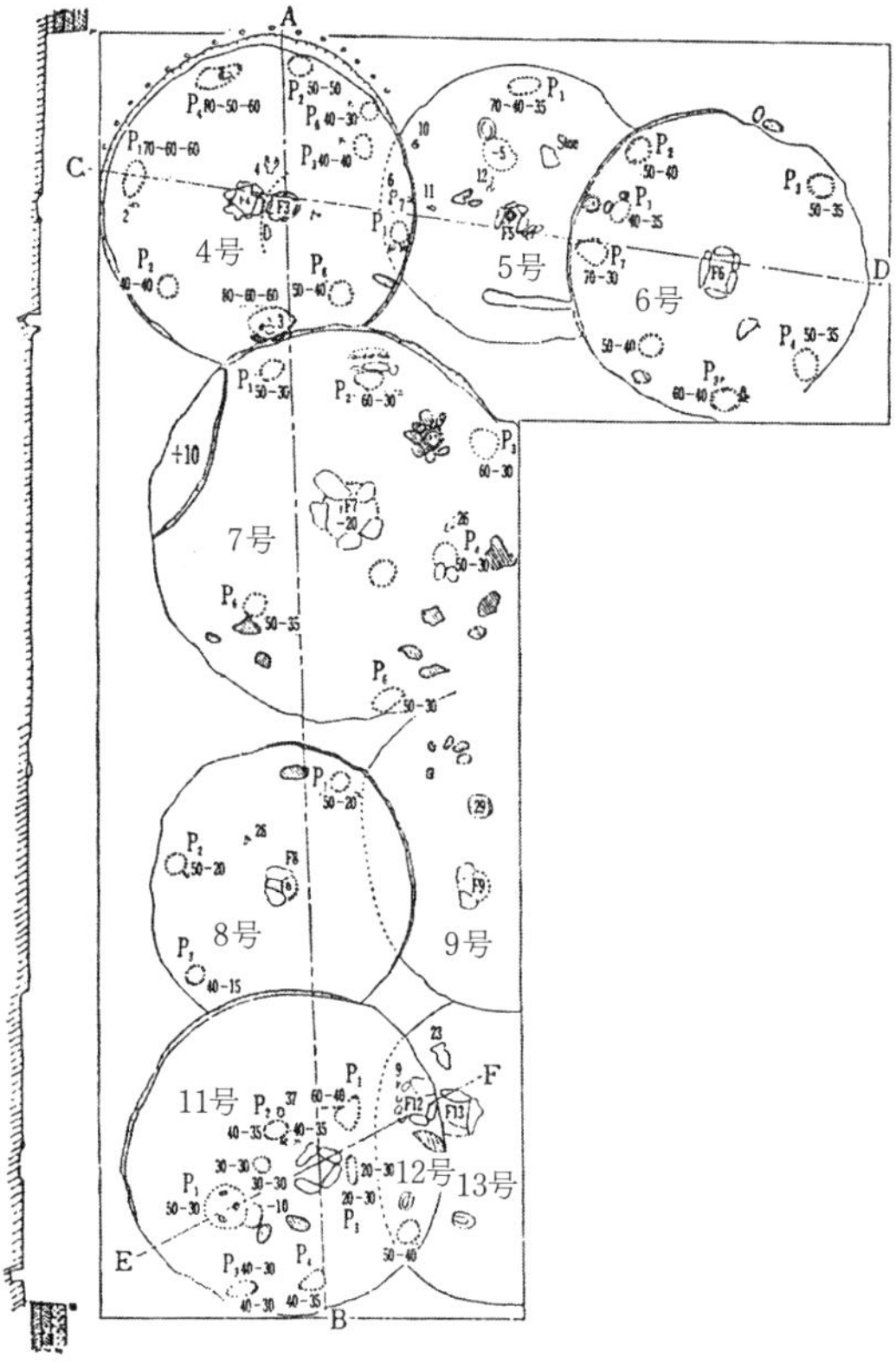

図１　重複する竪穴
曽利遺跡４号は曽利Ｉ式の完全セット（図５）を出土し、
５号は炭化パン（図３）出した。

形式	時期		曽利	井戸尻	藤内	立沢	狢沢	九兵衛尾根
曽利 V	末	終焉期	⑩		②上			
IV			⑯ ⑧					
III			⑮ ⑬ ⑥ ⑨ ⑦			③		
II	葉	退嬰期	⑰ ⑪					
I			⑫ ⑤ ④			④	③	
井戸尻 III	中	爛熟期	③	③	④			
II					③			⑥
I					②下 ⑦		④	
藤内 II		極盛期			⑧			
I						①	⑤	⑧
狢沢	葉	確立期		②			⑦	⑦
新道								③上
九兵衛尾根 II	初頭	黎明期					⑥	③下
I								⑤

長野県曽利遺跡における竪穴の重複した床面の編年表、○印は竪穴番号を示す

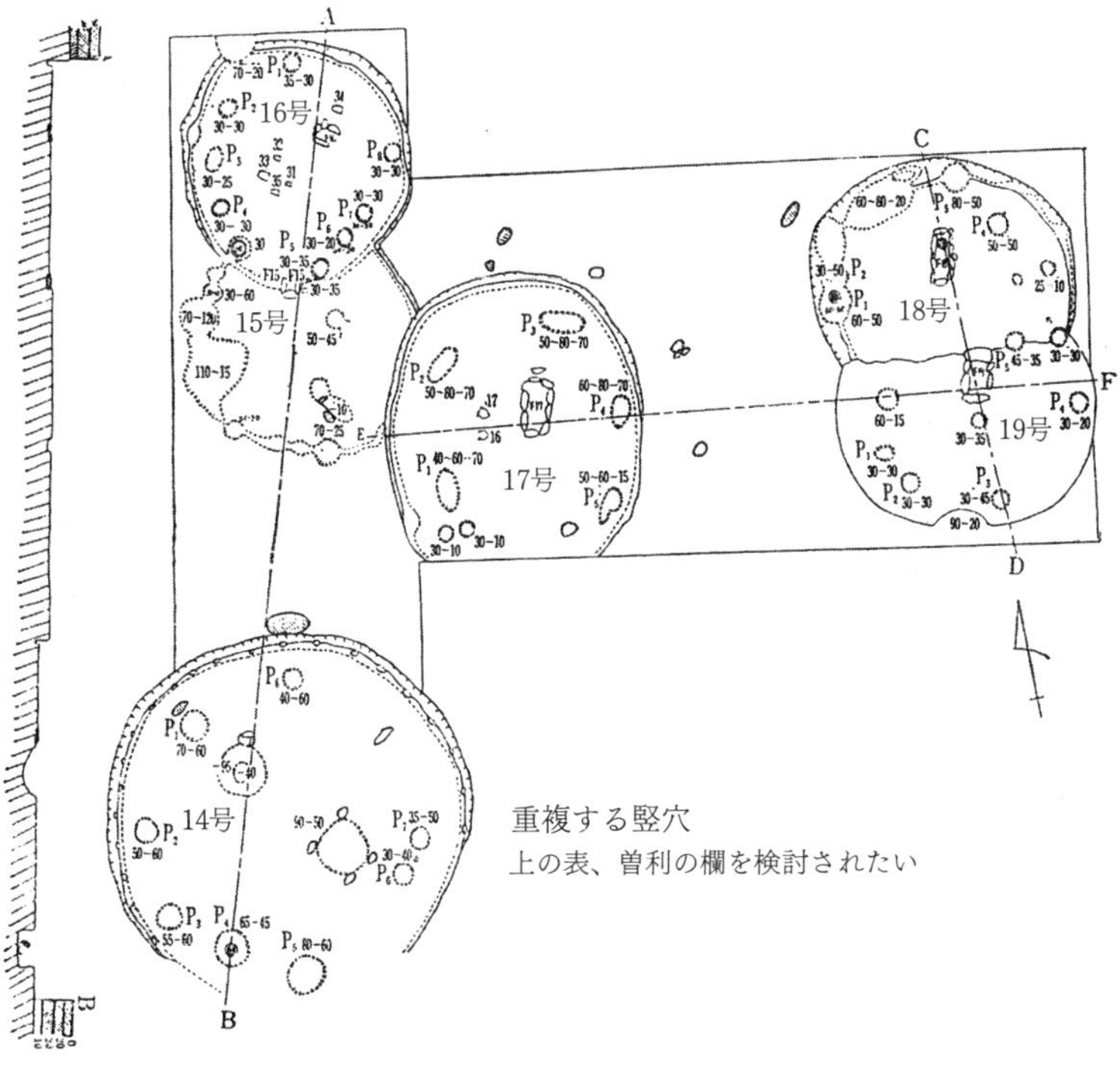

重複する竪穴
上の表、曽利の欄を検討されたい

り一〇～二〇センチの、床を構成していて炭化したと思われる漆黒土上に、潰れているほぼ完型であったと信じられる土器のセットをもって、家屋廃絶時点の形式と考えたのである。竪穴廃絶時点の編年ともいえるだろう。ところで、そうした重複資料は、全部が全部、土器セットを完全に残していたとはむろんいいがたかった。そこで、完全に残った家屋例を標式資料とし、重複した例を編年資料とよび、その二つの要素の組み合わせによって、かつて、古くは厚手式、最近まで、五領台・阿玉台・勝坂・加曽利E式などの大わけの編年の中で混乱していた中期土器を、前期末から、生活面のセット様式によって編年してみた。その現下の成果はだいたい次表のとおりである。

土器形態と機能の構成

多岐多様な形と使用法

中期文化の特徴をまず、その本質的なものからあげれば、土器の形態と機能の多岐多様化であるといえる。この傾向は遙か古く、縄文早期の尖底土器においてすでに、小さな尖底の浅鉢が発生している。がしかし、顕著になってくるのは、前期後半の諸磯式a期ころからである。これは、一部学究の意見として、諸磯a期以降を中期縄文文化と考えている根拠のひとつでも

型式名	標式家屋	特徴	各地型式比定 南関東	各地型式比定 長野	各地型式比定 中部各地
日向Ⅰ	篭畑 一・五・六号	器形…張り出した底の胴部がくびれ口唇の直に開いた深鉢が多い。 施文…半割竹管による爪型浮隆起文と並行沈線文・綾杉状沈線文などが全盛で、全面をおおっている。円形小ボタン状のイボが発生する。 土質・焼成…良好チョコレート色。	諸磯c式 千葉 加茂六類	諏訪 若宮A 大町 上ッ原四類 有明山社上	
日向Ⅱ	篭畑 三・一一号	器形…張り出し底がきわだつほか、ほぼⅠに同じ。方形土器あり。 焼成…砂粒が多く、ややザラッとした感じで、栗色。 施文…爪形浮隆文弱まり並行沈線文と、ボタン状、貝殻状の貼付文がふえる。原始的な渦文・鉤文と、三角形連続文・半截竹管による縄文状の列点文などはじまる。	諸磯c式	諏訪 下島 大町 上ッ原五類	新潟 笹原 鍋屋町二群 富山 吉峯
篭畑Ⅰ	篭畑 四・八・一〇号	器形…折りかえし口縁、梯形把手など変化にとみキャリパー甕・浅鉢・瓶などの変化加わる。 施文…地文としてこの縄文・ソウメン状浮隆文・直角刻みの浮隆文・三角形連続文・縄文状列点文など全盛。鉤文・渦文もふえる。施文は底まで全面にあますところなく小型精緻な施文構成多し。 焼成…良好赤褐色。精製小形と粗製大形と、土器使用の差現われる。	十三菩提式	諏訪 晴ヶ峯 飯田 今洞 阿南 網張	新潟 鍋屋町三群 山梨 花鳥山 岐阜 深作裏垣 内味屋 京都 平 兵庫 大蔵山

型式名	標式家屋	特徴	各地型式比定 南関東	各地型式比定 長野	各地型式比定 中部各地
篭畑II	篭畑七・九・一二・一三号	器形…やや単純、深鉢・キャリパー甕・筒など。 焼成…土質良、明るい赤褐色、カルメ焼様のヒビ多し。 施文…全面篭目状沈線文。地文として結節縄文あり。		諏訪　踊場	新潟　上野八類 栃倉一類 山草荷 富山　朝日下層
九兵衛尾根I	九兵衛尾根五号（篭畑IIを混入す）良好の竪穴未見	器形…深鉢・浅鉢・埦・折りかえし口縁、張り出し底、耳状捻り把手、小形精製・大形粗製の差が著しい。 焼成…チョコレート色。 施文…篭畑IとIIの各式の特徴をともに強調したもの、文様の構成は口縁横帯文と懸垂文とからなる。結節縄文、樹枝状縄文など多し。 主要施文要素は三角連続文。		諏訪　梨久保 茅野　中原 飯山　深沢 原　御狩野	静岡　柏窪 愛知　西田原 富山　倉ヶ谷 新潟　上野一類
九兵衛尾根II	九兵衛尾根三号竪穴下層 狢沢三号	器形…深鉢、浅鉢など折りかえし口縁、張り出し底。 焼成…濃褐栗色、ガサッとした焼。 施文…同工式の施文構成が簡約化されていく、素文部増大、連続爪形文・並行沈線文やや復活。三角連続文も残存。	五領台式 下小野式	諏訪　唐沢 下諏訪　神殿 更埴　蝶葉 塩尻　平出3A 木曽　宮原	新潟　剣野E 上野六類 山梨　下向山 石川　新保
新道	新道一号 九兵衛尾根三号上層	器形…深鉢の煮沸器三・大浅鉢の共同食器一・大有孔鍔付土器の貯蔵樽一・顔面付小埦供献器、馬上坏型の飲器一とそれぞれの器態による器形セット完備する。最も中期的様相とい	勝坂式内至阿玉台式 埼玉　三十場 讃岐山	諏訪 後田原一号 飯田　西ノ原	新潟 松郷屋下層 石川　新崎 愛知　北屋敷

		える。 焼成…一般に黒灰色で焼成は粗面。 施文…竹ペン様の鋭い単篦でつけた山形連続刺突文で横帯に三角形の連続文から構成される。爪形連続文も強く残っている。	東京　犬目SI		山梨　北割
狢沢	狢沢一号 井戸尻二号 九兵衛尾根四号	器形…深鉢・桶・浅鉢。 焼成…灰褐色、粗面硬焼。 施文…先端を切った角ペン状単篦で引いた連続刺突文による横帯文、人体文や、奇妙なる懸垂文などあり。梯形把手。	阿玉台式 埼玉　下加五号 千葉　中峠第一地点 群馬　新巻	諏訪 大安寺下層 上の段下層	愛知　前畑B 新潟　長者ヶ原
藤内Ⅰ	藤内特殊遺構 狢沢五号 九兵衛尾根九号	器形…張り出し底はなくなり、円味をおびる。深鉢・筒・甕・浅鉢・皿・壺・有孔鍔付土器・台付埦。 焼成…栗色、粘土良、軟かい焼。 施文…抽象文（甕）と区画文（筒と深鉢）とに分岐する。抽象文は磨消縄文の上に奇怪な動物文らしき浮隆文を配し、区画文は全面を縦構成に区画して、間隔を斜沈線文で埋む。	勝坂式	茅野　長峯	富山　片掛
藤内Ⅱ	藤内 八・一二・一三・一四・一六号 乙事一号	器形…キャリパー甕やや増加、壺形の有孔鍔付土器現わる。馬上坏型坩・筒・深鉢・皿・埦。屈折底はじまる。 焼成…褐色ないし栗色、軟質。 施文…抽象文おとろえ、区画文は縦位より横帯にかわる。顔面把手・耳飾状対立把手出現。リアルな蛇体文。	東京 草花二号	塩尻　平出1号	富山　天神山

型式名	標式家屋	特徴	各地型式比定		
			南関東	長野	中部各地
井戸尻Ⅰ	井戸尻四号	器形…キャリパー甕、有孔鍔付土器・浅鉢・皿・埦台付埦などの他、吊手土器発生。 施文…横帯区画文は中帯文にかわる。区画はそれぞれ角がとれてまるくなる。地文の縄文復活。	東京 草花三号 埼玉 下加二号 東京 中原二号 貫井	伊那 天伯2	山梨 東井出
井戸尻Ⅱ	藤内九号 九兵衛尾根六号	器形…キャリパー甕全盛下腹部で強くくびれ、サナを受けて、蒸器としての形態ととのう。口唇に波状突起があるが、内縁は蓋受状になっている。埦・大皿など。 焼成…Ⅰにおなじ。 施文…中帯文は再び口縁横帯文下腹部の横帯文とに別れる。区画文はまったく円文となり、新しくせり上ってきた屈折底に櫛形文現わる。	埼玉 下加一号 東京 中原C号 中原B号	諏訪 海戸三号	山梨 岩久保
井戸尻Ⅲ	井戸尻三号	器形…キャリパー甕やや減少し深鉢多く、揚げ底現わる。吊手土器全盛。 焼成…黒褐色・軟質。 施文…櫛目文・人体文や蛇体文が衰退して胴部懸垂文にかわり、加曽利E式につらなる。	東京 深大寺東原 A10号 中村橋	諏訪 殿村 岡谷 海戸42・53	
曽利Ⅰ	曽利四・五号 立沢二・三号	器形…浅鉢・埦・有孔鍔付壺・大把手付甕など。 焼成…赤褐色・硬質。 施文…胴部懸垂文、口縁から把手へかけて、水焔状渦文おおいに発展。	加曽利EⅠ式 東京 中原一号	尖石 Ⅲ式	新潟 馬高Ⅰ 塔之崎 栃倉六類

曽利II	曽利一七・一一号	器形…埦や甕、甕には二形式あり、キャリパーと口縁の平端の二者に分かれる。 施文…キャリパー甕は内反口唇で、ミミズばれ様浮隆文が篦目状に全面に施される。また口縁平端の甕は全面に唐草状の渦文がめぐり、並行沈線の地文が埋めている。この例は埋め甕に使用される場合が多い。	加曽利EII式 樽原 静岡 出口五・六号 埼玉 新曲輪一号	岡谷 海戸38 塩尻 平出ヲ号	新潟 大蔵 長者ヶ原三類
曽利III	(B)曽利六・七・九号 (A)居平四	器形…ほとんど頸のくびれた深鉢のみになる。まれに高坏形など。 焼成…ガサッとした黒褐色。 施文…口縁横帯渦巻文と懸垂文に別れたテピカルな例。施文の斉一化。地文は縄文(A)と並行沈線文(B)がある。	埼玉 新座二―四号	岡谷 海戸39 更埴 巾田二号	愛知 大屋敷 埼玉 新曲輪一号
曽利IV	曽利一六号 大畑一号	器形…軟い曲線をもった深鉢に統一される。 施文…弱い渦文・同心円など、彫り弱く優美。	埼玉 新座J五号	更埴 巾田配石	富山 小籔一類 静岡 出口一号 愛知 石瀬II 咲畑I
曽利V	曽利一〇号 居平三号	器形…底の小さな深鉢、はなはだしく薄手化。 施文…口縁横帯文の退化、ほとんど一・二の沈帯となる。懸垂文は八の字文になる。	埼玉 新座J一号	坂城・込山e	愛知 前畑A 石瀬III 新潟 村杉E

〔注〕以上は、井戸尻集落の遺跡群から標式家屋を摘出したものであるが、配列の基礎はすべて、編年資料の重視によっている。またそれに併行する各地の形式は比較的新しい報告中、住居跡単位に選んでみたが、標式名とする意図はない。

あろうと思われる。

その土器形態と機能の多様化というテーマをすこし説明すれば、諸磯各式の分はしばらくおくとして、問題は、中期初頭の各型式、晴ヶ峰式、踊場式、梨久保式、神殿式などの各時期にはじまる。

いうまでもなく、縄文式土器の基本形態は、深鉢である。この形態の基本的な機能は、容れることよりも、むしろだしやすいという点にあることは、緩く開いた口縁部という共通性から理解がつくところである。つまりは、久しい間の収容というよりは、ある目的、たとえば煮るために入れるということが主眼であろう。

諸磯a期からいえることだが、中期初頭の晴ヶ峰式や梨久保式の時期になると、かなり顕著な浅鉢が発達してくる。大小もいろいろで、高台がついたりして、中には複雑な造型をとり、施文もかなり念入りな装飾でかざられている。これは明らかに、煮沸以外の何かの必要から作り出された容れものといっていい。また梨久保式にはかなり長い頸部をもった瓶型の土器があり、これなど、容れられた物質は、どうしても液体としか考えられないところである。

固定化の傾向を示す新道式

こうした傾向が、一応の固定をみると考えられるのが、勝坂式前半のはじめといわれている新道式からのことである。

新道式の標式遺跡、長野県富士見町高森新道の第一号竪穴においては、いっぱいに煮沸による煤と、内壁に煮えこびのついた三個の深鉢と、一個の大浅鉢、それに有孔鍔付土器とよぶ口縁に緊縛装置をもった大樽のような土器と、馬上坏型といっていいだろうか、底面にまで施文をもったカップ形土器、それぞれ一個を出土している。

図2　新道1号住居跡の完全セットの一例
新道式という

新道一号住居跡は小さな竪穴だが火事によって、短時間に滅没した家という好条件から、まず、中期盛期の一生活単位をほぼ完全な姿でとどめたものと信じられる。有孔鍔付土器は、とくに大きく、またとくに精選された粘土で焼かれ、表面および内面に、かなり厚い黒漆らしい塗装がほどこされている。これが水様物をいれたか、固形物を容れたかは、将来の問題としても、完全な貯蔵具であることは疑いをいれぬところである。しかも、カップ形土器が、底面にまで施文している点は明らかに、飲みあおるときの視覚的効果を考えたもので、むろん水とは考えにくく、おそらくは酒の発生を意味しているものと考えるのが至当であろう。このように縄文時代の中期は初頭から、すでに、かなり進んだ生活単位の型が、確立していたとみるべきであろう。

気候と文化構造の復原

自然環境と生活

必ずしも、土器の発達がすなわち文化の向上に通じるものとはいえないだろう。しかし、すくなくとも縄文文化のような始原の文化においては、やはり、土器の機能分岐のもっともはなはだしい時点に、その生活の安定と、文化の高揚をみようとするのは、当然なことである。中期のはじまり、八ヶ岳南麓の編年でいうなら、新道の時期は、非常に生活文化の高揚した時期であったといえるだろう。

いったい、この文化的高揚は、どうした原因によるものであろうか。いうまでもなく、これこそ、考古学研究の最後の目標である。

現在、標高海抜一〇〇〇メートルから九〇〇メートルの、いわば、中部高地は高冷地である。

非常に激しい労働と、創意工夫によってまれには、米作日本一などという農家が出ることもあるが、おしなべていえば、晩霜、早霜、それと、冷夏や降雹など不作の条件はつきまとっている土地なのである。谷がすくなく、広漠なる緩傾斜面であるだけに野獣も、いまはむしろすくないほうである。いったい、どういう条件がこうしたわりと安定した生活と高い文化を産んだのだろうか。

それにはまず、当時のできうる限りの気候環境の復原、それと、集落の様相、つぎに生活器具として石器機能の把握などが試みられるべきである。

気候状態復原の資料

気候状態の復原については、非常に恵まれた資料が植物学の分野から提出されている。堀正一氏による長野県諏訪奥霧ヶ峰、八島ヶ原湿原泥炭層の花粉分析によるデーターである（堀正一 Pollen Analytical on Bog of Central Japan, with Special Reterences to Climatie changes in the Alluvial Age. Japanese, Journal of Botany, Vol.16-1）。最近金井典美氏はこのデーターを応用して、八島・雪不知・物見岩などの旧石器時代文化の気温的環境復原を試みているが（金井典美「長野県霧ヶ峰高原の旧石器文化の環境とC14年代」考古学ジャーナル二三　昭和四三）、すくなくとも同じ試みは、縄文中期でも試みうるようである。八島ヶ原の泥炭は、八・〇五メートル堆積していて、上層は一メートルに約一〇〇〇年、下層はこれよりも圧力その他でおそい堆積速度が推算されている。この計算にC14の年代測定のデーター深さ四・二メートルで3030±110B.P.、七・二メートルで9680±130B.P.というのを加味してその数値からグラフを作成すれば、縄文中期の深さは約五メートル、すなわち長かった第二温暖期の真中に収まり、花粉分析によればQuercusミズナラ相を強くだし、今日よりはるかに温暖な時期を意味していることになる。現湿原は標高海抜一六〇〇メートル。Pinus（マツ）相を呈しているが、ミズナラはすくなく、わずかな残存木も、急激に枯れつつある。現在のミズナラ相はほぼ九〜一〇〇〇メートル帯であることから、すくなくも気温上の常識からしても、平均、六度以上も温暖であったといいうるだろう。いまひとつ、この第二温暖期は約七五〇〇年前の縄文早期中葉からはじまり、四〇〇〇年前の縄文中期末葉におわっていて、その前後、つまり、縄文早期初頭と後期には、かなり激しい寒冷期Picea相がひかえていることである。寒冷期に前後をはさまれた暖期、まずここに中期文化闡《せん》明《めい》の第一の鍵をおいていいようである。標高海抜七五〇メートルの長野県小県郡青木村の沓掛温泉の廃泉の湯尻に、通称弘法芋という野生の里イモの群落が調査報告（小山海太郎「野生の里芋」長野県史蹟名勝天然記念物調査報告二　大正一二）されている例も、かつての温暖期のフローラの残留かと信じられる。現在の中部高地ではだいたい里イモ・ヤツガシラ・コンニャクなどの芋類の栽培は、標高海抜七〇〇メートル以上にはみられないところからしても、きめ手とはいえないながら、かなりの温暖期が過去にあっただろうことをうなずかせるところである。

一六〇〇メートル級にミズナラ帯があったとすれば、一〇〇〇〜九〇〇メートル帯は、いまより温暖だったということで、クリ・クルミ・ナラはむろん、イモ類などの繁茂を考えていいだろうとも思われる。

温暖と海浸による高地文化の高揚

さて、そこで環境、集落立地の資料であるが、まず、温暖期のはじまりと考えられる縄文早期末からみると、最近、相当に興味あるデーターがあがっている。天竜川中流、長野県上伊那郡宮田村中越遺跡においては、竪穴住居跡の実例にとぼしい時期にもかかわらず、四本柱方形の深い竪穴住居が、既調査分だけでも二十数軒が密集していることを第一に注意すべきであろう。しかも、その文化期からいえば、関東で主鹹貝塚がもっとも内陸にはいったやや以前のことで海進の時期であり、中越人の持っていた尖底土器は、静岡の木島式にもっとも近い東海系の土器の文化で、中越I式と呼んでいる。つまり、温暖と海浸と東海系文化の内陸遁入と、その安定化は、高地文化の躍進的高揚をささそったといっていいだろう。この前後の時期、中部高地には、各地域いろんな文化の遁入があった。畿内・瀬戸内の磯の森式・国府下層式・北白川式、下っては大蔵山式、やや東の文化としては石山式・入海各式さらに、粕畑上の山式など、集落の大移動時代ともいえる様相が知られている。中部高地の縄文中期文化は、そうした現象の後を受けての実りの時期と推察できるのである。事実、中越集落自体、たくさんな石鏃や石匙を出し、はなはだしく狩猟生活的でありながら、石皿が多く、かつ天竜川に流入する大田切川の広い扇状地の中央に生活立地をもっている点は、むしろはなはだしく植物採集文化的であるといえるところである。そうした生活文化の変化は、当然、前期を通して、その末葉の諸磯各期にいたっては、次の中期爛熟の前提を含んでいたといえるだろう。

中部高地の縄文中期文化の特質

集落と家屋

中期初頭といわれる晴ヶ峰式・踊場式は一般にかなり高い、山顚や山腹の集落が多い。しかし梨久保式や神殿式となると、ほとんど一斉に平地、とくに広い洪積台地上に降下して、中期を通じて定着する傾向がきわめて顕著である。たとえば、八ヶ岳の南・西麓、松本盆地の北アルプス扇状地、天竜川の段丘など、その最も顕著な例である。山梨県では茅ヶ岳山麓、静岡県・岐阜県あるいは新潟県でも、ほぼ同じことがいえるようである。

集落は、長野県茅野市尖石、富士見町九兵衛尾根、岡谷市小尾口海戸、伊那市月見松などの諸例を総合すれば、縄文各期を通じて断続しながらも三〇〜七、八〇軒の家屋が、ほぼ環状に集まっているのが普通のようである。そして、その環状集落の空地には、超巨大な深鉢が立て並べられた例（富士見町藤内）、大石棒が立てられた例（下諏訪町駒形）などがあり、はなはだしく広場集落的な色彩が濃厚である。

それぞれの家屋は角丸方形で比較的小さく、径五〜六メートルが平均値である。諸施設をのぞき、伸臥するとすれば、ほぼ五、六名がいいところである。柱は六本例が多く、南をのぞき壁上に垂木孔を残す例も後半には多い。壁高は中位、北壁が高く南壁は低いが、消滅しているのが普通である。床面さして硬くなく、火事によって廃捨された例では、しばしば、二〇〜三〇センチの炭化物によって、器材が浮いていることがある。むろん、これは床の存在を意味する。石囲炉の炉石の高さもおそらくそれを意味するものであろう。また藤内九号例によれば、柱や梁は枘で接合された場合すらあったようである。

屋内の状態

炉は中期初頭は地床炉が多く、やがて埋甕炉にかわり、新道・藤内期から、簡単な三石で囲こむ小さな石囲炉がみえはじめ、漸次大きくなる傾向を示すようである。六石の長方形が多くなるのが井戸尻期から曽利期、すなわち加曽利E期にはいってからで、いよいよ長方形に大きく、たとえば新潟県栃倉例のようなあたかも鮭でも焼いたかとうたがわれる例が現われるようである（桐原健「住居と集落の変遷」『井戸尻』昭和四〇）。すくなくも、炉の変化よりすれば、火種保存的な埋甕炉から漸次、焚火用にかわり、やがて工作場の中心、さらに団らん用などへとかわっていく経過は、家族の結成の完形とともに、次の寒冷期への移行も考慮のうちに入れる必要があるだろう。

千葉県姥山貝塚の接続溝の第一号竪穴から、たぶん何かのアクシデントで一斉に死の床について遺骨を残した男女成人各二人と幼児一、計五体と、長野県曽利五号竪穴壁の炉わきから出土した大四個分のコッペ状と小一個捻り餅状の炭化物は、ともに家族構成の成員のあり方を示すものであろう。また、竪穴内においては、土器の置き場には、一定の習慣は顕著ではないが、壁の一面に土をつき、棚状の土壇があって特殊な土器が置かれたり、この期の後半には祭壇状石組、立石、石棒樹立例などもある。また土偶を家屋内の不特定な個所に秘したらしい例、また釣手土器が竪穴埋没のおり、最後から埋没、つまり天井から落ちた状態で、特定の家のみの神の灯を示唆する例もある（藤森「釣手土

図３　石皿の脇の焼灰から出たパン
大四個分　小捻り餅状一個があった曽利５号竪穴出土（井戸尻考古館提供）

器論」月刊文化財三九　昭和四十一）。

信仰と土器・土偶

埋甕は、中期後半の代表的な竪穴住居内施設で、曽利Ⅱ式ころから盛行し、Ⅱ式には、そのための特殊形態、素文の直縁に、大きな唐草状懸垂文で守ったような大深鉢が発達する。埋甕は多く、南側出入口に埋められ、ある場合は踏まなくては出入りできない。これは重大な意味をもつ。すなわち、絶えず踏むか、またぐ必要があったのである。その意味で注意を要するのは、群馬県小室第一号の敷石住居跡のように、南の出口らしい突出部の基点に埋甕をつくっている例など、さらに、長野県小諸市郷土の住居跡のように、はっきりその突出部に人骨が埋葬してあった例からみれば、埋甕が何かの埋葬で、しかも踏みつけられるべきもののためであったことは、動かすことはできない。さらに埋甕中の泥土から、きわめて小さな四肢骨を検出した例もあり、まず死体を踏むことによって、新しい生命を産む、地母神信仰の表現であることは疑いをいれぬところである。土偶のあり方も、また地母神信仰を裏づけるものである。呪咀をこめた女神像、その身体を損傷して殺し、家屋内に隠すとすれば、その地母神はいつまでもその内にあって、新しい生命を産みつづける。というのは記紀にでてくる説話のうちにも詳らかなとおりである。

図4　岡谷市海戸3号竪穴出土
井戸尻Ⅰ式のキャリパー形甕、基本形態は蒸器で、顔面把手はほとんどこうした器形をつくる点に注意を要する（市立岡谷美術考古館提供）

そして、それとまったく同じ顔の顔面把手は、煮沸器のうち蒸器と推定されるキャリパー形の甕の口縁に、やや覗くように中をみている。その顔はポンと口を開け、鼻孔を大きくひこつかせている。眼は吊り上り驚異にあふれている。これは、蒸器の中から湯気をあげて湧いてくる食品への喜びを現わしているのではないだろうか（藤森「顔面把手付土器論」月刊文化財六一　昭和四十三）。それは当然、獣魚肉というよりは植物食を考えていいだろう。

植物嗜食性を裏づける遺物

中部高地の縄文中期文化は、はなはだしく植物嗜好的であることは、すでに述べたところであるが、それは生産的にいっても、石器が乳棒状石斧から打石斧にかわり、大小いろいろな形態の石鍬や鋤が爆発的に増加し、井戸尻遺跡群の一軒では、完全埋没例で、いずれも各形態

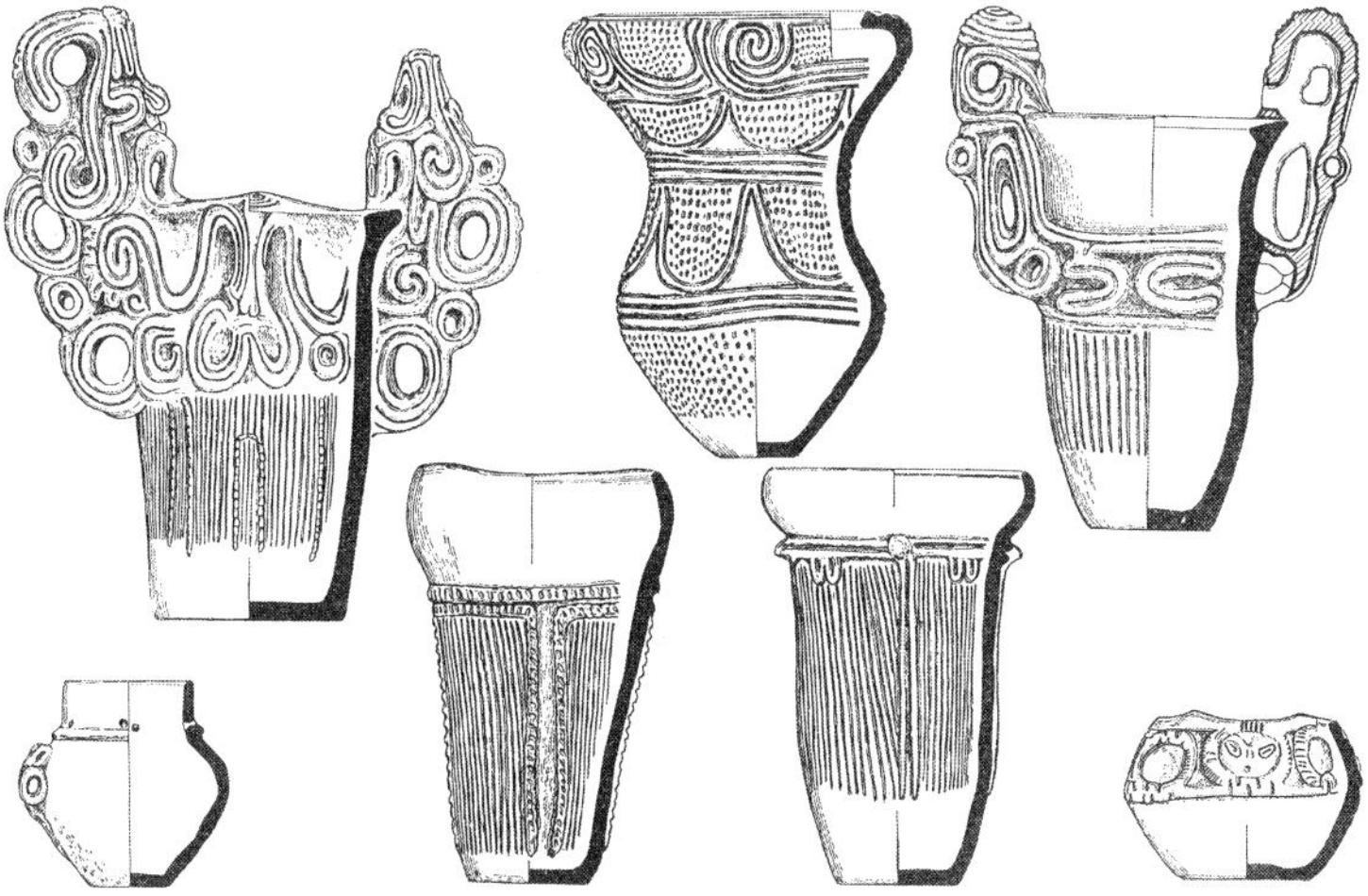

図5　曽利Ⅰ式土器を完備するセット　曽利4号竪穴出土

四十本近い石斧を蔵し、それらは、藤内九号例のように、柱の割目などにさし並べられていたらしい痕跡もある。前期以来の皮剝ぎといわれるナイフ石ヒが、小型で美しい石質から、大形粗製の植物性食品用と考えられる携行具にかわっていき、木の皮剝ぎ、球根掘り、木ノ実の皮剝ぎなどにかわっていく（藤森「縄文中期における石匙の機能的変化について」考古学雑誌四九―三　昭和三十九）。こうした傾向に、さらに凹石という一握り大の小さな凹みを一、二か所もった石器がともなう。はじめ炉脇から検出される例の多いことから、鳥居龍蔵博士の説を容れ、発火器の杵の上のせ石を考え、その発火実験にも成功しているが、いまは、その後の実験によってクルミ割りの台と敲石説が有力である。これまた、竪穴から二、三十個出る例がむしろ普通で、火を使ったにしろクルミを割ったにしろ、その用途ははなはだ盛んだったといえる。

さて、そこで、そうした文化構成の内容のはなはだしく植物嗜食的であったということは、論難の余地はないとして、いったい、始原の植物栽培がはじまっていたか否かに問題はしぼられてくるようである。

農耕存否については、否定論の論点としては、高度採集民としても十分に、その域に達しうること、打石斧などは必ずしも全国的現象とは考えられない。たとえば東北地方にはない。中期だけのしかも中部高地だけという特殊な条件で、農耕が終始してしまうことはありえない。環状集落のなかの家屋の同時性を過大評価しているなどがあげうる。

ここに、きわめて興味ある事実がある。おなじ、中部高地でも、以上に述べた八ヶ岳西南麓に引きかえ、諏訪湖畔の天竜川流出口の岡谷市海戸などでは、同じ土器を使いながら、打石斧も凹石もすくなく、石鏃や石錘が多い、はなはだしく漁労的である。そうした小地域内でも、かなりの生業的な混在現象が著しいということは、南関東でも、新潟でもいえるところで、むしろ、そうしたあり方こそが、原始の植物栽培社会の本体とも考えられるところである。山梨・奈良・長野、秋田などの実例によれば、いまも焼畑の村々は、きわめて小数の家の集団が移動するのが例であって、必ずしも大集落とは考えなくてもいいし、また特殊の条件下であってさしつかえないのである。また、すくなくとも中部高地の植物栽培が中期のみで一応滅び去ったという矛盾も、中期末からの寒冷化という気温変化を考慮のうちにおけばいささかの不合理もないところである。

高地と海岸との対比

気候変化と文化の移動

中期縄文文化は、いうまでもなく、高地帯にかぎったわけではない。日本海岸では、新潟・柿崎町鍋屋町式や、富山氷見の朝日など、晴ヶ峰式に相当する段階でかなり栄え、太平洋岸でも、柏窪式が伊豆諸島にいたるまで、濃厚に分布し、新潟では剣野式松郷屋下層、富山では、新保・新崎とそれぞれつづいている。ところが、いわゆる勝坂式がはじまる時期から、突然に、日本海にも太平洋岸にも、大きな文化的空間が広がるようである。新道・藤内・井戸尻のそれぞれの各期に当たる時期である。むろん、日本縄文土器系列のうちでも、もっとも派手な時期であってみれば、調査未了の故にだけ帰するわけにはいかない。当然、何かの理由を考えなくてはならないだろう。かつて、編年資料の出揃わなかったころ、後藤守一氏や筆者は中期縄文土器の様式構造と考えたこともあった。それは、加曽利E式という全国普遍の様式中における極盛地域においてだけ発達をした特殊型式と勝坂式をみようという考え方であった。むろん、それは竪穴の層序編年の資料を握った今日においては空論にすぎないが、勝坂全期の文化自体が、きわめて特殊なものであるということの着眼にはなお問題を残したといいうるだろう。事実、木曽川を下って、岐阜・美濃加茂市二ツ塚遺跡、つまり木曽、飛驒の二河の川合まで下ると、まだ勝坂式そのものはあるが、これは、木曽上流のそれとは、まったく似てもにつかぬ萎縮ぶりである。いったいこうした現象は、たぶんひとつの原因、気候変化といったことからくる文化移動を考えるほか、解釈の方法もないようにも思われる。

地域的性格を反映する生活様式

千葉県から茨城県にかけて分布する中部高地の狢沢式に併行する阿玉台式の文化はきわめて漁労的色彩の強い生活より生まれたものというのは、すでに常識といえる。つまり、中期の初中葉においては、その生活方法は、きわめて地域的性格に左右されていたとみていいだろう。

やがて、井戸尻期の終末、関東でいうプレ加曽利E期ころから、再び文化的な統合性がみえてくるようである。新潟県では長岡市馬高式、中頸城の塔ヶ崎式、糸魚川市の長者ケ原式などが並び行なわれ、中部高地の曽利I式、南関東の姥山式などとおなじ口縁横帯文が口唇を貫いて高く大きく火焔や水焔あるいは渦巻き状に立ち上っている特色が共通する。

やがて、曽利Ⅲ式ともなれば、ほとんど、同一の口唇横帯文と懸垂文の構成を同じくして、北海道から九州までに普遍した共通性をもつことになる。それは、八島ヶ原湿原のデーターよりすれば、第三トウヒ相つまり、寒冷化という現象とともにはじまるようである。中部高地の縄文中期初中葉の文化というものは、かなり特殊な生活環境というものが主要因となって進行したものと考える必要があるようである。

（一九六九年）

縄文中期植物栽培の起源

現段階における縄文中期の植物栽培存在の肯定資料を列記して、近い将来における新しい発見に期待したい。

1　栗帯文化論　伊沢幸平[1]は中部高地一帯に、栗の繁茂帯があり、これが縄文中期文化と分布圏を一にしているとしている。

2　石鏃の稀少問題　宮坂英弌[2]、藤森栄一[3]は、中部高地の中期集落遺跡には、前期、後期に比し、甚だしく石鏃出土が稀である。尖石遺跡では三十三基の竪穴内検出の石鏃が五十一個、与助尾根は二十八基で十個、曽利では十六基で二十五個にすぎない。ところが、同じ地域の井戸尻下層では二基で二十個余、大花では三基で三十個を出している。当然、井戸尻下層（早・

前期）や大花（後・晩期）が新石器時代の常態であって、中期例は異常である。

3　剝片の復活　武藤雄六は、黒耀石塊を打裂したままの剝片が竪穴内に多量に集積されている例をとりあげ、そのうち、使用痕の残る不規則な剝片を取上げ、籠細工の盛行を考えている。

4　石匙の大形粗型化　藤森栄一(4)は、石匙は元来美しい良質のチャートや油質頁岩・黒耀石を用いた小形石器で撮《つま》みがあり、肉類などの切断、皮革処理用の皮剝と考えられているが、中期に入ると、急に大型化し、かつ硬砂岩などの粗質の石を使い、石ヒの斉一性としては、撮みのある携行具であるだけとなる。これは手持ちの器具として皮剝ぎから植物採集と土掘具などへの、一つの器具の変化と考えていい。井戸尻では上層の第三、四号に大形粗製が、下層の前期では小形精製と極めて鮮明な対象を示している。

5　石皿の盛行　静岡県加茂郡下河津村見高段間(5)の、海辺段丘上の中期中葉の遺跡から、一本の直立した石棒と石囲をもつ敷石住居阯を中心に、三十近い石棒、乳棒状石器六、乳棒状石斧二十五、打石斧二十五、凹石八などと共に、完全な石皿二十九を出した例をあげたい。また、伊豆利島大石山遺跡(6)の中期末から後期初頭期の敷石住居阯で、その壁面上に石棒と並べてあった凹みの深い大石皿は、発掘資料から考えて今も島の主食である野生のヘンゴ芋を考えなければ理解できない。井戸尻の藤内九号阯からは、深さの異なる四個の石皿が出土している。これ

藤内9号竪穴の炉の上の吊棚に乾されていた多量のクリ
（井戸尻考古館提供）

には、砥石などの諸説があるが、芋か雑穀の製粉処理用と考えるのが合理的である。澄田正一[7]は、中期に多い石皿の多くが、多孔質の輝石安山岩であることに注目し、岐阜県地方でのヒエ栽培説を論じているし、江坂輝弥[8]は、おなじ石皿による芋の澱粉製造を考えている。井戸尻の曽利五号阯[9]で、石囲炉の北に床面より一〇センチの土盛りを台にして石皿が据えられ、炉脇の焼灰の中から四個分のパン状炭化物が出ている点など、ハワイ諸島などのポリネシアンの芋麺麭《ポイ》作りの捏ね台を思わせる。

　石皿は夙《つと》に縄文早期から存在し、たとえば、上伊豆の伊東市宇佐見区上の坊などでは、狭い台状地端の東西各形式の尖底土器が累層をもって重なるなかに、敲き石や転し石などと共に、十数個の大形石皿を包含していた事実は、氷間期に入って間もなく放浪拾集の生活段階で、早くも植物処理が盛んに、食品として重視されていたことを意味する。その頃から植物性食品の採集があり、中期に完成盛行をみたのは、すでに早期の採集から中期で生産に入った段階を思わせるものである。

6　凹石の意義　中期には、特に高原地帯では凹石が極めて多く、主として炉址の周囲に、一竪穴から二十個以上に及ぶ例がある。かつて、鳥居龍蔵の発火具説が強力であったが、武蔵雄六などの実験により、クルミ割りなどの機能が考えられるようになった。

7　土掘具の盛行　関東地方の前期を中心に発生する乳棒状石斧については、昭和十八年藤森が、「日本石器時代における器具の発展について」（古代文化一四・一〇）で注目し、三十三年には江坂輝弥(10)が、ともども掘串または掘棒、あるいは鋤先であろうという推論を発表している。中部高地では、これが中期初頭から中葉にかけて発達し、中葉から打製石斧に変るようである。着柄痕および擦痕から、掘棒より鋤、鍬への発達を思わせる。藤内九号阯では、打石斧が炭化した柱の割目にささり、巨大な一つを中心に数十個の各種の形態を揃え、さながら今日の農家の納屋を思わせるものがある。

8　石棒、立石と祭壇　これらについては、藤森(11)および宮坂光昭(12)の論考がある。このうち、石棒は中世以後、生殖神の信仰が乗り移っているようであるが、おそらく、地母神信仰の発生と考えられる。

9　女性像としての土偶　土偶は縄文時代の各期にわたり、その存在意義を変えているようである。特に中期では、豊満な女性の表現が強く、妊娠の表現[13]もある。発見例によると、住居阯の不特定の一部や土器に損傷した個体を埋蔵した例もあり、不具体として家内にかくしたと思われるふしが多く、「記紀」にもみえる地母神の死体から農作物の生長を祈った例にも似ている。[14]

また、中期中葉の藤内式の土偶中には藤内一六号、九兵衛尾根一号、山梨県坂井など諸例のように、蛇をいただく土偶女神像の存在はなおさらといえる。いや、よく観察すると、中期後半の土偶も顔面把手[15]は抽象化されてはいるが、ことごとくが蛇をいただいているごとくである。

10　土器機能の分岐　むろん中期に始まったとは限らないが、特に中期には土器の機能と形態が煮沸、貯蔵、供献の三基本形態に分岐する。[16]これ自体極めて弥生式的で、食品の中心が、狩猟的から植物性に移行したことを示すものである。

たとえば、供献の形態においては、飲器と食器とが分岐する。前者は馬上坏型の台付椀や高坏であり、後者は完好に残った一竪穴で、たいてい一個の大浅鉢が出ている。その大きさは、まさに、一家内共有の食物の量を意味する。食品の形式からいうと植物性食品的だともいえるだろうし、また同時に神にささげるらしい特定の供献具もでてくる。

11　蒸器の完成　中期に入ると、いわゆるキャリッパー形の甕が単純な深鉢から分岐してくる。武藤雄六[17]の観察によると、胴部の縊れの上縁内側に食品残滓の炭化物の付着が多いという。つまり、縊れに植物性編物のサナを落し、下胴部に水を入れて加熱すれば簡単に蒸器になるという考え方である。

中期初めから、中葉の井戸尻期に、この機能は完成し、低い下胴部はミカン形に膨み、この部分にサカサクラゲ状の櫛形文を配し凸線文で結ぶ。つまりそこまでが、水の入る部分である。口縁は大きく外反して内容を大きくし、口唇は内湾し受け唇状を呈す。かなり複雑な口唇凸文や把手が、発達はしているけれども、内縁は蓋受けとなるべきこの受け唇がある。このような蒸器の形態は、中期末葉の曽利式Ⅱ期を最後に消滅するが、すくなくとも中葉においては極めて盛んに蒸器が用いられたことは事実である。

12　顔面把手付甕　顔面把手[18]は主として、蒸器としての甕の口縁に一つ、内向きのぞきかげんにつけられる。

井戸尻期においてもっとも盛用される蒸器の形態、甕にはまたもっとも多く蛇のモチーフが施文に現われる。蛇はまた顔面把手およびおなじ表現の土偶にもしばしば現われていることから、蒸器による食品の調製への祈りは土偶の地母神の祈りにも通じている[19]。

神の灯、釣手土器の出現（曽利29号竪穴、井戸尻考古館提供）

13　神の灯　中期を限って出現する釣手土器は、釣手によって、屋根または天井に吊るされ、おそらくは神をまねく灯となったものであろう。[20]しかも、顔面把手の顔や、蛇体文がつけられている点、やはり地母神についての神呪性が強くみられる。

14　貯蔵具の形態　中期の特殊器形に有孔鍔付土器[21]がある。はじめ、樽形ではじまり、いく段にもくびれ、やがて壺形になる、口唇平端、頸部に鍔をめぐらし、その上に十数個の小孔を内通させている。器壁には丹塗り黒漆らしいものを内外面に塗り、胎土、焼成とも極めて良好である。これについては、種貯蔵説、[22]醸造具説、[23]太鼓説[24]とがある。太鼓説は皮革をとめたと思われるいくつかの小穴はいかんとしても叩敲には耐えがたいものであり、かつ実際には紐ずれの痕跡も、まったく残っていないところから駄目として、極めて発達した貯蔵具であることと、これに伴い供献の形態として台付椀と大皿が発達している。

15　埋甕の問題　中期の末葉になると、多くの住居阯では、南側入口の左右に倒立または底を抜いた大甕を埋め立てている[25]。今のところ、洗骨葬、幼児葬、胎盤葬、貯蔵説などがあるが、最近、諏訪市宮垣外竪穴出土の曽利式の埋甕から、微小四肢骨の残片が検出され、また武藤雄六によって、富士見町唐渡宮出土の大埋甕の下腹部から検出された黒色塗料の出産妊婦の図らしいものから推して、幼児葬・胎盤葬の可能性が強い。竪穴内の人骨出土例から勘案して、死体を踏みつけることによって新しい生命を甦らせる農耕栽培の理念を感じさせるものがある。

16　蛇、人体、太陽の施文　中期初頭から蛇体文が種々の形態の土器に現われる[26]。はじめ写実的で後に象徴化し、漸次、懸垂文や渦文に変る。蛇体文は有孔鍔付土器や蒸器に多い点などから、広葉樹林において冬眠からさめ、新しい生命を萌すものを象徴し、マムシの表現の多い点、或は瞬時にして生を奪う、生命の輪廻や、生死与奪を、三本指の手の人体文や太陽文など、いずれも地母神信仰に強いつながりを思わせるものもある。

17　集落の構成　集落を構成する戸数、人口については、まだ正確な例示はない。しかし、はじめ丘陵上に中心広場を囲んだ環状の広場集落であり、やがて末葉に入ると、与助尾根集落[27]のように、家屋の出入口と通路にそい、列をなして、その範囲内で長くかつ複雑に移動したこ

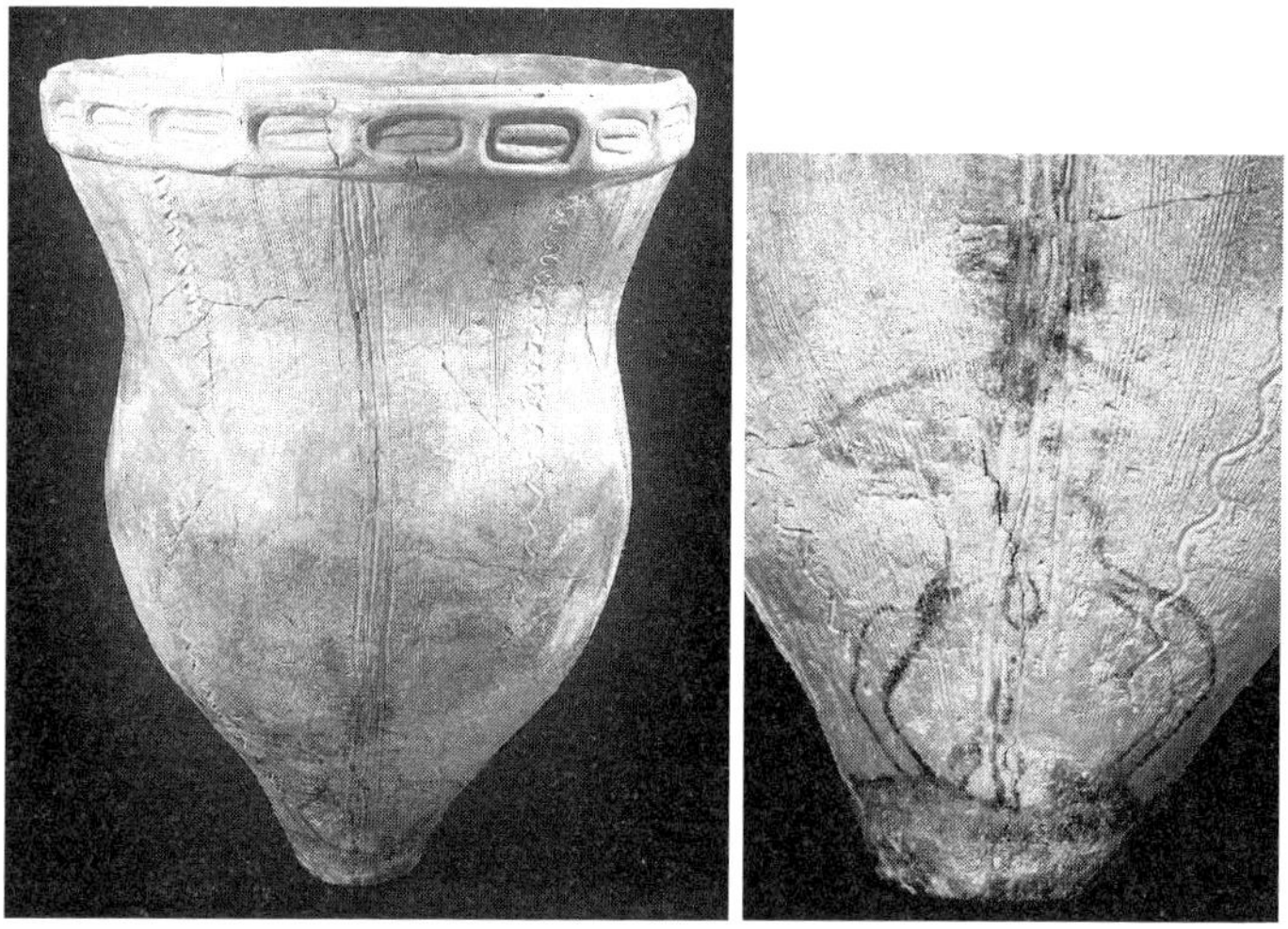

唐渡宮遺跡出土の大埋甕（右は下腹部拡大写真、井戸尻考古館提供）

とは確かである。同時戸数を過少評価することで陸耕を否定する論者もあるが、現在の焼畑陸耕の性格[28]、むしろ、少数の戸数の集団で、出作り住居ふうに移動していくのこそ、むしろ焼畑陸耕的といえるだろう点を考慮のうちに入れれば、より重視すべきは、集落が広い台地を占居してはなはだ狩猟的でないこと、並列する丘陵ごとに住み得ること、湧水[29]に近いことなどを、植物栽培の生産ありとみる資料に考えるべきである。

また、おなじ原始の植物栽培でも中期のはじめと、後半とでは、かなり異なった方式だったことを意味する。当然、後半に入っても、遺跡の拡散と、土器工作の簡粗化とは、その本質を物語っているものであろう。

しかも、井戸尻付近のように、火山灰台地

で広葉林帯であれば、焼畑陸耕の発生すべき条件は、前述の文化現象の植物嗜食的な在り方に加え充分といえるだろう。

論者のうちには、縄文中期に、中部高地で、というような、時間と地域を区切った農耕生活は考えがたいという反論もある。しかし、肯定論者のいっている「縄文農耕」は、弥生文化へ入っての水稲農業社会の在り方とは、著しくあり方を異にするもので、縄文晩期からはじまる水稲づくりが、生活文化の基調となって、特殊に漁村や、塩焼き村、あるいは陸耕集落、猟師やまたぎや、炭焼きなどの山村が分岐していくのとは、まったく基調を異にしているのであって、狩猟・漁撈、拾集の生活文化の中に、特殊な植物栽培民の生活があったと理解するべきである。

たとえば、否定論者が、縄文農耕が中部高地にあって、瀬戸内や東北に存在しないというのは論理上不可だ、という程度ではなく、存在肯定論資料の中心、中部高地においてすら、たとえば、八ヶ岳西南麓がはなはだしく陸耕的であるのに、北東麓の千曲川流域、サケマス地域では、それほどでない。いや同じ天竜川流域でも、諏訪湖西岸、天竜川流出口をやくした岡谷市海戸遺跡(30)では、井戸尻期、曽利期を通して、打石斧や凹石、さらに石皿もすくなく、むしろ、石鏃・石錘が多い。つまり明らかに漁猟的なのである。しかも、豪華な土器はほとんど八ヶ岳地方から将来している。つまりは、一地域の中でも環境にしたがって、それぞれの生活方式が行われ、それぞれの生産交換が交流していた社会だといえるのだろう。

18　栽培植物の問題　栽培植物は、今日まだ発見されていないが、曽利五号阯出土のパン状炭化物群については、化学測定の結果意外にも炭酸カルシウムが多く、いかなる組成の物質か明確でない。しかし、その後も同様なパンは、富士見町藤内九号住居阯からも検出され、さらに岐阜県峰一合遺跡からも出土している。これはしかも、中期より古く、前期終末に属するものである。

そのほかは、クルミ、ドングリ、中部高地側では特にクリが多く、全日本的に中期例についてみれば、トチ、シイ、イチイガシなどの果殻が一般である。むろん栽培種かどうかはわからない。栽培種としては米、イモ[31]などの報告もあるが、ただしく承認された例はない。栽培として考えられたものを列挙すれば次のようである。クリ、ヒエ[32]、イモ[33]、カタクリ、ユリ根などの栽培説も強力であるが、その実体の把握は絶望的である。

今後、発掘によって栽培植物の遺体自身が出土するにしても、これはとうぜん植物学の仕事であり、われわれは、考古学を通じ、中部高地の中期縄文文化の構造を究明すべきで、その文化構造こそ、単なる植物嗜食の強い採集狩猟民の文化とは、どうしても考えにくいという点にある[34]。

論者のうちには、「肯定論者は、直接に栽培植物を推定する論法を捨てて、縄文時代の若干の石器の用途を問題にすることにより、活路を見いだそうともしてきた」と評しているが、むろん、どちらが、考古学の本筋であるかは、多言を要しないところであろう。

【註】

（1）伊沢幸平「栗帯文化論」信濃毎日新聞　一二・一二　昭和二十六年
（2）宮坂英弌「石器時代の食生活」諏訪教育　二　昭和二十七年
（3）藤森栄一「日本原始陸耕の諸問題」歴史評論　四・四　昭和二十五年
（4）藤森栄一「縄文中期に於ける石匙の機能的変化について」考古学雑誌　四九・三　昭和三十八年
藤森栄一「生産用具としての石器」『井戸尻』昭和四十年
（5）足立鍬太郎「見高石器時代住居阯」『静岡県史』一　昭和五年
（6）後藤守一「北伊豆五島に於ける考古学的調査」『伊豆諸島文化財総合調査報告』二　昭和三十四年
（7）澄田正一「飛驒高地の縄文式石器について—特に石皿の問題」京大史学研究　昭和三十一年
澄田正一「日本原始農業発生の問題」『名古屋大学文学部研究論集』一一　昭和三十年
澄田正一「濃飛山地に出土する石皿の考古学的研究」『名古屋大学文学部十周年記念論集』昭和三十四年
澄田正一「木曽川流域の先史考古学的研究」『名古屋大学文学部研究論集』六二　昭和三十七年
（8）江坂輝弥「新しい生産方式の発展」「中期縄文時代の植物栽培」「植物栽培に伴う文化的発展」「穀物栽培の起源」『日本文化の起源』講談社　昭和四十二年

（9）藤森栄一・武藤雄六「信濃境曽利遺跡調査報告」長野県考古学会誌　一　昭和三十九年
（10）江坂輝弥「縄文中期の文化」『先史時代Ⅱ・縄文文化・考古学ノート』日本評論社　昭和三十二年
（11）藤森栄一「立石・石棒と特殊遺構」『井戸尻』昭和四十年
（12）宮坂光昭「縄文中期における宗教的遺物の推移」信濃　一七・五　昭和四十年
（13）宮坂光昭「土偶と顔面把手」『井戸尻』昭和四十年
（14）藤森栄一「縄文の呪性」伝統と現代　二・八　昭和四十四年
（15）桐原　健「土偶に見られる巫覡的な姿相について」信濃　二〇・一〇　昭和四十三年
（16）藤森栄一「集落の構成」『角川版図説世界文化史大系』一　昭和三十五年
（17）武藤雄六「中期縄文土器の蒸器」信濃　一七・七　昭和四十年
（18）藤森栄一「顔面把手付土器論」月刊文化財　六一　昭和四十三年
（19）藤森栄一「縄文式土器の背景」『縄文式土器』中央公論美術出版　昭和四十四年
（20）藤森栄一「釣手土器論―縄文農耕肯定論の一資料として」月刊文化財　三九　昭和四十一年
（21）藤森栄一・武藤雄六「中期縄文土器の貯蔵形態について」考古学手帳　二〇　昭和三十八年
小島俊彰「富山・石川両県地方の鍔付有孔土器」信濃　一八・一　昭和四十一年
（22）藤森栄一・武藤雄六「中期縄文土器の貯蔵形態について」考古学手帳　二〇　昭和三十八年
（23）藤森栄一・武藤雄六「中期縄文土器の貯蔵形態について」考古学手帳　二〇　昭和三十八年
（24）山内清男他『縄文式土器』日本原始美術　Ⅰ　講談社　昭和三十九年
国分直一「呪術その役割」日本文化の歴史1『大地と呪術』昭和四十四年
（25）座談会・江坂輝弥他「縄文時代の農耕問題をめぐって」古代文化　一五・五　昭和四十年

渡辺　誠「縄文時代における原始農耕の展開と埋葬観念の変質」富士国立公園博物館研究報告　一四
昭和四十年
桐原　健「縄文中期に見られる埋甕の性格について」古代文化　一八・三　昭和四十二年
藤森栄一「縄文式土器の背景」『縄文式土器』中央公論美術出版　昭和四十四年
桐原　健「縄文中期にみられる室内祭祀の一姿相」古代文化　二一・三〜四　昭和四十四年
(26)野口義麿「中期縄文文化の蛇身装飾」国華　七二・五　昭和三十八年
江坂輝弥「蛇の装飾のある縄文中期の土器」日本民族学協会発表要旨　二　昭和三十八年
野口義麿「縄文文化の蛇身装飾」古代文化　一五・五　昭和四十年
江坂輝弥「新しい生産方式の発展」「中期縄文時代の植物栽培」「植物栽培に伴う文化的発展」「穀物栽培の起源」『日本文化の起源』講談社　昭和四十二年
(27)水野正好「縄文式文化期における集落構造と宗教構造」日本考古学協会発表要旨　二九　昭和三十八年
坪井清足「二〇万都市平城京その出現の謎」スペース・デザイン一月　昭和四十二年
水野正好「縄文時代集落復原への基礎的操作」古代文化　二一・三・四　昭和四十四年
(28)今井徹郎「奈良田の焼畑」歴史公論　六・一　昭和十二年
市川健夫『平家の谷―信越の秘境秋山郷』令文社　昭和三十六年
宮本常一『開拓の歴史』未來社　昭和三十八年
(29)藤森栄一「日本焼畑陸耕の諸問題」夕刊信州　一一・二〇　昭和二十三年
(30)長野県考古学会『海戸』昭和四十二年

長野県考古学会『海戸』第二次調査報告　昭和四十三年
(31)清水潤三「炭化米を出土した縄文文化の一遺跡」民族学研究　二一・一〜二　昭和三十二年
国分直一「古代日本の芋作について」人類民族連合大会記事　一四　昭和三十五年
(32)澄田正一「濃飛山地に分布する石皿の機能について」『名古屋大学文学部研究論集』三二　昭和三十九年
(33)清水潤三「縄文文化の時代における植物栽培起源の問題に対する一考察」考古学雑誌　四四・三　昭和三十四年
国分直一「南島の古代文化と日本先史時代の農耕」『京都大学国史論集』昭和三十四年
(34)藤森栄一「採集から原始農耕へ」日本文化の歴史1『大地と呪術』昭和四十四年

（一九七〇年）

諏訪湖の大きかった時と小さかった時

——超低地性遺跡の発見——

1

　諏訪市で温泉を数知れず掘っている矢島組の人々の地下の話は中々おもしろい。もちろん、数十間もの深さの、しかも小さな湧出孔だけの発掘なので、何しろ、盲滅法である。学術的なことなどわかろう筈がない。しかし、どの種類の焼け砂が出れば、湯の層であるとか、この砂礫層の下にどの粘土層があるなどという種類の職人的感は極めて正確である。その人々から、たとえば、諏訪市四賀晋門寺（標高七七五メートル）では地下二十間からスクモ層が出る。六斗橋附近（標高七六二メートル）のガス井では地下五間にスクモ層があるといったたぐいの話をよく聞く。スクモ層は、岸の泥床に繁茂した葦や菰が堆積した泥炭層だから、もちろん、深い水底でも陸上でも発生し得ないので、その時、その部分が岸の泥床だったことを証明しているのである。即ち、湖は大きかったことも小さかったこともあったわけである。ところが、こんな事実を学者たちの誰でも、ただ、あ、そうですかと、聞きのがしていた。何故だろう。それは、湖沼学の常識として、信じて疑うことのできなかった、幼年湖より成年湖に至り、やがて、老年湖になって湮滅すると考えられた湖の一生に関する公式にあわないからである。

ことを石器時代に限ってみても、今まで、かなり低い、今の水面下から、いくらも遺跡が発見されている。ところが、古いほど湖は大きく、今もなお漸次小さくなりつつあると信じていた学者は、杭上住居阯だとか、筏上住居阯、または湖島沈下説や活断層説、さては、再堆積説などと、水上に住み得たと思われるあらゆる条件を持ち出して論争していたのである。明治四十一年以来、学界の論争の中心になった湖底曽根遺跡など、その最たるものであろう。

昨年、矢嶋勝義氏が、諏訪市仲浜町の諏訪湖畔油屋別館のビル工事の現場から、相当優秀な石器時代遺跡を発見、よくこれを破捨せずに保存、私に見せてくれたことから、私も、これは、どうも今まで考え違いをしていたのではないか。こうもはっきりした超低地性遺跡が現に出現して来ては、古いほど湖が大きかったという考えは明らかに吟味される必要があろうということになり、諏訪の一切の石器時代遺跡を見直し始めたのである。やってみると、なる程、湖は

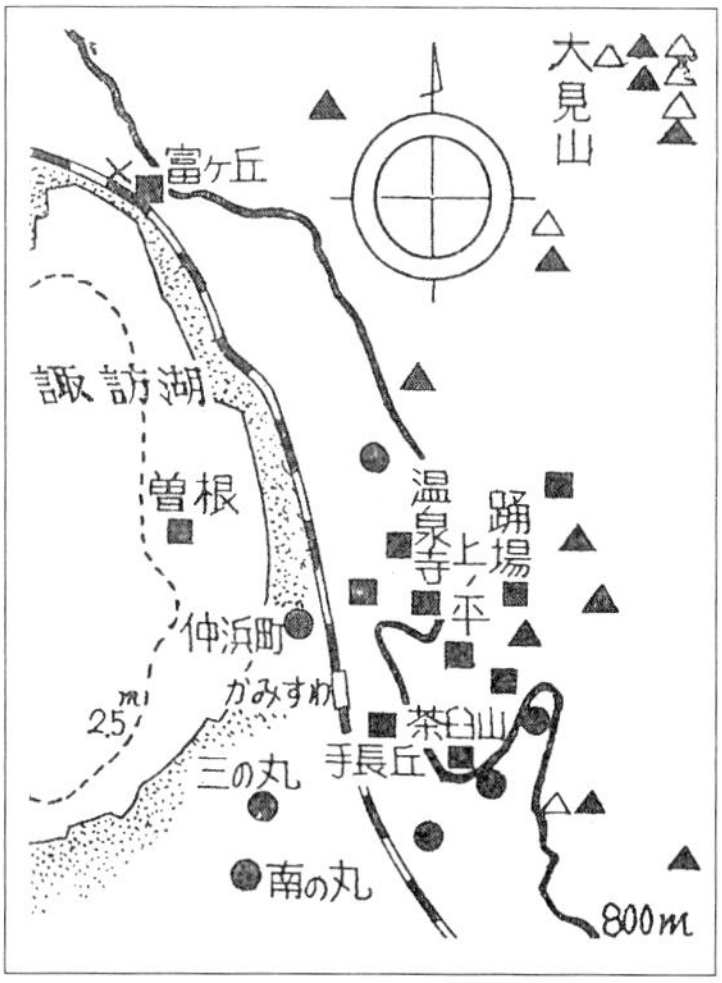

湖の小さい時
■無土器―縄文早創期
×縄文早期末―前期中葉
●縄文後期―弥生中期

湖の大きい時
△縄文早期中葉―早期末
▲縄文前期末―中期初頭

低地性遺跡と高地性遺跡（上諏訪地区の例）

大きかったと思われる資料も少ない。しかし、はっきり、今よりずっと小さかったと考えなければならない資料もかなりある。私はこれを取捨選択せず、あるがままに、時代順にならべてみたのである。

2

万を以って数える洪積世の資料は私の専門外でわからないが、諏訪市角間沢鎌倉の化石層や、上諏訪中学校庭の泥炭層の存在から、諏訪湖が確かに水面八〇〇メートルに近く、広さも現在の数倍ほどもある大湖であったことがあることは事実のようである。これが、諏訪湖の最も大きかった時代であろう。

降って、一万年前後さかのぼる無土器時代（旧石器文化ともいう）の末ころになると、次第に湖が小さくなる傾向を示すようである。まず、石刃文化期の茶臼山遺跡が八四五メートル、次の石槍文化期にはいち度、踊場八八九メートルにのぼるが、以降、上の平八四五メートル↓天

諏訪湖盆の石器時代遺跡垂直分布図

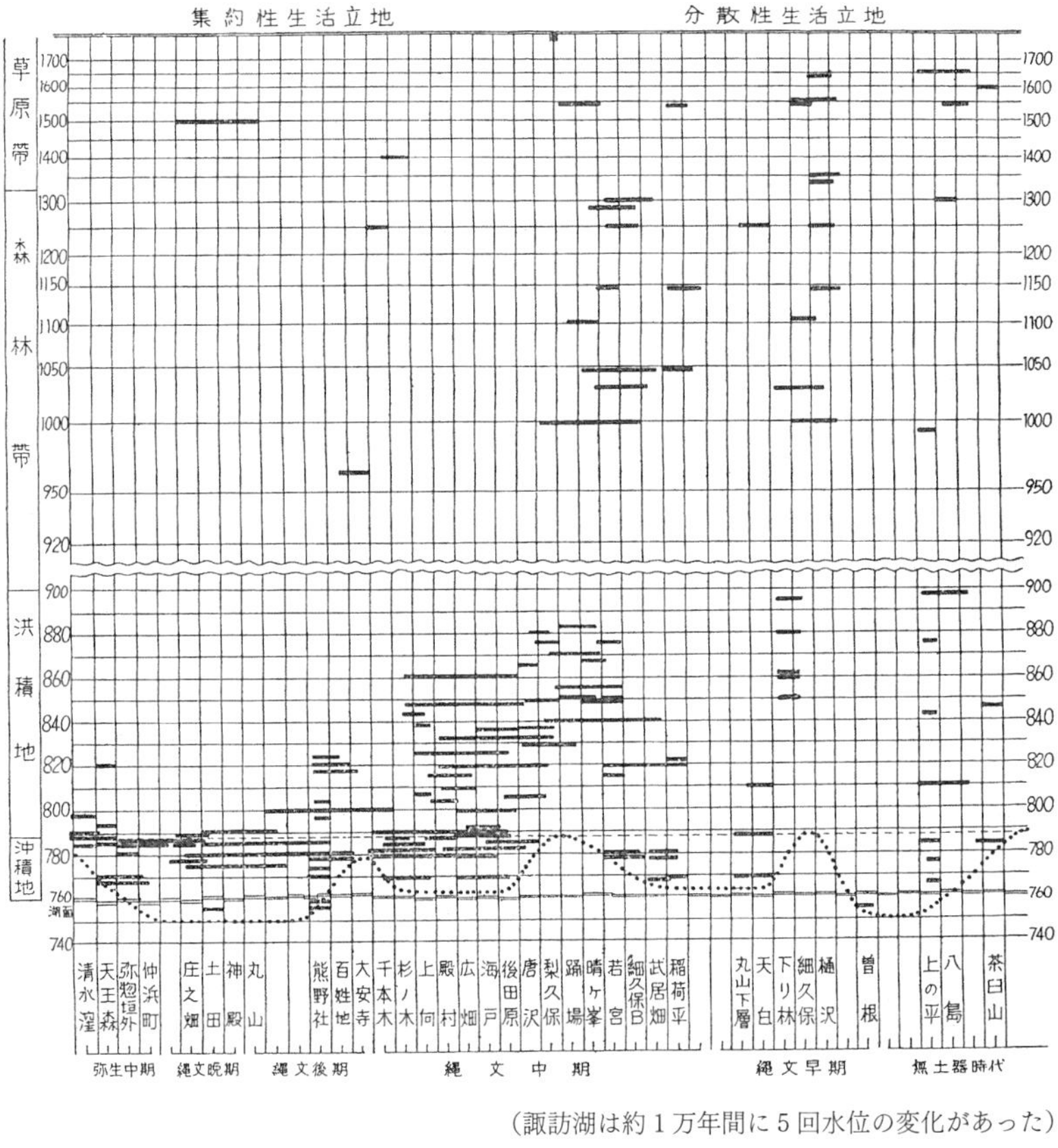

（諏訪湖は約１万年間に５回水位の変化があった）

神山七九〇メートル→温泉寺七八〇メートル→平湯七七〇メートルと次第に丘陵を降って行っているのは何を意味するだろうか。特にも、湯之脇平湯の湯壺から発掘された三本の石槍は、無土器時代の後末期に近いものではあるが、三メートル近い深さのスクモ層下から出土したもので、現水面よりさして高くない層である。現標本は小平雪人氏旧蔵品であるが、昨今また、小口千春氏の注意によって、突棒状の磨石器が出土している例からしても、石槍文化の終末には、湖は、急激に小さくなりつつあったことを意味するだろう。もっとも、こうした集落立地の下降について、この地域に顕著に発達している活断層に原因を考える人もあるが、事実、年代順に断層が隆起又は沈降して行ったとしか考えられない程に、それは年代順に低いのであって、やっぱり、湖の汀線を追って下降して行った生活立地の移行を考えるほうが明瞭に当を得ているだろう。そして、石槍文化のつきる頃、即ち、中石器時代の細石器文化から、縄文草創期の湖底曽根遺跡の時期（約九〇〇〇年前）に至って、水面の低下は極まるのである。標高七五七メートル以下、湖の広さは、現水面の2／3大ということができる。

これが、第一回の渇水期である。

ところが次の縄文時代早期の中・末葉と考えられている押型文系文化の時期に来ると急激に遺跡は上昇して行く。その極端な相違はおどろくばかりである。最も高いのは霧ヶ峰八島の一六二〇メートル、最低は下諏訪武居入道八四〇メートル、この時期の諏訪盆地で今わかっている十四遺跡の平均標高は実に一一二五メートルという日本人の生活立地としては異常なほどの高さである。どうして、こんな高い標高を居住地に選んだのだろうか。それには、いろいろな理由が考えられる。私たちも、当時の自然環境としては、一〇〇〇メートル以後の草原帯がわずかに人類の領分であったのではなかろうかと、考えていたのである。しかし、こうなって来ると、当然、この時期に甚だしく湖が大きくなり（但し八四〇メートル以下）水位が高く、人々は降雨による洪水などをさけて、高地へ高地へと移動して行ってたものと考える方が穏当であると考えられる。

第二の満水期と考えていいようである。

縄文時代の早期終末から、前期の中葉にかけて、土器の型式で、その時期を明示するなら天白式稲荷平式から武居畑式にかけての頃、実年代で約六千年より以前に、集落は再び、低下してくる。岡谷市の低地、駅附近から丸山橋天竜町附近まで、集落がはじめて進出してくるのもこの頃である。代表としては小尾口海戸遺跡（七六五メートル）があるが、現水面よりの比高わずかに六メートルである。そのほか、岡谷丸山（七六九メートル）、下諏訪町富部稲荷平（七七〇メートル）などがその例である。たとえば、武居畑期（関東で諸磯a期）の五遺跡の平均七九三メートル、最高八二〇メートル、最低七六五メートル、これは湖岸の石器時代遺跡としても異常なまでの低さである。

即ち、水位七六五メートル以下の第二の渇水期であろう。

ところで、日本的に言って、諸磯aからb期をへて、諸磯c期、即ち、諏訪地方の若宮期に入ると、遺跡は再転して、再び急激に高地への移動をみせはじめる。湖岸一帯の若宮式から、中期初頭の梨久保式に至る間の二十遺跡の、最高が一五二〇メートル、最低は七八〇メートル、その平均は実に標高九三八メートルという、早期押型文系文化期につぐ高い高さである。つまり七八〇メートルがその時期の人々の住い得るリミットであったと考えていいだろう。現水面よりの比高二〇メートルである。もちろん、水位が正味二〇メートル高かったとはいいきれないものがあるが、前出岡谷市小尾口海戸遺跡では、武居畑層の上に、厚く褐鉄鉱の汚染した赤褐色粘土していたこと、及び、若宮期から梨久保期に至る文化層が全く見られないことから、水底に沈んだ時期であって、これが、第三の満水期といっていいようである。

3

約四千五百年前後をさかのぼる縄文の中期は、やや安定した時代と思われ、平均八〇〇メートルほどの標高で、諏訪湖畔から八ヶ岳山麓方面にかけて、中部日本石器時代最高の繁栄の時期をむかえる。その繁栄については、いろいろな学説がある。目下学界の批判を受けている私の持論として、中期縄文時代に於ける、原始焼畑陸耕起原論も、その原因のうちの一つである。が、それはまた稿を改めて、論述することもあろうと思う。さて、この期の最も低い標高の遺跡は、岡谷市小尾口海戸（七六五メートル）と下諏訪町高木杉ノ木高木工業敷地遺跡であるが、この二つの遺跡が共に包含層即ち生活面の上に、厚い砂礫層（海戸）や褐鉄鉱汚染層（杉ノ木）を覆っていることから、縄文中期末の加曽利E期（諏訪盆地で千本木期）に第三回目の小さな満水期があったことがわかる。

それから、縄文後期（三五〇〇年前）から、縄文晩期をへて、弥生時代の中期に至るまでの期間は、諏訪湖の水位は低くなるばかりであったようである。そして、二千三、四百年前の仲浜町の時期頃が、渇水の最も甚だしかった頃と考えられる。この第四渇水期が、おそらく第一渇水期の七五七メートルを更に下まわっているかも知れないと思われる。

仲浜町の湖畔油屋別館ビル工事現場は、現湖岸より二〇メートル、湖面からわずか一四〇センチメートルくらいしか高くない。よもや、こんなところから遺跡が出てこようとは、長い郷土考古学の調査中にも、夢にも考えたことはなかったのである。施行者矢嶋勝義氏の注意は、学界のため、全く、いくらほめても、ほめ過ぎには当らないだろう。現場の工事場から漆黒泥土層にまみれて、煮たきにつかった甕、穀物を貯えた壺、それに鹿の角や骨と歯がたくさん、角を磨いた鋭い今でも切れるようなノミなども出て来たのである。それらの遺物は、諏訪地方には割合にすくない弥生時代前・中期文化に属するもので、約二千二、三百年前と考えられる。出上層は、地下四メートル―四・五メートル、層位は、旅館積土――水田置土――砂層――スクモ層――遺物包含漆黒泥土層――砂礫層の順序である。もちろん、現湖面より遙かに低く、目下のところ諏訪地方最低の遺跡である。

この時期の超低地遺跡は仲浜町遺跡だけではない。諏訪市弁天町三の丸温泉源湯、七六〇・五メートルの地下二メートルから発見された縄文後期熊野社期(加曽利B旧式)の遺跡は、今井黙天先生の注意によって、発掘層位図・標本ともに残っている。それのみでなく、諏訪市高島町大中屋前方の中間橋の橋脚工事の際も、七六〇・七メートルの地点地下三メートルの、現湖面下から、縄文後期土田型式の土器(安行1式)が発掘されている。そのほかにも諏訪市島崎高島城南の丸の七六〇・七メートル、地下一メートルより熊野社期の〇・八五メートルより土田期のそれぞれ、縄文後期の遺物や、鹿の角、骨などを出土している遺跡などがあり、諏訪市南部の湿低地には少なくないこの時期の集落が埋れているものと信ぜられる。由来、中期まで、栄えに栄えていたこの地方の縄文文化が、後・晩期に入るや、ぴったりと鳴りをひそめたように姿を消してしまうのを、漁撈生活から来る生活立地の移動と、学者はすべて考えていたのであるが、実際は、われわれの想像を絶した沖積地の砂層の下の、スクモ層の下に埋れていたのかもしれない。

最大で、第四回目の渇水期である。

4

弥生中期にそのミニマムに達した第四渇水期は、弥生後期から、再度反転、第四回目の満水期をむかえるようである。その資料についてはいまだに好適の確証をにぎっていないが、傍証としては、この期の遺物として、しばしば、諏訪湖底、又は湖岸や河岸などから発見される大型石錘とよばれる舶の碇がある。もちろん、碇を使用するような大型船の航行は、今日よりは遙かに多い水量と大湖を考えなければならないし、同様な石碇が、角間川川底の橋梁工事の際でたり、その遙か上流綿之芝旧小西六工場敷地などから出土している点、すくなくも角間川が遙かに大河であったろうことが考えられるだろう。

更に、古墳時代に入って、面白い資料がある。昭和五・六年頃、上諏訪機関区で転車台の改修工事の折、標高七六一メートルの地下三メートルの地点から、たくさんのスクモ土が出て来た。勿論、湖中の泥床だった訳である。ところが、滝沢機関士が、朝顔の培養土に、そのスクモ土をとって来て、くだいていたところ、中から古式の立派な硬玉製の勾玉が出て来たのである。諏訪の古墳からはめったに見られない優品であって、おそらく、この勾玉をつけた貴人が蘆や菰の中を歩く筈がない。おそらく、舟でその地点を航行中、落したものと考えるのが至当であろう。弥生後期から満水に転じ、以来今日に至る永い時期の頂上近くの一資料ではないかと思われる。

かつて諏訪湖の変遷を論じた研究者、たとえば、田中阿歌麿博士「諏訪湖の研究」（大正七年）、堀江三五郎氏「諏訪湖氾濫三百年史」（昭和八年）、楠仙之助氏（諏訪湖治水利水資料・昭和十五年）の諸氏は、すべて、諏訪湖は幼年期の大湖が次第に頽齢に近づき縮小し、やがて、老齢湖となって衰滅する一方的な過程を考えていられる。それは、所謂、湖沼学の常識であり、第一の発言者田中博士が日本湖沼学の鼻祖であったため、以下これに右へならえしてしまったのと、事実としては、この弥生後期からの第四満水以降だけを見てからのことと思われる。

諏訪湖には、幸にいくつかの古図がある。最古は延久以前、一〇六九年頃と伝えられているが、どの程度信用できるものか私にはわからない。しかしこの図面が、沖積地のほぼ全体をひたす大湖を描出している上に下宮を水辺にし、湖岸村落としては、わずかに高部と、下原だけを明記しているところから、大湖だったことは確かだったと思われる。田中博士はこれを約三六平方キロメートルに推算している。現在の約倍である。以降、古地図によっても、永禄元（一五五八）、天正十八頃（一五九〇頃）、天和三（一六八三）、享保六（一七二一）、天保五（一八三四）と、次第に縮小して行く湖面を、現今の一七平方キロメートルまで、追うことができる。即ち第五渇水期の進行を考えていいのだろう。それに、近世の約三百年にわたる、湖面の高揚は、次第に治水の人力におさえられ、三百年の湖の歴史は、そのまま釜口切下げの歴史でもあるようである。今後、いったい、より以前の減水はとにかくとして、増水期、つまり、第五満水期は来るだろうか。来るとも来ないとも、もちろん、私にはわからない。しかし、国土改造の土木技術がないものとしたら、梅雨前線集中豪雨のようなのが、はてしなく続いたとして、川岸、辰野間のV字谷が崩壊した場合、充分に可能性が考えられるところである。延久の古図も、その可能性を示した湖尻を写しているのである。

5

以上を綜合して表示して見ると、地質時代はしばらくおき、諏訪湖は過去一万年の沖積世に最少五回の増水期と、五回の減水期を交代にむかえていることになる。現今は最後の減水期の終末に当ることになる。

さて、そこで、この現象はいったいどうゆう原因によるのだろうか。

汎太平洋には有名な海進海退現象というのがあって、一万年以降の沖積世を、寒期暖期の二更代即ちポレアル期と、アトランテック期に別けている。そして、縄文前期（六〇〇〇年代前)

に一〇～一五メートルの海進、（暖）が、一方、縄文早期（九〇〇〇年代前）に二〇～三〇メートルの海退があったといわれている。諏訪湖の陸水が直接それに関係しようとは思われないし、事実は一向に、海退海進と、湖の大小とは関連性がないのである。しかし、その大小が、地殻の変動か、降水量の大小によるものであることは、陸水である以上、疑う余地のないところであろう。そして、地殻の変動の線が、沖積世へ入ってからは安定していて考えにくいとすれば、温暖多雨・寒冷乾燥が、一万年のうちに四回転していると考える他に仕方もないようであるが、どんなものであろうか。

もし、そうだとすると、もちろん、諏訪湖ばかりにそうした現象が残る筈はなく、野尻湖や仁科三湖や、更に遠く琵琶湖などの内陸の湖、更にうまくゆけば、千曲川でも、天竜川でも、なにかこれに似た変化（あるいは河川では逆になるかも知れない）が証明されていい筈である。

その調査には、たとえば、諏訪湖地方のように、基礎調査が、全地域におなじように、万遍なくおよんでいる必要がある。地下の埋蔵物の偶然発掘による計数的研究というものは、科学的と思われるほど、それ自体内部に危険性を包蔵しているのを注意しなければならない。私のこの説については、信毎四月二十五日科学欄及び、日本考古学協会第二九回総会の研究発表会に発表され、近く、地学雑誌に「石器時代の陸水の増減について」という題で正報告が出される予定で、本篇はその予報である。

（一九六九年）

弥生式文化に於ける摂津加茂の石器群の意義に就いて

宮川雄逸氏の功績

弥生式石器の研究に於て、摂津加茂遺跡は非常に重要な意義をもっている。それは、本遺跡が多量な弥生式石器を出したこと以外に次の三つの点が特記される。先づこの遺跡出土の弥生式土器の上から見て、全国的な三つの弥生式文化期の中位に当る、極めて限定された一時期に終始した現象であったことと、かつその石器群は畿内に於ける弥生式文化の諸現象のうち、石製利器の様相を全般的に代表しているものであることと、更に本遺跡に於ては、かかる石器群が多量に製造されたものと思われる三つの点にある。

従って加茂の石器は当然日本弥生式石器研究の第一資料として吟味さるべきであったが、

良好な発掘に恵まれなかったため、現在まで何等まとまった研究の発表を見ずに放置されている。私もまた再度調査の結果、到底大発掘によるも今後、現在以上の効果をえることの至難に近きを知り、一先づここに加茂の石器に就き勉強し得た結果を発表して、この遺跡を発見して今日までに多量の遺物の散逸を防がれた諸先輩、特にも私の資料の骨子となった宮川石器館宮川雄逸氏の業績に報い、その弥生式文化研究史上の捨石としての意義のみでなく、進んで特記すべきその重要性をも強調しようと意図するものである。

摂津加茂遺跡

摂津丹波の国境より発した猪名川は、深い北摂の山塊を開析して、伊丹町を中心とした北摂平野を沖積し、大阪湾へ流入する。摂津川辺郡川西村加茂遺跡は、その猪名川の扇状地の頂点右岸、即ち箕面山の山脚に相対した石切山の山脚に続いた洪積統砂礫層台地で、山脚と台地との断層を横に流れた最明寺川の谷が之を弧状に削ったため、むしろ台地の、特に遺跡の部分は最明寺川を隔てて石切山の山塊に、猪名川本流を隔てて北摂平野に面した弧丘の景観を呈している。この丘が開墾されたのは近々二百年の過去で、鴨神社を中心に西森、東森と称し、それまでは恐らく弥生式文化期に於ける開拓以来の第二次林に覆われていたものであろう。今も神社境内にその林相が残存する。

さて、開墾以来久しいこと注意せられなかった莫大な先史遺物が、注意され採取され始めたのは明治中葉で、由来採集家の有に帰した各種出土品は極めて豊富なものであった。遺跡は地表下僅か四十センチないし七十センチの浅い包含を有するのみで、以下は全くの砂礫層で人工遺物を見ない。表土より散漫な遺物の包含をみ、層位状態は全く見られない。開墾による地表の遺物散布地を検するに神社を中心に台地一帯に互り、特にその東南端に多い様である。

同遺跡に在住、十数年加茂遺跡の出土物を一館に集めその散逸を防がれた宮川雄逸氏は発掘によるもの以外も、この遺跡に於て注意された限りの悉くの土器片を採集され、その口縁部・有文部・底部を極めて精細に分類されていたため、私の研究に非常に便宜を得た。

土器は無文部破片は暫く措き、約八割までは櫛目文の施されたいわゆる櫛描文系又は櫛目式に属するものである。精しくは波状文・並行直線文・簾状文・格子目文・重弧文・同心円文等凡そ櫛描きで可能なあらゆる施文を網羅し、流麗な球状に張った胴部の上半、及び漏斗状に発達した口縁部を塡めつくした壺形土器を主体に、刷毛目文或は無文の場合の多い甕・鉢、更に高坏その他を伴った一群である。小林行雄氏の分類によれば、畿内第三様式で、畿内に於て石器を伴出する遺跡の土器の大部分がこれに属し、大和唐古・新沢・河内恩智、摂津安満・加茂等はそのうちでも著名であるとされている。又極めて少量乍らこれに前後する第二様式、及び第四様式の櫛描文系弥生式土器の初・末期を混えることは言うまでもない。更に極めて稀れには第五様式即ち刷毛目、敲目文系のいわゆる穂積式土器片を見るが、宮川氏によれば、むしろ古墳遺物としての須恵器の発見より更に稀少であり、且つ石器を夥しく伴う前記二様式の弥生式土器の分布地帯とは若干地域を異にしているとのことである。尚遠賀川式土器と仮称されていた弥生式土器第一様式、即ち箆描文系の土器は全てこれを検出し得なかった。

以上より次の推論が可能である。即ち摂津加茂遺跡は日本弥生式文化の第二期、特に畿内に於て盛行を見た櫛描文系の中盛期に当って集落として拓かれ、相当盛んな集落が営まれ、やがて櫛描文系が刷毛目・敲目文系に代わる弥生式文化末期に於て衰滅、漸次廃墟と化し第二次林に覆われ、たまたま二、三の古墳が後に至りこの所に営まれたものと思われる。よって我々は畿内に於ける日本弥生式文化中期の石製利器の様相に就いて、採れるだけの知識を加茂遺跡出土の石器より吸収し得るのである。

石質及び製法による分類

加茂の石器は大別して三つに分けられる。これを石質で云うと、古銅安山岩と、閃緑岩と泥板岩に代表される三系統の岩石である。

古銅安山岩類　打裂石器、正しくは古銅輝石安山岩（Bronzite andesite）で、玻璃質安山岩と呼ぶ人もある。一般には讃岐屋島産のそれを呼ぶサヌカイト（Sanukite）で知られている。黒曜石とは血縁関係で共に洪積統の噴出岩であり、古銅石ないし紫蘇輝石の小斑晶が石基中に於て璃瓈基（Glass basis）の作用を起したため、黒色緻密、打裂によって不完全乍ら貝殻状断口を示し、風化すると黄灰色を呈する。加茂のみならず、畿内弥生式文化に於ける打裂石器の重要な材料として参与した理由はここにある。紀伊半島中部より四国及び九州北部に互って産出する。うち四国火山帯の露頭は前記サヌカイトで、大和二上火山帯にも大原鉱の露頭があり、フタゴナイト（Futagonite）と呼ばれる。恐らく畿内の古銅安山岩はここの岩石を主材料に仰いだものであろう。石鏃・石錐・石槍等の打裂石器に専ら用いられるほか、その断口面を利用して作った不定形の石匙・石刃・石篦とも称されるべき特殊の刃器が発達している。

加茂に於ては相当大規模にその製造が行われたことであろう。宮川氏の蒐蔵品中には万を以て数える莫大な原石・破片・剥片・残核等がある。

閃緑岩類―研磨石器　いわゆる「緑石」（Green rock）で総称される。閃緑岩（Diorite）・斑糲岩（Gabbro）、その他造岩鉱物及び閃緑岩構造の大小によって様々な岩石別があり、又その塩基度によって橄欖岩（Peridotite）・蛇紋岩（Serpentinite）等とも継がるが、一つ一つ顕微鏡観察によらぬと判別し難い。しかしながら石器による肉眼判別によってその系統だけは明らかにし得る。深成岩特有な重い質量と、堅緻な石質を有し研磨は比較的容易だが、叩敲または打裂には強い。新鮮な面に於ては淡緑色又は暗灰色の石基に、粗密大小の差はあるが、いづれも飛白ないしゴマ塩状に輝石その他の造岩鉱物の散在を見、打裂面のまま風化すると暗灰色・黄灰色に変じ、磨かれると美しい黒緑青色を呈して全く良質の青銅か赤銅かの感がある。畿内の石材屋はこれを「黒みかげ」と称し、山城愛宕郡鞍馬山には、「鞍馬石」と呼ばれる閃緑岩の露頭がある。畿内の緑石石器は多くこれを用いているのではないかと思われる。

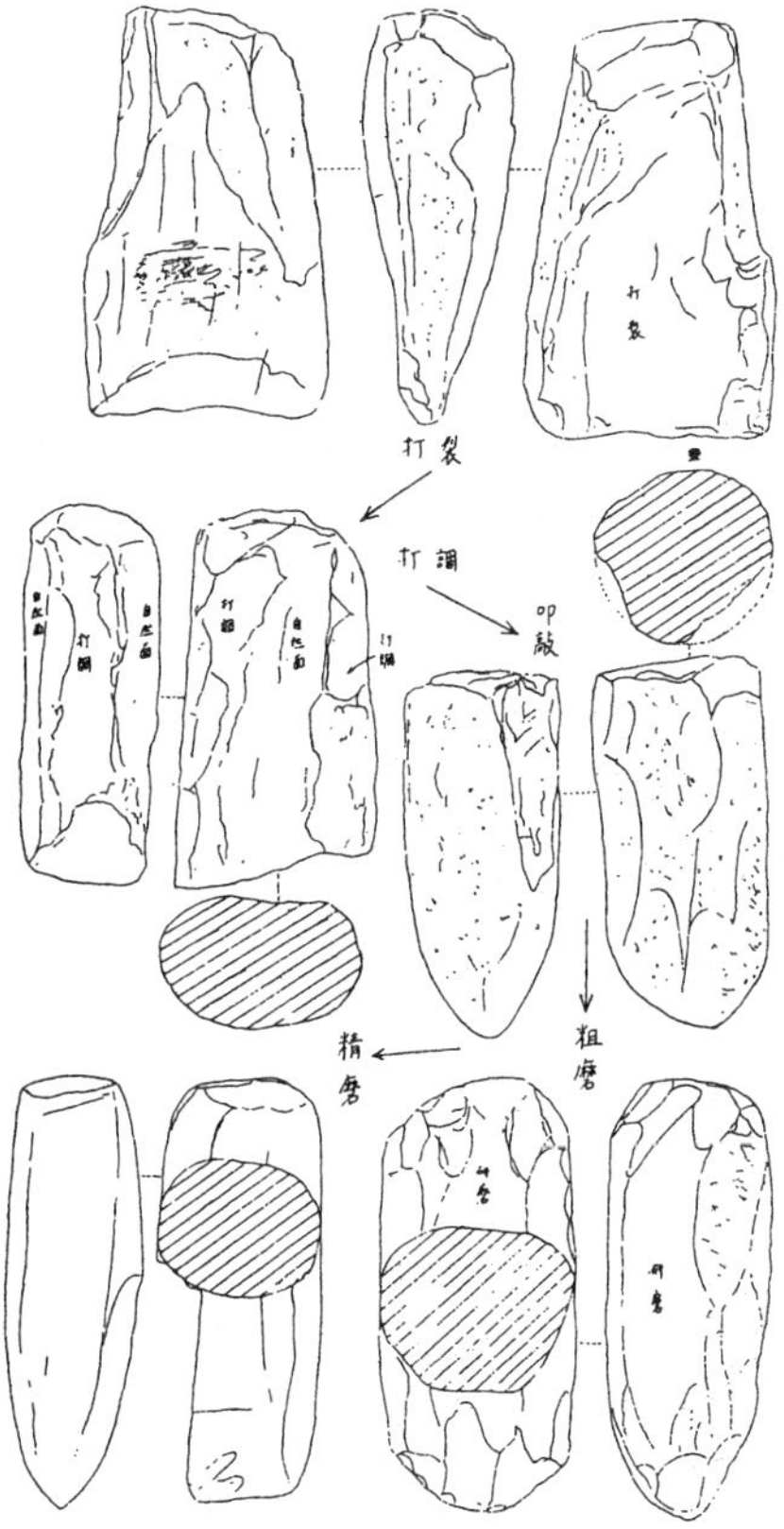

図1　閃緑岩類石器の製造過程

加茂に於ては、その特質を利して研磨石器でも大形な、質量を有し打撃に耐える必要がある割斧に用いている。但し他地方特に中部地方の例に比して硬質・粗面で、新鮮なため、出来上りはやや不良である。二、三は図示したが、加茂では川原礫らしい扁球状の原石から、これを二つ三つに打ち割ったもの、大まかな打裂の進んだもの、更に細い叩敲で大体の形態を整えたもの、粗い研磨が部分的に見られるもの、それ等の各階程の未成品が破損したまま発見され、いづれも完形品の最大のものより質量・大いさ共に倍程もあり、その製作過程に於ける困難が偲ばれる。加茂期に於てかかる磨石器類の製造が盛んに行われたことは疑う余地ないが、その量では打製石器に比してやや劣る。

泥板岩類―擦磨石器　細かい粒子の凝固した堆積岩類で、砂岩・微粒砂岩・頁岩・泥岩と砂から泥までその粒子によって連続する岩類である。且つ、その凝結物質の泥・石灰・珪・鉄・瀝青・火山灰等によって各々粘質硬度を異にし、更にその生成せられた時期によって種を異にする多くの種別があり、これを一々鑑別するは甚だ困難で、我々にはこのうち黒灰色の頁岩、白灰色の泥灰岩、褐赤色の鉄質頁岩及び黄緑色の硅岩の若干を検別し得るのみである。地質図によれば、北摂から丹波・若狭の山塊は多く古代に属する堆積岩によって構成せられている故、恐らくは加芝に於てもこれ等の原石はその方面からの供給によったものであろう。いづれも堆積岩故に板状節理によって扁平に剝がれ、その上軟かく研磨に最適であることから小形磨石器には専らこの種の岩石が用いられている。又一面その特性から打撃にはまことに脆いため、厚手大形磨石器に使用された場合は全くない。その石器には先づ扁平片刃石斧即ち鑿又は鉋状の石斧がある。次いで石庖丁も多くはこれで、磨製石剣・磨製石鏃もその範疇に入り、その加茂の石器様相のうちに占める位置は古銅安山岩類のそれに次いで重要である。

この類の石器もまた加茂に於ては製造されたことが顕著である。各形態に及び様々な階程の未成品が出土しているほか、注意すべきは特に片刃石斧に於ては擦切手法の盛用されている点である。板状原石の周辺にあたる不整なもの、擦り切ったままの長方形の石片、擦切の痕の修正せられないもの等があり、且つ厚手の鑿形と薄手の鉋形とは同一板石から擦切られた姉妹関係の例すらあり、畿内弥生式扁平片刃石斧の標式的一形式を見せてくれる。

尚擦切によらぬ片刃石斧もある。比較的大形なのを原則とし、原料には閃緑岩・橄欖岩及び唯一例ながら緑泥片岩等があり、大形片刃石斧が機能上大形磨石斧に近い打撃に強靭な必要上から選岩していることが頷かれる。

以上のほか、大きな花崗岩・閃緑岩・安山岩等の石斧砥が数個あり、畿内弥生式中期の一様式の石器製造が、加茂遺跡に於いて盛んに行われたことは否定出来ない。実に各々の岩石の物理性に就いての正しい認識が基礎となって、石質と機能と製造の三要素は、必然的に三つの石器群の規格を生み出したものと思われる。

形態及機能による吟味

〈工具〉

太型蛤刃石斧―割斧《わりおの》　日本島の弥生式文化に於て、石製利器のうち欠くことの出来ない割斧の形態を持つ太型蛤刃石斧は、畿内加茂に於ても相当多く製作されている。形態は日本及び瀬戸内地方のそれと異るところはないが、いづれかと云えば、九州地方のものに近く、東日本特に中部地方のそれと比較すると幾分粗製で、形も整っていない。太い体部それ自体の質量と、着柄によって振り下される加重は鈍いながら頑丈な蛤刃を極めて有効な割斧とする。体部に残された着柄の擦痕も汎全国的なもので、この種の磨斧が日本石器時代最初に現われた完全なる機能をもった、割る又は裂くための斧であることはもはや動かすことが出来ない。例品中に体部中央から折半したもの（3・4）と同時に、例の如く刃部の縦に割れたものの多いことは、この割斧の刃部に対する衝撃が垂直に働いたことを意味するものである。この種の石斧に就いては既に再三説いた故、本稿では省略する。

石槌　槌の例は恐らく太型蛤刃石斧の刃部の欠失後、下部を平坦に磨いて異った機能の石器に再生したものと思われる。かかる石器は中部日本に於ては太型蛤刃石斧と共に大いに盛行しているが、畿内に於ては比較的少ない。しかしながら例えば大和唐古・新沢、河内桑津その他の各遺跡から多少はあれ、出土している。石槌と称される縄文式文化に属する石器が、着柄されるもの、されざるもの、更に機能面の尖ったもの、丸いもの等、殆ど一定の形態を保たないのに反して、弥生式石器のこの種の槌は、恰かも現今の金槌を見る如く、下端は平坦に磨かれ、いづれも着柄の擦痕を残していることは、これが単に敲くものとしての器具でなしに、完全な木工用の槌として、縄文期の石槌の概念から全く飛躍超越した文化的要求から発生したものと考えねばならない。これは勿論前述した割斧の発生と不可離な現象で、特に中部地方等に於て太型蛤刃石斧は多く頭頂が平坦に磨かれている事実に対比することが出来よう。斧は同時に現今のそれの如く頭端は槌である。又この面に作用すべきいわゆる「合せ槌」たる槌自体の存在は必

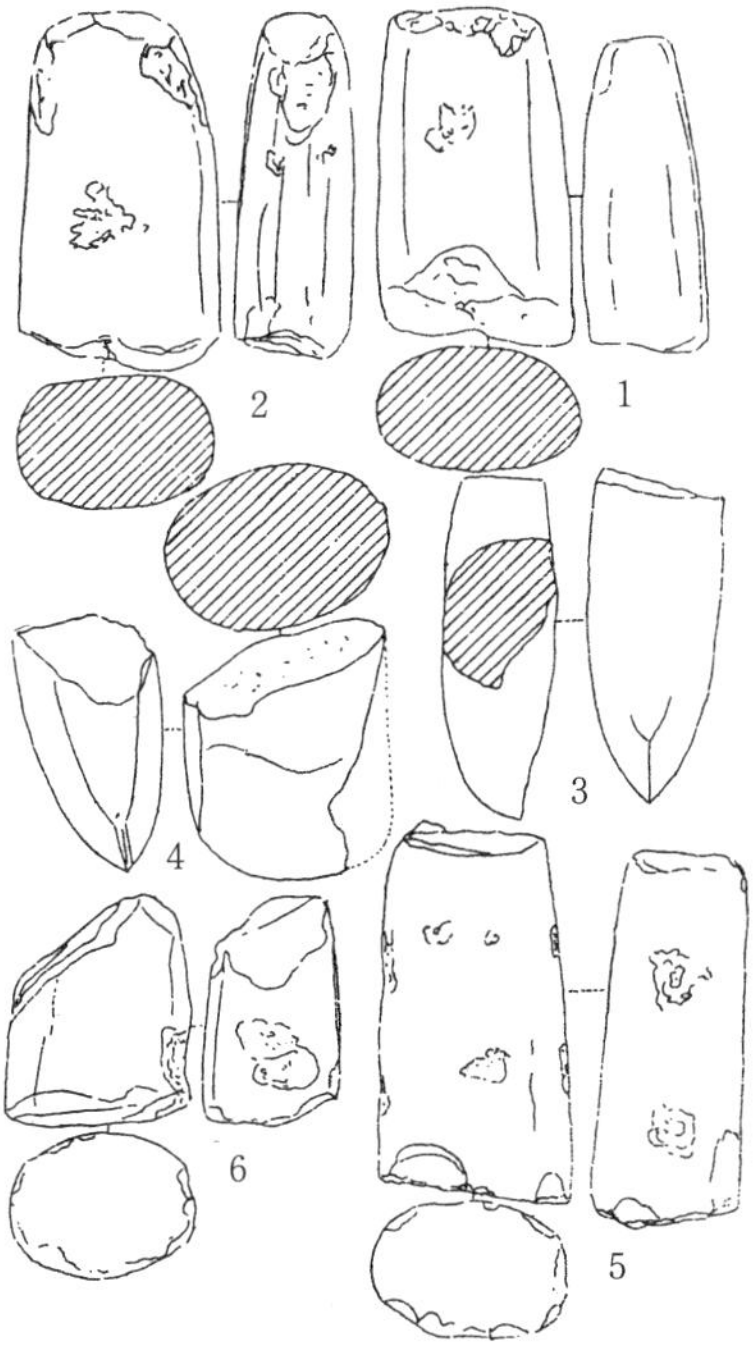

図2　工具：割斧及び槌

然であろう。いづれにしろ、完全に木材を対象とするための平たい槌の出現は重大な事実である。

大形片刃石斧――削斧・刳斧・剝斧　大形の片刃石斧には扁平板状のものと厚い柱状のものとがある。大形片刃石斧はかつて石鍬と考えられた。その仮説は全く想念の上に現われた幻像であって、多くの実例に親しんだ結果に於ては決して現われるべきものではない。この種の器具の木工具説に就いては既に再三論述して来た故、本稿には詳述しないが、これ等の斧体に残存する着柄その他の擦痕及び破損面の注意深く検討によって明らかである。扁平片刃石斧は鋭利端正に磨かれた刃部と薄手の削り屑の擦除に便利な体部を持って、現今木工具に於て最も重要な役割を持ついわゆる「手斧《ちょうな》」の如く、曲った柄の尖端の双叉で、頭端から斧体をはさんだ剝斧又は削斧であり、抉入石斧を含む大形の柱状片刃で、斧は同様の着柄の下に刃のより深い激突に耐えるべき方柱の体部と厚い刃を持った刳斧として特に発達したものであろう。これより後上代に於て古墳より度々発見される鉄製斧頭は多く弥生式文化に於けるこの石製の剝斧・削斧又は刳斧の系統を引くものであり、又鏨と称される一種の斧頭は削斧の延長と思われる。

小形片刃石斧――鑿・鎗鉋　前者とはただに大形と小形の差である。単純に形態上の分類を行うなら両者は何等の異る所を持たないであろう。しかし大形片刃石斧は多く打撃に強い閃緑岩類が用いられ擦痕及び破損面が往々湾曲した双叉の柄を付したと推定せられるのに反し、小形片刃石斧は殆んど打撃に全く耐えない而も鋭利に研磨し得る硅岩・頁岩類等を使い、遺品中破損による放棄例に乏しく且つ特別な装柄痕を残さない事実の対比は、形態を超えて異った機能を意味するものである。即ち大形のそれが、割斧程でないとするも尚長い柄の加重を工作上必要とし、小形のものに至ってはむしろ全く之を要せず、専ら刃の鋭利さを要求されたものであ

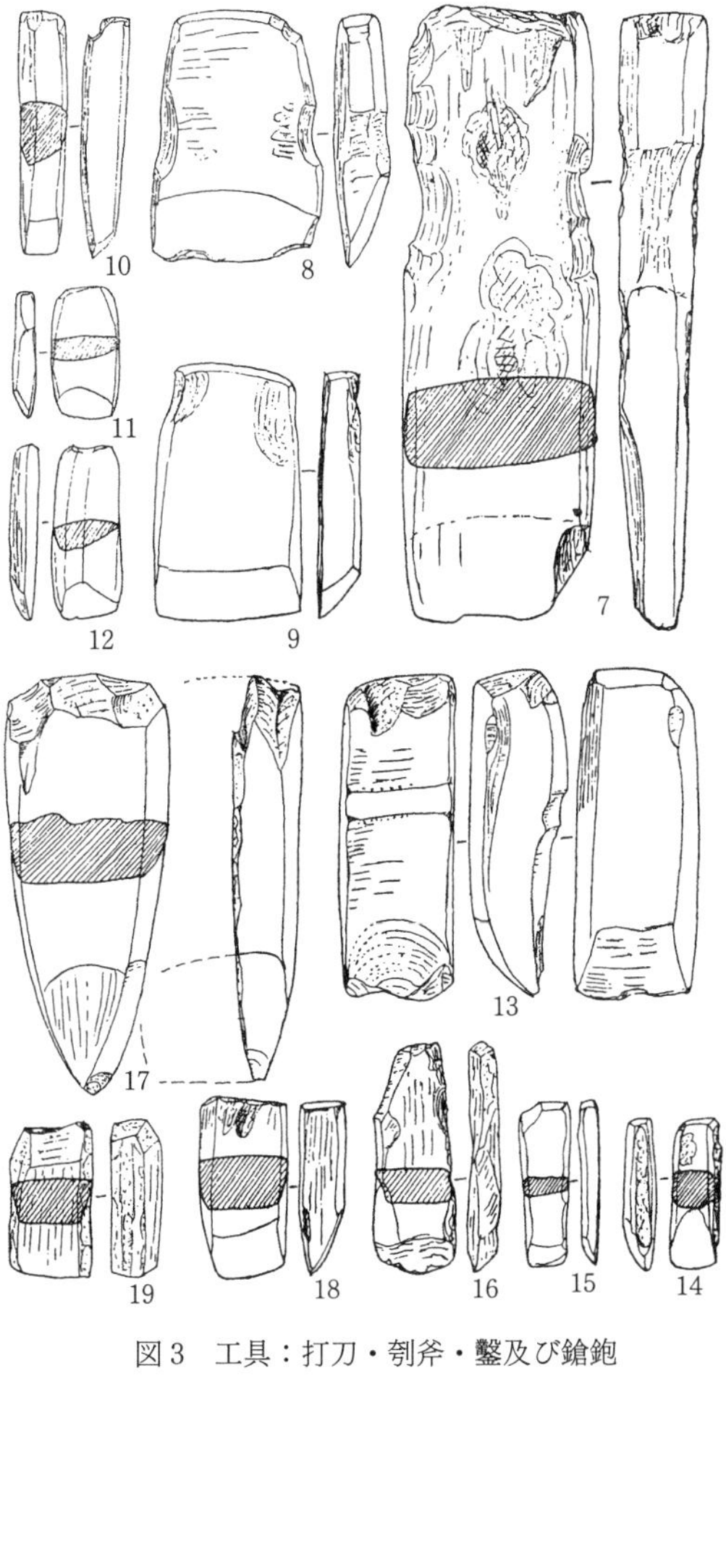

図3　工具：打刀・剞斧・鑿及び鎗鉋

って、恐らくは頭端より直な柄ではさみ、鑿又は鎗鉋の如き細工用具としての重大な意義を持ったものであろう。

打石錐―捻錐・揉錐　樋口清之氏は古く畿内弥生式打石鏃のうちには錐に使用されたものが少なくないと注意されたが、加茂に於てもかかる幾多の例がある。打石鏃のうち尖頭器に近いもの、菱形の尖端の鋭いもの等は共に錐たるに充分の機能を具えているのみならず、事実回転摩擦によって円錐頭を呈した例も多々ある。

一方、又錐としての意図の下に製作された古銅安山岩打裂製の石錐が多量に発見されている。形態は大別して着柄して使用されるべき錐体（20～24）と、恐らくはそのまま指先きで捻って用いられたと思われる塊状の基部の上に錐身の造り出された錐（25～28）とがある。もとより時間的な器具の変遷を示すものではなく、一形式文化内に於ける錐の機能の二つの要求より生じた二形態である。これ等の数多に、恐らく石鏃にも次ぐ多量の錐の意義は、その文化相に於ける様々の事実を示唆する。これを穿つならば、手揉の錐は柄の回転力を利し、石庖丁・磨石鏃その他の石器・骨角器の穿孔に用いられた石工用具として、又更に極盛に達した木製品を裏書する木工用具として重要な工作具であろう。一方指捻の錐は指先きの細工に適し、動物性皮革・植物性繊維及び糸布の刺繡用具即ち針として適用されたものに相違ない。

打裂刃器―小刀・鎗鉋・引切具　形態に於ては石匙（皮剝）・石箆・石刃等必ずしも規格性を

もたない。曲刃あり、直刃あり、いづれも鋭い刃が古銅安山岩の断口面を利用してつくられ、造形は極めて不整であり、大小もまた不同である。かかる石製利器の盛行は要するにこの石器が、造形上の理由からではなしに、切実な鋭刃の必要から製作されたことに起因するものと思われる。

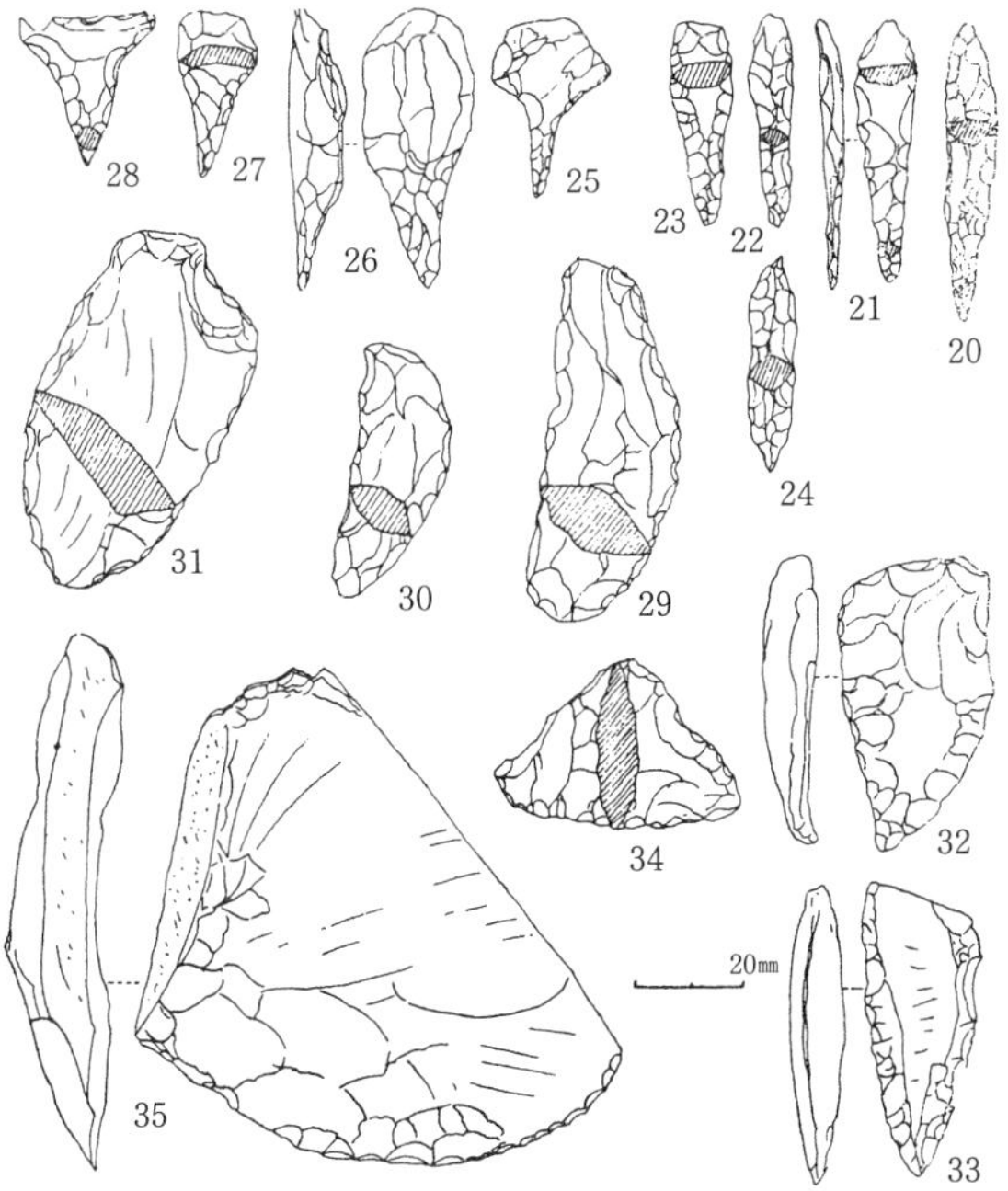

図４　工具：揉錐・捻錐・小刀・鎗鉋及び引切具

　これを刃部の機能から分類すれば大体三種類となる。一つは体部が少しく湾曲し、その一辺に付せられた湾曲した両刃で、恐らく上端に着柄して、今日の小刀《ナイフ》の如く使用されたものであろうか（29～31）。この種のそれは畿内弥生式遺跡には少なくない。顕著の例は藤野勝弥氏の河内鷹ノ巣山の例であろう。次に尖頭器の如く尖った両側面に片刃を有する鋭器（32・33）で、上代の鎗鉋の如く着柄して細い細工具の削り道具にされたものと思われる。今一つは縄文式文化に通例の石匙の如く、三角形の頂点に近く摘まみを有する引き切りの切断具である（34・35）。

畿内の弥生式中期に、なぜ特にもこうした恰も縄文式前期のそれを思わせる石製の鋭器の必要が起ったものであろうか。問題は更に考究するとして、剝ぎ、削り、切る等色々な工具としてかかる小形工具の極めて優勢な現在を注意しておきたい。これらは古く欧州の石器時代の旧石器に擬せられて、学究をまどわしめた。要するに、石器が機能の上から理解されず、形態の上からのみの先入観念、或は欧州石器時代の現象よりの幻惑に禍されていた過去のことであって、かかる打製刃器は、古銅安山岩製石器の盛行圏内の、畿内の各弥生式遺跡を一様に特徴づけ、石器の形式研究の至難さを如実に示すものである。

〈武器〉

打石鏃・鏃　数量に於ては、この打石鏃が加茂の石器群の過半数を占める。これは独り本遺跡のみならず、畿内弥生式遺跡共通の現象である。従ってその文化的意義もまた大いに重要視されざるを得ない。古銅安山岩製、例外は稀有である。大きさは身長五センチから二十五センチ、四センチ位を最も普通とする。日本の石鏃とすれば長大の形に属し、分厚く、相当に重く、実用鏃としての感の強いものである。そのうち無茎と有茎に分け、無茎のものを三つに分類すれば、Aの逆刺の深い形態はまことに稀れで、Bの逆刺のない二等辺三角形の形態が、無茎鏃の大部分を占める。Cはゴマの実形で、特に尖端は鋭い。この形態は原石よりの剝片を利用して製作されたもので、一面は全く断口面をそのまま残し、周辺のみを打裂しているので、体部は多少はあれ総て湾曲している。この形態は、石鏃としてはむしろ不適当で、一種の尖頭器として柄を附し、鎗鉋の如き機能を持つものとして、前述した打裂製刃器の方

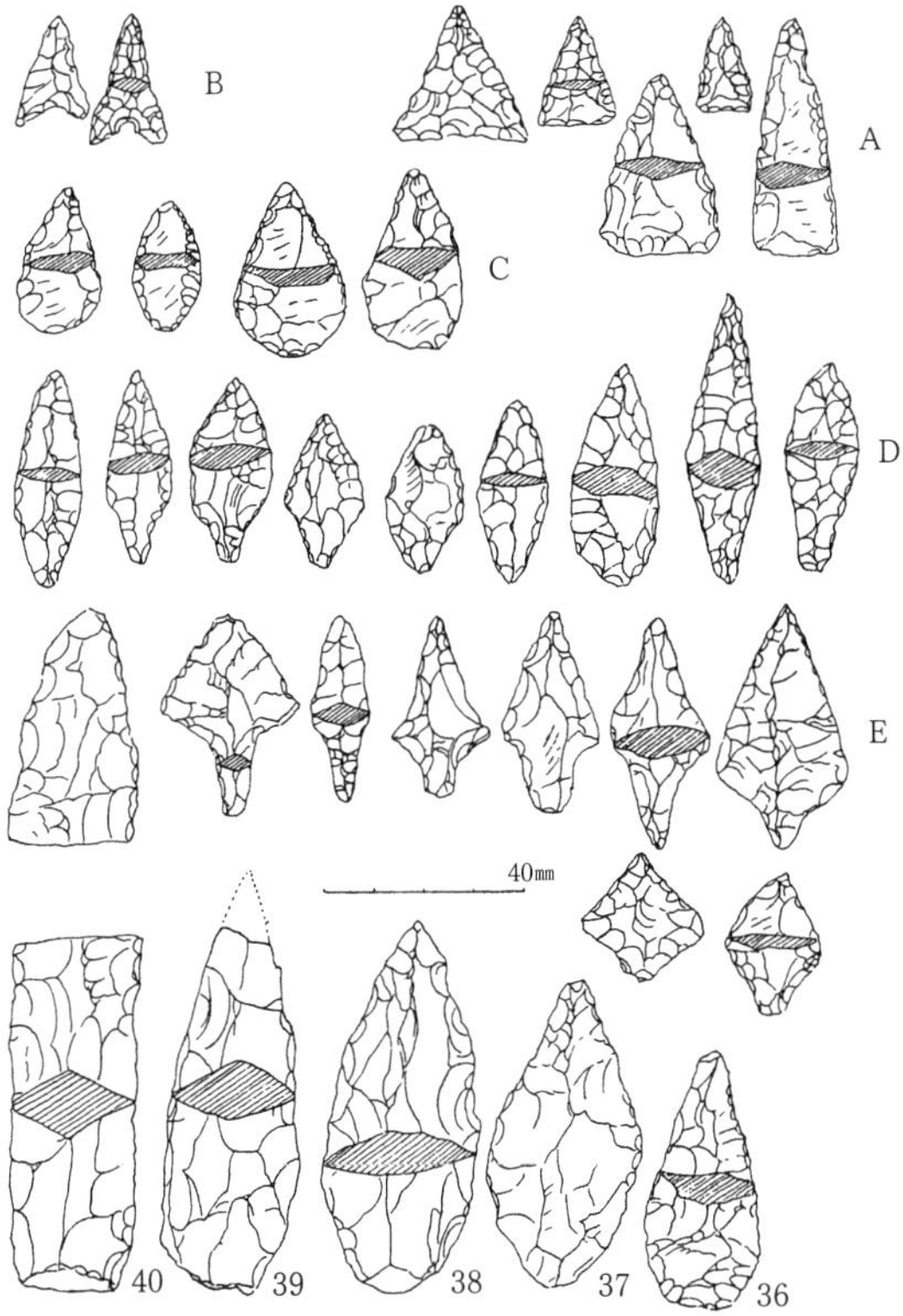

図5　武器：鏃及び槍身

に入れるのが当っているかも知れない。

有茎鏃に比したら、無茎鏃はその数量に於て十分の一にも当らない少量であろう。それ程に有茎の打石鏃は、加茂のみならず、畿内弥生式石器を代表するものである。その形態には多少の差はあれ、多く中稜に高い鎬をとって、横断面はいづれも菱形、特に厚手造のものは方形又は円形に近く、打裂は表裏の別なく、左右表裏均整に打ち整えられ、鏃としては最も正しい形態を示し、南満州・朝鮮半島の銅鏃を思わせられるものがある。茎・脚部は相当に長く、盛矢具の中に箙として嵌入されることの便利を思わせるが、逆刺は殆んど無い。基本形としては菱形の有茎鏃と言うことが出来る。

打石槍身　畿内の弥生式遺跡からは古銅安山岩打裂製のいわゆる「石槍」を多量に出す。加茂も勿論同様である。これが、着柄されるものたるは言うまでもないとして、その柄の長さ、従ってその柄の繰り方には大いに問題を残すであろうが、石槍自身は、かつて八幡一郎氏の考えられた如く、二つの形式に分けられる。その一つは（40）に見るが如く、身幅が狭く、重ねは厚くその断面の示すが如く、中央に高い鎬を有するもの、身長は三十センチに及ぶものもある。これと対比する第二の様式は、（36～39）に見るが如く、身の長さ短く、重ねは比較的にうすく、かつ鎬の様式を整わず、身は葉状を呈し、関部が緩かな円を描き、大形石鏃とも言えない形をしている。加茂に於ては前者のそれに比して、後者が遙かに多量である。弥生式文化に於ても、かかる大形の打製石槍身は、畿内地方以外にはまことに稀有に近く、特にも長大な石槍身はこの地域にのみ限られた感の深いことは私も既に述べたところである。この事実は前述した鏃の盛行と共に最も顕著に畿内弥生式文化を特徴づけるものとして特記すべきである。

磨石剣　例えば筑前立岩の如き弥生式遺跡の石器製造趾と比較すれば、加茂に於ては磨いた石剣類の存在は極めて貧弱である。いずれも細い小形な鉄剣形石剣のみで、クリス形石戈その他はない。強い鎬を中稜にとっている点、狭長な刃部及び茎《なかご》、(52)例の如き小さな双孔を有する関部等、日本各地の鉄剣形磨石剣の一般的に近い。

磨石鏃　宮川氏の採集するものは七例ある。茎を有し、腸抉《わたくり》のない一形態(41〜45)が大部分である。(47)例は肉厚な、しっかりした造りで石剣の刃部の欠けて再磨した如き感を与える。中程に高い鎬を造り、基部は厚いまま磨き切り、角は磨修している。この一本は

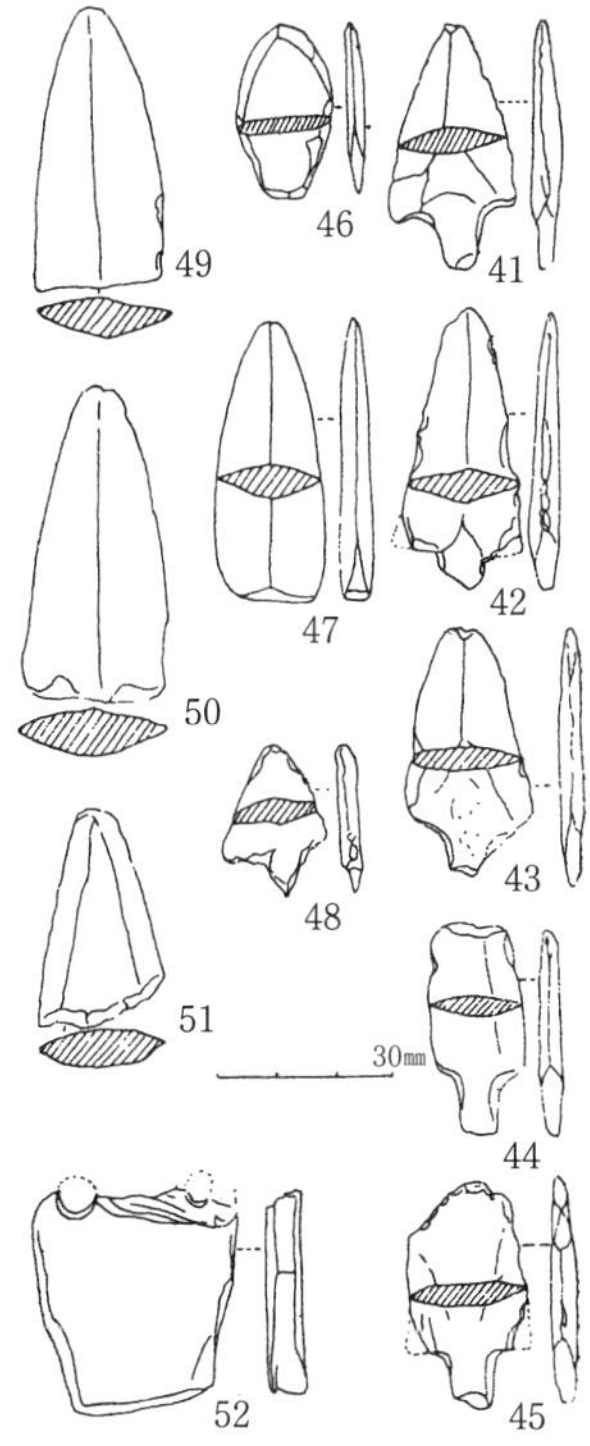

図6　武器：磨石鏃及び磨石剣

他と極めて異り、鮮満の磨石鏃を見る感を与えられる。尚（48）は銅鏃である。同じ槍・鏃等の刺兵の形態を採っても、これらの研磨された武器は、量に於ても又質に於ても、実質性を持つ打裂製のものの比ではない。恐らく実用利器以外の特殊な意義を持つもの、例えば儀仗として造られたところの、類稀れなるものとすべきであろう。

〈農具〉

石庖丁――刈鎌・扱鎌　宮川氏の加茂の石庖丁は如何なる細片をも蒐集した結果、その総数は約二百を超える。しかも極めて完形品に乏しく、破片の多くは製作中途に於て破損したと思われるもの及び端石として放棄せられたものの多いことは注意すべきである。これは例えば大和の同時期大遺跡たる唐古又は新沢に於て、完形品又は使用後の破損品の多い事実と対比すべき事実である。

過去に於ける各学究の石庖丁に対する研究を綜合すると、大別して先づ三つの形態が認められる。これを今仮に第一群・第二群・第三群とするなら、加茂の石庖丁には第一群は殆んど皆無に近く、第二群もまたその数量多からず、大部分は第三群に属するものである。

第一群は正しい半月形又はそれを基礎とした紡錘形で極めて扁平・薄手、刃部は多く弧状をなして外湾する。双孔は正しく中央は脊に近く添うて穿たれ、刃は鋭い両刃である。従って表

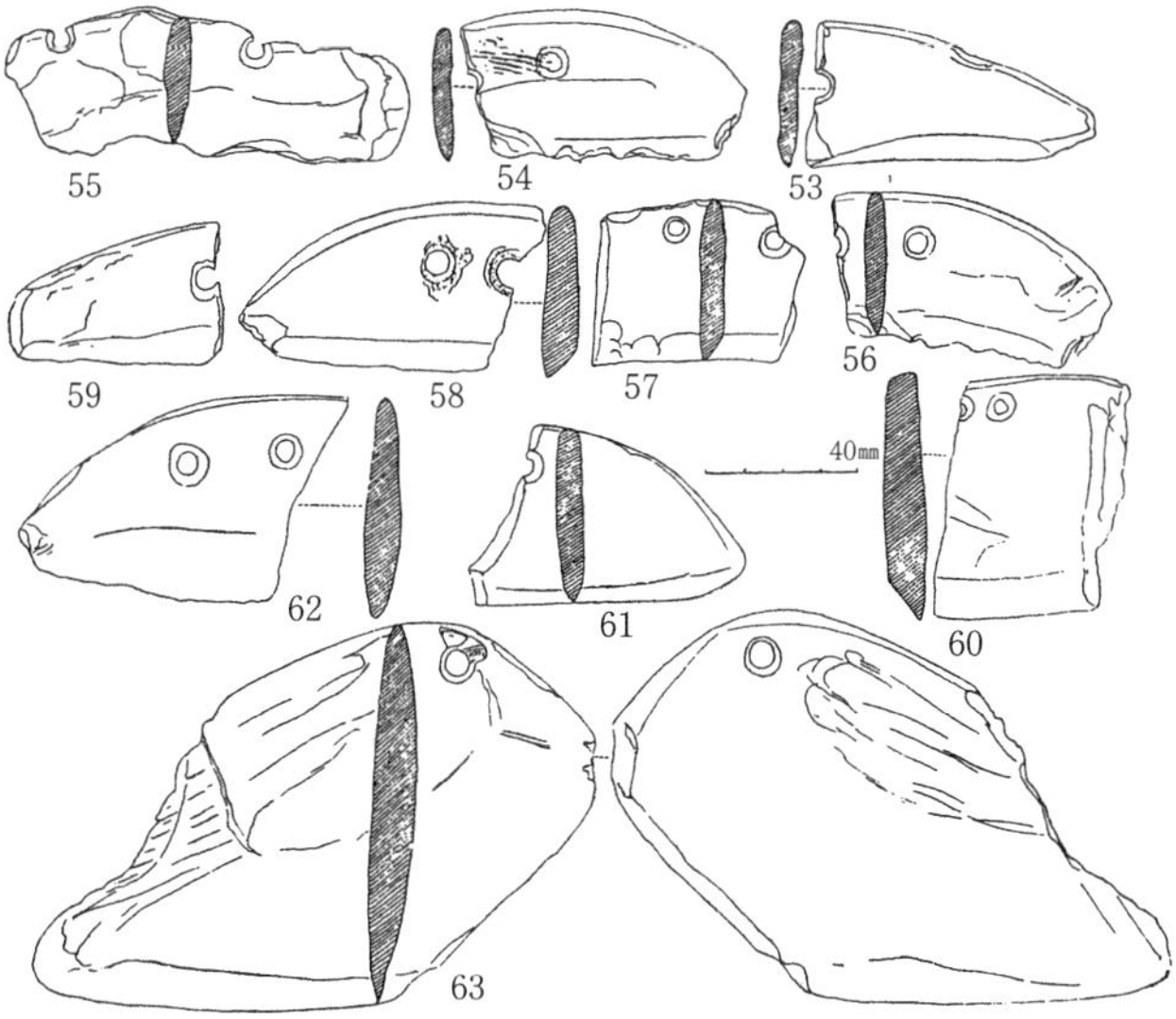

図７　農具：刈鎌及び扱鎌

裏の区別のつかぬものが多い。双孔は小さく多くの場合甚だしい擦痕を残さない点、その柄又は掌に対する緊縛とその操作上の衝撃は微力であったものと思われる。本群は加茂遺跡には極めて少ない。これを他遺跡に就いて見ても、その分布圏は九州に止まって、須玖式と称される中期の弥生式文化を中心に発達し、畿内には及んでいない。

第二群は器形は扁楕円・梯形及び長方形を呈して、双孔の位置は脊部に寄らず、中央に近く、左右均整である。刃部は平坦又は多少外湾するが、必ず脊部は強く外湾し、つまり第一群とは刃と脊とが逆である。双孔は第一群より大きく擦痕も多い。両刃片刃相半し概して大きく短い。この群は北九州に於て第一群と共存すると同時に、南九州・東九州・四国・瀬戸内海以東日本各地に分布している。畿内に於ても次の第三群に混じて多少存在する（60・61）。加茂に於てもその例にもれない。要するに日本の石庖丁の分布圏の二つの中心核、即ち北九州の第一群及び畿内の第三群を地域的な現象と見て、第二群はむしろ汎日本的に拡散を見た普遍形と云うことが出来よう。

第三群は、概して細身で長大双孔がやや片側に偏在して、これを中央として見た場合甚だしく左右不均整である。刃部は内湾して片刃、従って器体自身も内湾し、刃を立てられた面を表面として置いた場合、一端は短かく鈍で、他端は細長く鋭いいわゆる鎌形を呈している。即ち第二群石庖丁に於ける基部と刃部であろう。基部には往々にして着柄痕かと覚しき擦痕を止めているが、今は如何なる着柄か明かにし得ない。刃部のうち使用されたと思われるものには、甚だしく磨滅又は磨面から表面にかけて剥離しているものが多い。これを我々の鎌の概念から推すに右鎌・左鎌はその量に於て相半ばしている。

石庖丁の三形態は明かにその機能の上に於て、相異った根本的な相違があるらしい。その闡《せん》明《めい》には各遺品の形態と共に、器体に残された使用による擦痕・磨滅痕・破折痕等の精緻な観察と、各地域の各文化期の単純相に於て形式的変遷の様相が明確にされることが、唯一の方法である。今多少の想像を加えることがゆるされるなら、第一群は布帛又は極めて小さな木柄を器脊に緊縛して完全に掌中に於て操作される摘み採り鎌として、第二群は同様に扱《しご》き採り鎌として、更に第三群は基部をはさみ若干は器体の外に喰み出す木柄を附して、刃部は掌中より突出せしめ、刈り取り鎌としての機能を備えているものと推定される。そして、畿内に於ける石の刈鎌はいわゆる鉄の利鎌への発展経過を意味し、やがてその原始的な器態と共に後を絶つに至るものと考えられる。刈鎌としての石庖丁の畿内弥生式文化に於て占むる位置に就いては更に大和新沢・唐古の例が重要な寄与をなすであろう。共に複合遺跡である故に、資料としての若干の不満はあるが、その資料の質及び量は之を補って余りある素晴しさである。唐古は近くその綜合研究が世に出る由であるから割愛して、新沢の実測例の若干を図示する。

変形石庖丁　大形変形の石庖丁が一個検出されている（63）。大きな山形の頂部に大きな双孔を有する奇好な形態で、やや左右均整、両刃である。恐らく第二群の石庖丁の一変態であろうと思われるが、かかる石器は大和・摂津・河内・紀伊等の畿内の弥生式遺跡に分布を見るがその正体についてはまだ何等の見通しがつきかねている。弥生式中期に於ける確実な一例として残そう。

加茂弥生式石器群の位置

加茂遺跡に於ては前述した如く、大形閃緑岩磨石器・小形粘板岩磨石器・安山岩打製石器の三つの、材質と機能と形態の三要素によって規格化された三形式の石製利器が盛行している。勿論その他に於ても、そうした石器を製作したと思われる輝石安山岩・閃緑岩・花崗岩の砥石・敲石・石割槌もあり、各石器原料と思われる岩石塊も少なくない。又石器以外に於ても、銅鏃・銅鐸・貝輪・貝器・骨器・細形管玉その他がある。それらに就いてはいづれ稿を改めて述べる機会もあろうが、今はその石器の様式に就いてのみ考察して見ることとする。畿内に於てかかる石器の様式を示す諸遺跡を列挙すれば、次の如くである。

摂津大阪市旭区森小路
同　大阪市住吉区桑津町
同　高槻市安満摂津農場
河内国南河内郡道明寺村国府
同　中河内郡高安村恩智
同　南河内郡喜志村喜志

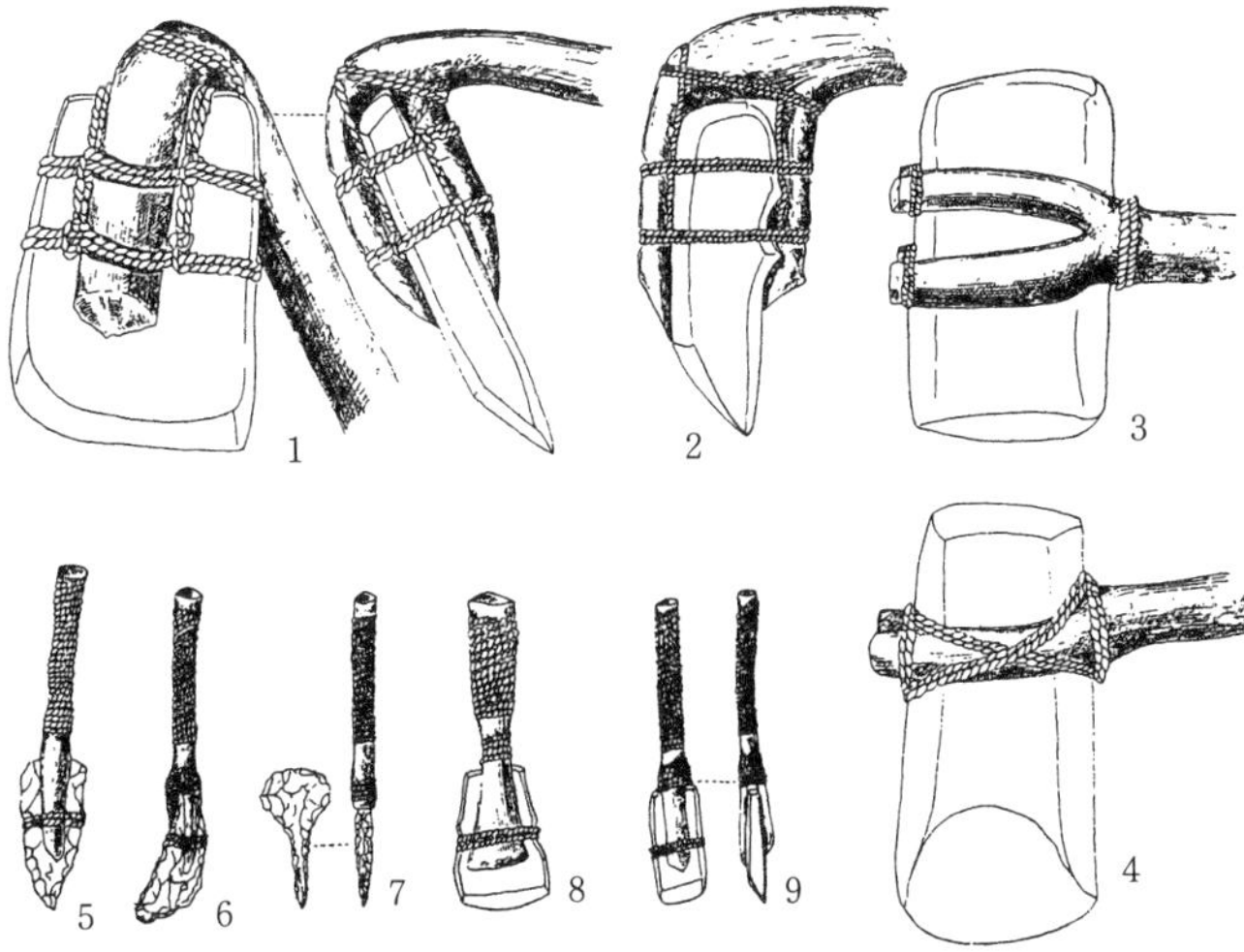

図８　摂津加茂に於ける石製工具の復元
使用した為残されたと思われる着柄に依る摩擦痕及び
作用面の撞撃によって生じた破損痕より想像したるもの

同　中河内郡堅下村大県鷹巣山
同　中河内郡瓜破村西瓜破大和川床
大和国磯城郡川東村唐古
同　高市郡新沢村一
同　高市郡真菅村中曽司
同　山辺郡二階堂村岩室
同　磯城郡耳成村坪井西方
同　吉野郡中荘村宮滝
同　吉野郡大淀町下淵
同　北葛城郡磐城村竹之内
同　磯城郡三輪町三輪山麓

即ち大和を中心とする河内・摂津に濃厚な分布を見せ、その分布圏は甚だしくは拡散していない。又これを伴出土器の時期から見れば、加茂・森小路・国府・恩智・高安・竹之内等はいづれも櫛目式中期に中心を置く遺跡であり、安満・西瓜破大和川床・宮滝は遠賀川系の第二型式、即ち、櫛目期直前の土器を主として出す遺跡で、又鷹巣山は櫛目式初頭に出現すると思われる無文土器を主とした単純遺跡であり、更に唐古及び新沢一は複合遺跡ではあるが、発掘調査によってかかる石器を伴出する土器は、いづれも櫛目式中期のものが多いことが注意されている。これを要約すれば、前述した如き石製器具の盛行は大和を中心とした畿内にも、特に櫛目式土器の盛行を見た弥生式文化中期の比較的短い時期の一現象に限られることとなる。言うまでもなく弥生式中期、即ち櫛目式の文化は多少の地域的特色の如何はあれ、汎日本的に浸潤した最初の文化であり、しかもその中心は明かに大和にある。ここに加茂に見た如き石製器具の現象がその大和を中心にのみ行われていることの歴史的意義の重大さに驚かない訳にはゆかないのである。

尚この地域に於ては、第一型式たる遠賀川式土器に伴ったと確言出来る石器は、若干の石鏃及び太型蛤刃石斧以外に例示は稀で、又櫛目式に続く穂積式土器には石器は稀有と云うも過言でない程にまで消滅してしまうのである。更にこれを全国的に見れば、中期以降の弥生式遺跡に石器の稀有なのは一般であって、各地域共に石器伴出の事実は中期文化の最大特色なのである。同時に又初期に属すると思われる石器は、地域による時間的いづれを参酌するも尚多しとはなし難いものがある。その例示を実際に見れば、北九州に於ける立屋敷式と立岩・高槻期、須玖期、伊佐座期の差、南関東に於ける須和田・神田山期と宮ノ台・小田原期との差がそれである。しかしながらそのいづれをとるも、畿内弥生式中期に於ける如き顕著さはない。実に弥生式中期に於ける石器の盛行は、その期の文化自体が大和を中心に拡散したと思われるに併行して、拡散したものと思われる。

大和唐古に於ける第一型式即ち遠賀川式土器に伴う精巧な木製品を見ても、我々は弥生式文化がその初期に於て既に相当鋭利な金属器、恐らくは鉄であろうが、この発展を疑うことが出来ない。而もこれは北九州に分布圏の一中心核を置く文化である。然るに中期に至って大和を中心核とした最も本格的な文化政治圏確立伸張期に当って、金属器は否定出来ないとしても、石製器具の爆発的な出現は何を意味するものであろうか。鉄を主とする金属器原料の産地的又は技術的な喪失及び衰退、金属器の爆発的な需要増加による入手難、今、我々は様々な仮説を提出し得るのであるが、いづれ今後の研究によって闡明される日本歴史の一頁ともなるであろう。

加茂弥生式石器群の意義

加茂の石製器具は工具特にも木工具を主体とし、農具及び武器としての槍・鏃がこれに次ぐ。この二つの組成は一言にしてつくせば開拓及び建設の二字につきる。特にも開拓及び建設に不可避な各種の斧・槌・剞斧・打刀（鉋）・鑿・鎗鉋・小刀・引切具・錐その他の形態的に見て完璧に近い分岐、完成、量的な豊富さは、大和文化の建設的な性格を物語って実にあますところがない。少なくとも弥生式文化に於ける工具の発達は同時に木器の発展を導き出すであろう。加茂ではたまたま刈鎌のみが無機質の岩石に姿をかりて遺存したのみであるが、恐らく唐古遺跡の例に見ても、鍬・鋤・犁・掘串等の土掘り道具、又は木槌等繊維工具を含む農具が多量に製造されたに違いない。実に工具の盛行はあらゆる意味に於て弥生式中期文化、大和朝廷の伸張を象徴するものである。それは同じ時期に於て同じ文化に経営された信濃千曲川下流地方、駿河狩野川下流地方、相模湾地方等の地方に於ける文化相も同様で、更に全国的傾向とも云うことが出来る。この点九州地方弥生式文化は遙かに開拓的要素が欠けているのである。

次にこうした進展を衛《まも》るべき武具も、他地方の弥生式文化に比すれば極めて優勢である。北九州の弥生式文化に於ける銅鉾・銅戈・銅剣及び磨石剣の如き儀具の発達を見ず、むしろ岩石ながら実質的武器たる石製の鏃・槍等の極盛は、取りもなおさず大和文化の質実な武力を意味してあますところがないであろう。これこそ、大和文化の黎明期の如実な姿である。

摂津加茂は猪名川に臨んだ台地で、同じ時期のこの地方の弥生式遺跡に比すれば甚だ農耕集落的でない。それはさきに述べた加茂の石庖丁遺品がいづれも加工途次の破損品である点等からも、加茂は農耕集落のために形成された石器と云うよりも工具生産のための部族集落と云うべきであろう。即ち、猪名川の河水は程近き北摂の山々より粘板岩類を、又山城からは閃緑岩類を、大和よりは古銅安山岩類の供給を得るの地利をもち、初期大和文化に於ける経済的・政治的中枢を間近に工具生産地帯として栄えたのである。而も加茂の生活が弥生式中期に始められ、中期を通じ咲きほこり、末期に到るや突如として消え失せる事実は、恰かもその集落、その生活、その機能の全部である石器の文化的価値の消長とその運命を共にすべき宿命と云うほかない。このように吾々は文献の上に於てもまた、北摂に於ける木材、加茂よりの木工具を獲て栄えたであろう猪名川の木工たちの部落をも、この近くに求め得られることを偶然と思わないのである。

私はこの文の前半を昭和十五年に書いた。そのときは心が非常に静かな境地にあった。ところが今急に軍務に服することとなって、半ば遺書めいて荒れた気持で書きあせった。それで、問題は非常に重要な点を握っていながら、まことに心残りの多いものとなってしまったのは残念である。幸にこの未定稿をさらに練り上げる日の来ることを願って、東京を離れる。

（一九四二年一一月）

〈編者言〉

藤森君は戦場から本篇の補遺、姉妹篇とも見るべきものを書き送ってこられたが、それはここに併載する時間がなかった。十月号にのせる予定である。藤森君は一方には葦牙書房主である。かねて期してはいたろうが、突如の召命に、相当のあわただしさを感じたろう。にも拘わらず、本篇を仕上げて征途にのぼられたのである。これには藤森夫人や直良信夫君の隠れた助力もあるが、私は感激して本篇を受けてここに掲載したのである。学者の出征はかくこそあれと思う。

（一九四三年）

信濃諏訪地方古墳の地域的研究（抄）

――考古学上よりしたる古墳墓立地の観方――

立地の把握

武蔵の空から甲斐の空へ、ちょうど秋の空の赤トンボのようにフイと浮かんで飛んで来た東京・富山行きの定期飛行機が、富士川の水源を釜無山の幽谷に捨てて、甲斐盆地の空から、行《ゆく》方《かた》の空いっぱいに立ちはだかる赤黝《あかぐろ》い国境の山々の気流を避けるために、大きく前後に揺れつつ、ぐっといっぱいに高度を取るとき、視界の彼方にはて限りもなく広がった煙霧の裡《うち》の、その遙けき幾山河の茫邈《ぼうばく》たる起伏と、大地の皺が山脈の褶《ひだ》となって波打つ国原の怪異なる相貌は、地の極みの恐れにも似た旅人の、大古の民以来の心に迫った大自然の驚きをば搔き立てずにはおかない。信濃の国の南端諏訪である。

それが叢林に草原に、木々の梢や草蔭に忍び込んでいた乳のような柔らかい高原の霧が、朝暾《ちょうとん》に融け始める朝ぼらけであろうものなら、おしなべて淡赤色に燃え立つ霧海の両岸に、砥ぎ立った南アルプスと八ヶ岳のいくつかの山稜が、凍った犬の歯のように天に逆立ち、東に機窓いっぱいに広がる八ヶ岳の朝陽を背に、金色に輝き渉る連峯の輪廓のたたずまいと、その巨大なる陰影をただ見渡す限り覆いかぶせた裾野の昏冥《こんめい》なる起伏に驚歎するであろうし、晴れた日でもあったら煙霧の中に置き忘れられた鏡のように、鈍く光る諏訪湖の水溜を遠く、左の窓には南アルプスの北端、入笠《にゅうがさ》や釜無《かまなし》や守矢《もりや》の赤石山塊の深い幅のある蟠《わだかま》りを、それから八ヶ岳、蓼科《たてしな》山火山群の皺だらけに痩せ切った岩稜をば右の窓に望みつつ、ちょうど機はその二つの山脈の狭んだ深い谷の頂きをば縫い縫い行くのである。

左の若い隆起山脈の顔貌をそなえた赤石連山は、鋭くはないが急峻に谷にせまり、右からはその断層谷の底の赤石の山壁まで、広大な八ヶ岳蓼科火山の裾野が、空から投げかぶせた扇のように巨大な弧を描いて、海抜二六〇〇メートルの山頂からただひたすらになだれて、その裾野の高原のあちこちには、集団する村落や、取り残された美しい雑木林や、赭々《あかあか》と横たわるローム質の開墾地などの描き出す絵紋様の中に、ちょうど清々しい竹の扇骨のような幾筋もの渓流がきらきら輝き渉りつつ、裾野いっぱいに縦の浅い谷を割って流れ、長い放射状の丘陵を造りながら、赤石の壁に集約されて聚《あつ》まり、裾野と壁との接触線糸魚川断層に沿うて、長々と蜿《うね》

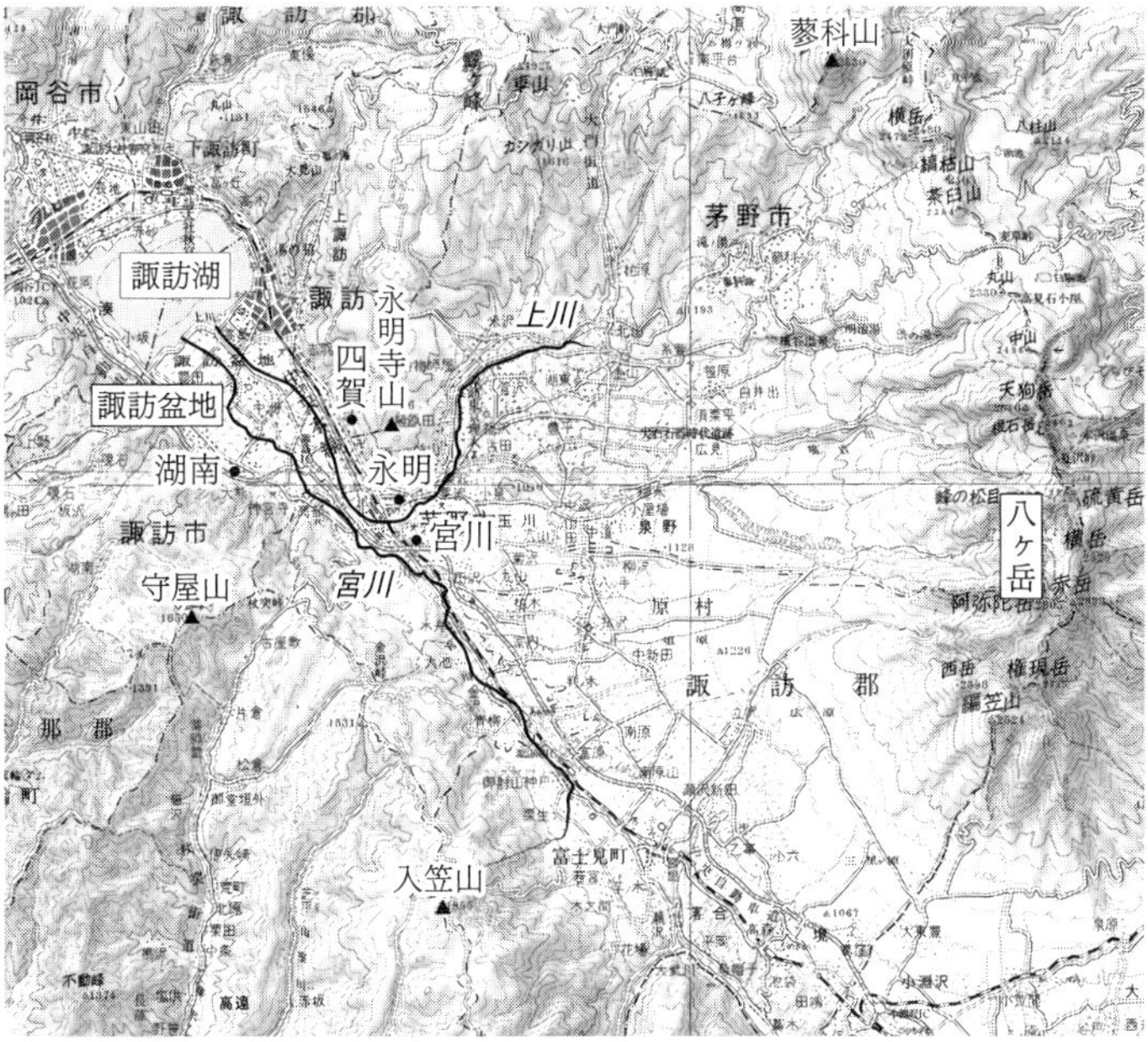

図１　地図をもって地域の大観に資するべく、地形図を極度に縮小して見た。東から巨大な裾野の斜面を見せているのが、八ヶ岳・蓼科山火山群で、その麓を集約して北から押し出している高原の尖端が永明寺山、南西部全面の山塊は赤石山系の守矢（屋）山の深い山塊、諏訪湖を中心に、北西隅から東南隅へ一直線に走る地峡がフォッサ・マグナ、すなわち静岡・糸魚川断層線である。

　細長い諏訪湖盆と、末広のような岳麓との接触点が、終始本篇のテーマとなる上川・宮川分流点、永明・宮川・四賀・湖南の湖東地区である。狭い山と山との間に二本の水流を通して、岳麓地区の経済的な資源の数々を牛耳る湖盆地区の政治的な立場より見た、この湖東地区の持つ意義は、今も昔もまことに重要かつ特異なるものがあるに相違ない。簡単に言うなら、この文化の独立国諏訪の湖盆地区は座敷で、岳麓地区は倉庫、湖東地区はその唯一の門戸でもあろうか、この意味において本稿に現われる種々の文化現象を理解されたいと冀望《きぼう》するのである。

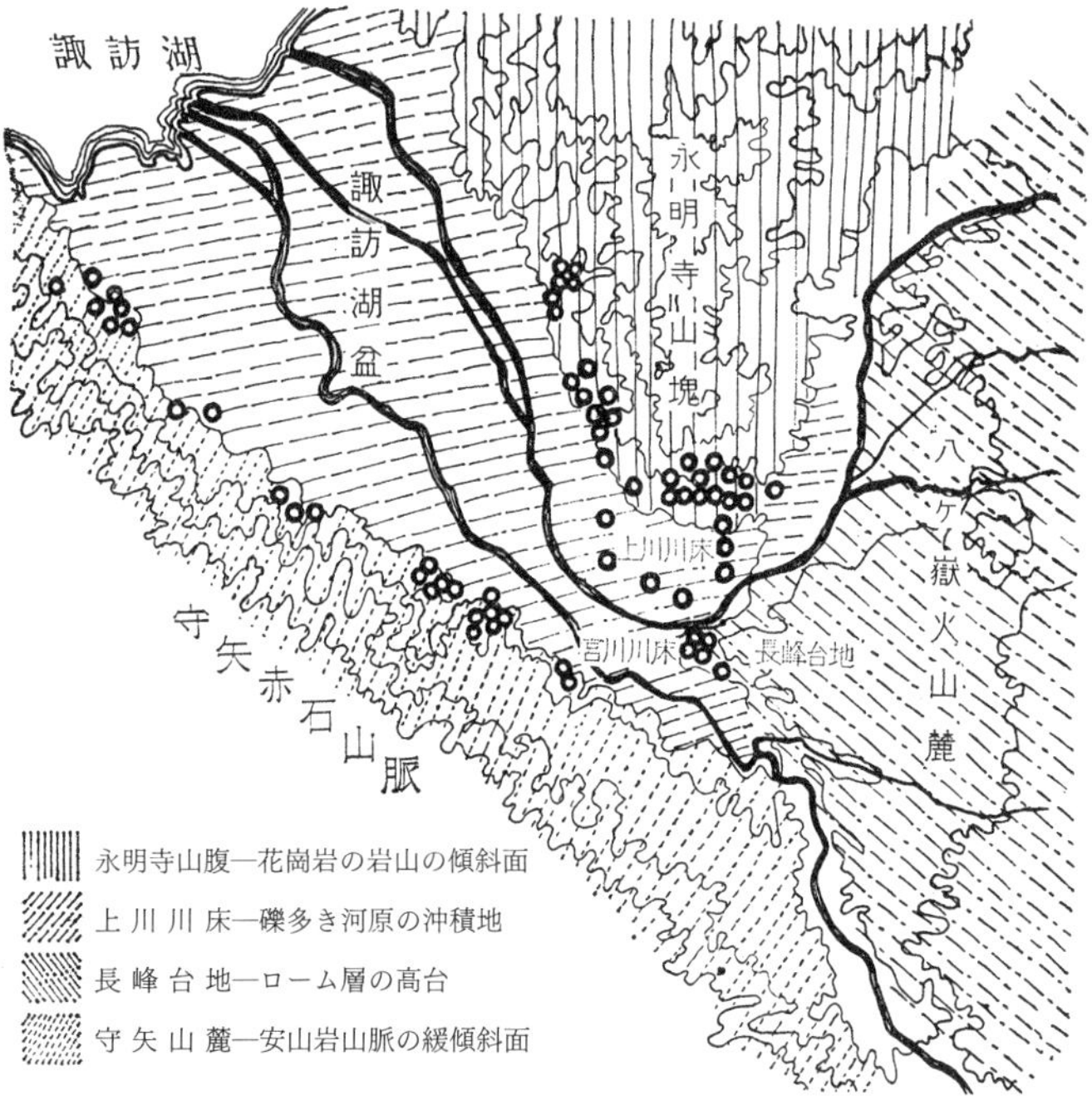

図2　四墳墓群とその立地

りながら諏訪湖に注いでいるのが地貌模型《リリーフ》の様に浮き上がって見えて来よう。

　裾野の南、甲斐境の富士見高原附近から幾多の細流を集めて、矢口川、弓振《ゆみふり》川がこれに加わり、断層谷を一散に湖盆へ向かう宮川の流域が、この地方での南山裏で、こうして見ると南山裏の水は一気に流れくだって高部辺で赤石の山壁を避けてぐっと折れ沖積地の真中に流れ出ているが、あるときはきっと山麓の、そこに栄えた諏訪神社を中心とした氏族のいくつかの村落

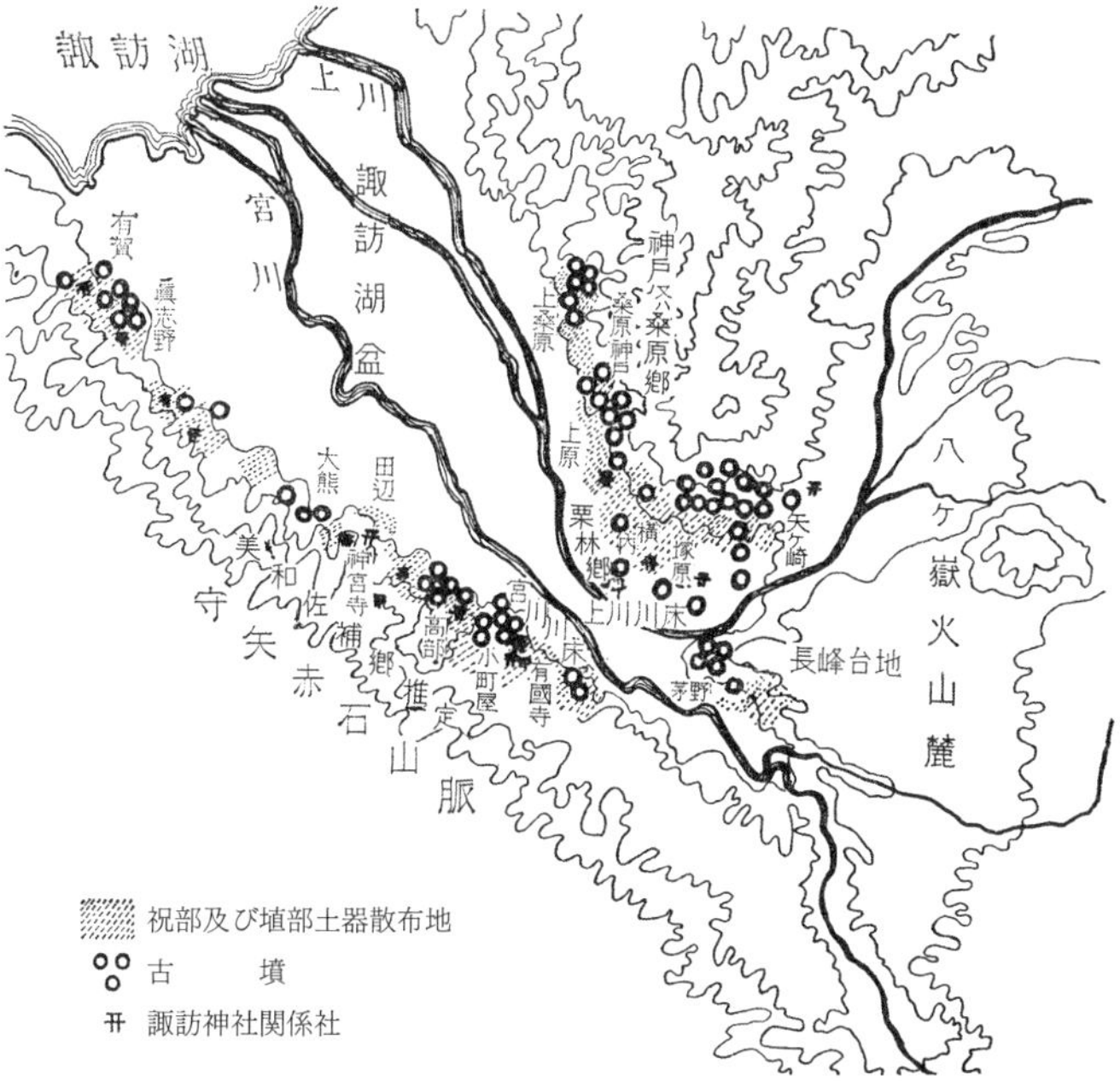

図３　四墳墓群と古郷及び聚落遺跡

の辺りを、宮川はめぐっていたものに相違ない。赤石の主峯守矢山は頂の尖った裕《ひろ》い山貌の山で、中腹以下は欝蒼たる原始林に覆われて見えぬが、その中には南方刀美《みなかたとみ》神社、現諏訪神社上社が鎮座していられる。

いま一つは、今は宮川と併行して湖盆に入るけれど、この山脈の一番北の蓼科山の深山《みやま》の黒生《くろふ》（原始密林）より、その裾野の北の縁に一番大きなU字谷を拓いて、一帯の湧水渓流、音無川・滝之湯川・渋の湯川・横川・鳴岩川をも加え、今になお盛んに沖積を営みつつある上川のその流域を、岳麓北山裏と人等はいうのである。

南山裏と北山裏の咽喉《いんこう》、二つの山脈の突出に挟まれたその狭間《はざま》の、そこに南山裏の水を集めて守矢山麓を流れる宮川と、北山裏の水を聚《あつ》めて永明寺山麓を繞《めぐ》る上川の二川が、ぐっと寄り添って、諏訪湖盆の東北端の山腹にわずかな沖積平野を拓き、広大な火山台地の唯一の通路をば握っている一地域こそ、私の本論考の資料として選び採った特殊古墳地帯なのである。

まず古墳の分布群の存在よりすれば、この地峡に、東の霧ヶ峰高原の突端となって突出している永明寺山の、全山累々たる花崗岩の露頭に覆われた急峻の山腹と、上川が古い湖盆に注ぐまでの古い沖積地と、北山浦火山台地の突端長峰台地と、今の永明寺山に相対して西の山壁守矢山麓の細長い傾斜地との四つの立地に分けることができよう(1)(図2・3)。

墳制と聚落

1 花崗岩の巨塊がいっぱいに露出している永明寺山は傾斜が急峻であるために、かえってその斫《はっ》り出した石材は搬出が容易であり、また人里にも近い理由から今も盛んに斫り出されて、花崗岩の少ないこの地方のみかげ石材を一手に供給している。おそらく古い過去においても、転落させることにのみよっても相当な石材の集めうる利便、それは非常に重大な墳墓構築上の理由であったに相違ない。

永明寺山の西南腹には今なおいくつもの小さな石槨《せっかく》を持った墳墓が散在していて、その石塊の集団は点々二十数個所を数えることができるのであるが、古くはもっとおびただしい石槨墳が群集しておったものに相違ない。またこの小石槨等は石材屋にとってもかっこうな獲物だった。今やなんら墳墓としての考慮が払われることなしに、平然としてあばかれ斫り出されて行きつつある。それに過去この山腹の開拓期にあって、桑の山畠を拓くにあたりすでにこれらの石槨はたいそうな邪魔物であった。わずかな墳土も持ったり持たなかったり、しかも一様に南向しているその横穴式石槨は発《あば》くのに誠に好都合で、村人にしてもまったく塚を発く観念と異なった気易さで、なんらの信仰も畏懼《いく》も与えることなく、大半は毀《こぼ》たれて、段畠の石垣に築かれ、あるいは段畑の小礫の積石場《やつか》に利用される有様であった。

その呼称にしても一つ一つ固有名詞を与えられるような場合ははなはだまれなことであって、多くは一様に「矢穴」と呼ばれて来た。矢穴については鳥居博士はそれを発くに際してきまって多くの鏃が出るからだと云われ、または往古火箭《かせん》が降った折りに逃げ隠れた跡じゃと説く里人もあるが、この地方で云う「やっか」であって、一般に積石を表現する言葉から転じた「矢穴」と考えるのが穏当であろう。事実累々たる露出石槨と、まれにそれを覆った細やかな小石の山は墳墓という観念とはおよそ遠いものではあった。とまれ、この山の小古墳墓群が、金堀塚や金鶏塚の魅力をも、また王塚や何々神塚といった荘厳な威崇にも価しないものであったことは事実であったのである。

そうした状態であるために、矢穴が当初どんな程度の墳土機構を有したかについて確認するべくもないが、現在墳土を有する若干例、四賀村上桑原四ッ塚・永明村上原矢穴・藤塚・塚原矢穴一号によって想像するなら、おそらく石槨をわずかに覆うに足る程度の不整型の小さな礫がいっぱいに混じった土饅頭であったに相違ない。四ッ塚・火雨塚の例より推せば墳土に一本の植樹を持つことは何か墳墓構築のときよりの一習慣であったもののようにも思われるのであるが、それ以外墳土には円墳、方墳といった風な築造意識は働いておらないもののようで、同様に墳湟《ふんこう》や墳堤の痕跡はまったく見ることができない。

その石槨は従来の石槨観よりするならば、当然竪穴式石槨ではなくて、横穴式石槨に属すべきものだが、荘大に構築されたいわゆる石室とはおよそ性質を異にして、板状または平たい岩塊を横積みにして側壁及び奥壁を築き、二枚もしくは三枚の磐石が天井石としてそれに架せられ、はなはだしきに至ってはその内壁の高さ二尺、長さ六尺、側壁間内径三尺に満たずそうした場合はまさに木棺の外側をなす石箱と考えるほうが当たっているものすらある。

矢穴の場合おそらく最大と思われる塚原一号矢穴が、約石槨長さ一八尺、幅九尺、高さ四尺に過ぎず、大型の磐石こそ使用しているものの、平均は一〇尺・四尺・三尺の長方形のきわめて粗造の石構と憶えば足りる。石構内には木棺を収蔵したことは矢穴、四ッ塚共に鉄釘を残していることで明白である。矢穴式横積み石槨墳について特異例をあげるなら、永明村矢ヶ崎西入第一号墳は石槨機構が比較的大きく、墳口は不規則ながらも一面の小口を揃えた割石を横積みにしているが、二枚目からの側壁は平盤状の岩石を竪に積んで壁状に造っていた。奥行一二尺、間口五尺、高さ三尺五寸、現在墳口だけは無事であるが、側壁及び奥壁の竪積みの部分は両側方からの土圧でべちゃんこに内側へ潰れている。平積みより竪積みの方が築造に当たってはより大いなる労力と技術を要したろうことはいうまでもない。四賀村上桑原横道の古墳もそうした竪積みらしく今わずかに側奥壁の一部を残している。

さて、こうした矢穴式ともいうべき小平積石槨墳の群集、すなわちこの山の手の墓地の位置、墳墓立地はどうであろうか、これとても山腹いっぱいに広がっているわけではなく、石材の露出がより豊富であっても東北麓の米沢村よりの方面には存在した痕跡すらないので、その密集地帯は永明村矢ヶ崎区の西から、塚原・上原・四賀村神戸・桑原区に渉る西南腹一帯である。これらの墳墓立地をば従えた聚落立地はやはり桑原・神戸・上原・塚原・矢ヶ崎の一帯に求むるのが至当であろう。これらの山腹が宮川上川の洪積湿低地に臨んで、渓口の小扇状地の連続する台地に、住居阯として明瞭な遺跡は見いだし得ないが濃厚な祝部《いわいべ》及び埴部《はにべ》土器片の散布地であって、その土器は巨大な甕の破片を最多とし、埴質高坏、蓋坏、特にも新しい黄緑釉の施されたもの、蓋盌《ふたわん》の破片も少なくなく、古墳出土土器とまったく異なるところがない。人文地理学及び郷土史学の立場よりするも、例えば諏訪地方の篤学牛山秀樹氏の論文によれば、この地方村落の創発的な原始村落の例に、山麓ファンの上に発生した最も典型的なものの一つとして、この一帯の地域を例示している。

古い聚落がかかる地形以外に発達しない理由はないが、遺跡の上から推しても多いことは否定できない。上原・神戸・桑原は中世において諏訪地方の武力的君臨者であった諏訪氏の根拠地荘園の傾向を持った諏訪最古の街村の一つであった。田中阿歌麿、三沢勝衛氏等により、上原がこの地方最古の聚落として、国造所在地に擬せられた説はまさしく不可であろうが、この一連の土器散布地である聚落立地は、矢穴式古墳群この山腹の墳墓立地を作った厳然たる一氏族の村落集団であろうと信じられるのである。この聚落立地は今なんらの歴史的な記念物も残していないが古来諏訪神社の神氏族である上社の大祝《おおほうり》の、その神家の支流に属する神氏をば率べた信仰的中心勢力が、多く湖の湿低地を隔てて守矢山麓に多かったのに反して、この地には多く諏訪氏のうち、兵馬に携さわった氏族の事跡が多かったのである。

古文書に現われる資料としては中古を溯ることはできないが、例えば上原が諏訪小城として巨大な荘園を形成した基礎が、すでにこの祝部土器散布地の生活立地と、矢穴式の墳墓立地の包含した生活のうちに萌しておらなかったわけがない。上原に近接した桑原及び神戸は、『和名抄』の桑原郷、神戸郷に該当するので諏訪大神の旧神封であることも、信仰勢力から発展して行く、経済的・政治的実勢力の背景を持った一氏族の集団荘園を偲ばせてはなはだ示唆的である。この古郷はおそらく桑原・神戸・上原・塚原・矢ヶ崎の『和名抄』以前の聚落を、律令制村落の集団にまとめ発達せしめてできあがったものであろうか、ここにおいて重大の意義の下に甦って来るのは唯一の考古学的事実である矢穴式古墳の様相である。巨大ではあるが無細工な石蓋に、尖頭鏃・無荘《むそう》大刀・轡等きわめて尚武的な、色彩に乏しい武器馬具を葬った群集墳は、その氏族聚落の生活に直属してその部族的な生活意識をば反映しているのではないか。

2

かかる開拓的な考察の乱暴さは考古学者諸賢のまさに顰蹙《ひんしゅく》に価するだろうが、先に述べたごとくまず祝部式時代において、この一地域に一様相の墳墓しか、幸いに営まれておらなかったらしい事実は、偶然にもなお吟味さるべき方法であるにもかかわらず、私の所論を充分に成功させてくれるものであった。それに矢穴式古墳とこの永明寺山麓の原始氏族聚落を半ばでっち上げるようにして、一組の生活立地と墳墓立地に組み立てることは、この一例のみとすればさすがに私をも絶望せしめたであろうが、墳墓が丘陵山頂に独立する個性的な威厳を保った時よりくだって、古墳築造の末期に近づき、生活立地に附随したその所有地に経済的に有利な方法、型式及び石材をもって、一巻《まき》の墓地を営むことが全国的な現象になってきた一傾向と同様に、私の扱った二、三の墳墓立地もまた、密接な関係において生活立地としての古い聚落を随伴させている事実とそれに、当然なる偶発事象としてこの地に新しい一時期しか古墳築造が行なわれなかったこととが、大いにこの私の荒くれた考古学を力づけてくれたのであった。

今度は岩山の山腹の場合に引き換えて、沖積平野、川原の古墳墓の立地について考察してみよう。図2・3に示したように上川の沖積地にはわずかに永明村塚原・横内地籍の川床の一部のみではあるが、なお二、三の古墳が点在しているのである。まず川上から王経塚《おうぎようづか》・塚之腰古墳・大塚・姥塚（古くは馬場塚《ばんばづか》）・一のつぼ・塚の腰古墳などがそれである。第一に山の手の墓と比較して、注意しなければならないのは、川原の墓が一様に墳墓としての尊崇を失わず、また事実そうした取り扱いを受けて来たことであった。

たまたま明治二十四年五月、ふとした機会から大塚が発かれ、続いて二十七年中央線の開通からやむなく姥塚が取り毀たれてからは、里人もその遺宝に驚き一種の古墳発きの流行ともなって、この地方ではいくつもの古墳が空しくなったけれども、後に来るものは一種の崇れであって、もちろん、区の共同した企てではあったろうが、久しいこと鎮霊祭を行なったり、発掘品は鄭重に記録保存され、何とはなしに神宝として氏子総代のこれを捧持して来たところを見ても、山の手の矢穴の受けた待遇とは大変な違いようであった。横内塚の越古墳は同区五味氏の祝神であり、その他もまた古来幾度となく好古の士によって、その墳墓の主の考証され、例えば大塚は建御名方神の子孫で国造になった何やら様の墓じゃといった風に、神格化して畏崇《いすう》されて来たことは事実であった。それらの配置もまたおのおの独特の位置にあって群集せず、その墳土の状態も、墳土の残存している王経塚・塚之腰古墳の二墳は山の手の墳墓に対して必ずしも大規模ではないが、大塚に至っては最も大きく、それに此塚は墳湟をも繞らせていたりするのである。

さて山の手の墳墓が、その立地を、巨大なかつ扁平な花崗岩塊の露出を理由に、永明寺山西腹に選んで、矢穴式の横積み石槨墳を築造したと同様に、上川川床を選んだ大塚式古墳もやはりその地域に掣肘された特殊の石槨を構築した。まず最も完全に残存する王経塚・矢ヶ崎塚の越古墳について見れば、その墳土の頂近くに丸い岩塊で一段に築かれた丈の低い石槨を有する。これはあるいは竪穴状の石槨かもしれない[2]、というのは王経塚は未発掘であって、わずかに天井石らしい二個が露出しているのみであるが、塚の越古墳には明らかに、開口部も、奥壁部も判別が困難であるし、現に大塚は発掘記録によれば、大きな礫塊でかこんだ長方形の石構にそれを覆った礫積みのドームであって、内には木棺を収蔵したものか五寸余の鉄釘数本を残し、更に径一尺内外の川原石（現在古墳阯に多く残存しているまったく上川の川原礫である）でいっぱいに墳土を築構された明らかなる礫墳で、いわゆる横穴式石槨とは趣きを異にした竪穴状の石槨であった。その状態を最もよく残したものは、宮川村高部ホウソノ神塚である。この塚は

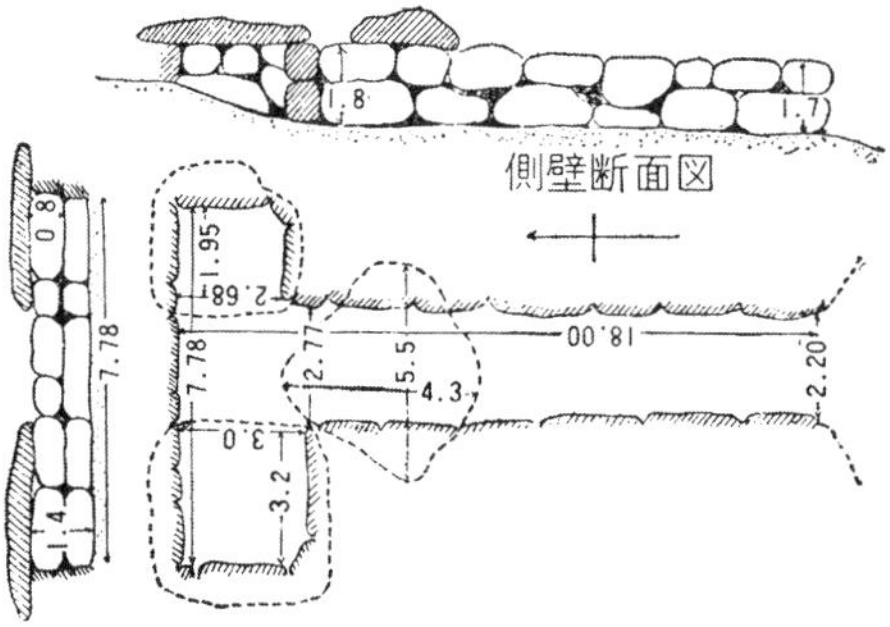

図４　上川川床及び長峯台地古墳群の礫槨墳
ホウソノ神塚

今、石槨のほか残存しないが、その石槨は川原石の礫塊を二段に構築した石槨であって、丁字形に羨道と玄室らしいものを現わし、また型式は横穴式石槨の制を止めているが、正しくは丈の低い礫積みの横穴状と見るべきであって、天井石を残している点大塚とは異なるものには相違ないが、宮川の旧川床に近い川原の古墳としての築構の意識はこれを等しくしている。また姥塚も礫積みの奥深く低い丁字形石槨である点、天井石を残す点、ホウソノ神塚とまったく同一構造のものと推定される。仮に天井石の若干はこれを山腹に求めたにしても、旧川床の平地を立地とした一型式の古墳の群はやはり原則として川原の礫を用い、また誠にそれらしい構築上の掣肘をかぶっていたものと考えるほかない。宮川上川の川原に無限の礫があり、また上川上流の断崖長峯丘陵の洪積層の下底に近く、層をなせる礫が包含されておって、川原に転落して累積していることが、かかる墳制の行なわれた直接の原因であったに相違ないのである。

山腹の墓地が磐石積みであり、川原の古墳が礫積みであったことは末期古墳相として他地方においても、あるいは横穴式石槨墳となり、横穴式土墳となることと同様に差し支えないし、またこの群の古墳が古墳構築の最末期に位置せられるべきものであって、奈良期をばくだるものであろうことは、すでに特殊な遺品を取り上げずとも、最も一般的な危な気のない遺品の研究によって推定して来たが、更に特殊な副葬品によって考察するなら、その墳墓に包含された生活の様は、山腹の墓地とははなはだしく異なったものであった。大塚・姥塚の馬装が比較的整美しており、大刀も若干は装われ、装身具がきわめて多いのに引き替えて鏃等が少なく、仏教遺跡に多く見るごとき大塚の銅鋺[3]、姥塚出土の奈良時代以降の青銅銙《か》だとか、はなはだしきは姥塚の二面の高麗または平安初期に擬せられるべき和鏡、瑞花双鳳青銅八稜鏡・葡萄唐草青銅鏡だとか[4]、そうした仏教的な色彩に富んだきわめて特殊な遺物を出す点は、まさに注意すべき意識を持つものといわねばならない。墳墓の制が礫積みであり、また遺物の中に多くの帰化人的要素を包含することは深甚な意味を含むものである。

3　ついでにいま一つの立地の場合を加えてその現象を説明すれば、長峯洪積台地の突端の宮川村茅野区上の山にも五つの群集墳、四ッ塚A・B・C・Dと塚屋久保の金鍔塚《きんつばづか》がある。上川はその直下を流れているから、礫の蒐集にはさほど不自由ではないが、山腹の巨岩は川一筋越したここでは入手ははなはだ困難であったに相違ない。四ッ塚A・Bは川床の墳墓と同様に礫槨墳の、竪穴状の細長い石構をやや大型な天井石で覆ったものであって、礫は発掘趾に積まれ、石壇をなして神社を祀っているが、四ッ塚C・D塚及び金鍔塚は無石槨土墳であって、特にB塚よりは六寸に及ぶ巨大な鉄釘を出しているが、その存在からも木槨墳と推定され、前者の既定の論法から行くと誠に洪積台地にふさわしい墳墓の一型式としてうなずかれるものであった。

四ッ塚も金鍔塚も、大塚の発掘に引き続き宮川村茅野区の手で行なわれたが、その一帯は由来茅野区の尊崇厚い地であって、A塚上には同区原氏の巻《まき》の祝神が、B塚上には五味氏の巻の祝神が、C塚上には茅野区の四ッ塚神社（四ッ塚様）が勧請され、D塚は実に四ッ塚神社の奥院と称されたほどに古墳そのものが神格化して、神社の形態をばとらずに祭事の重要なる要素となり、祖先そのものとして祀られて来た古い姿なのである。

四ッ塚古墳群は比較的優秀なる馬具を副葬していた。大塚式の築造をしているホウソノ神塚と共に、鏡板の鍍金装飾された轡の、この地方では数少ない例も出しているのである。四ッ塚古墳群が明らかに古い諏訪神氏の一つである茅野一族の墓地であり、その茅野がほとんど湖盆平地の東端にあって、宮川による南山浦八ヶ岳山麓南半の咽喉を押えた要地であることは、ちょうど大塚式の平地の古墳が、やはり氏族聚落の集団であった横内・塚原・矢ヶ崎の、同様な時期の土器を出す多くの住居遺跡すら持った聚落の集団に対する墓地に擬せられて、上川の峡《はざま》に北山浦八ヶ岳山麓の北半の入口を扼《やく》しているのと同様に、非常に重大な経済的意義を持つのである。

今、諏訪地方の交通図を展げるなら、八ヶ岳山麓のいわゆる南北山浦の水系はすべて集まって上川・宮川になりこの地峡を通る、同様に道路・バス路線すべての交通機関が南麓は茅野、北麓は塚原・横内・矢ヶ崎の各聚落に集約されているが、その当然の結果として、岳麓の物資の集散は、ことごとく、この小街村の把握する所である。古いこの二つの聚落立地は、実にこうした重大な経済的意義を発生時より持っていた。しかしながら岳麓には今特殊の二、三を除いて古墳期の遺跡遺物をほとんど見いだすことができない。縄文期においてはおそらく日本有数な大聚落群集地をなしておりながら、古墳期においてはまったく忘れ去られた草原に帰したのであろうか、ここに当然連想させるものは『延喜式』の御牧山鹿・塩原の牧である。山鹿が北山浦を中心として八ヶ岳西麓一帯であったろうことはもはや疑いない。事実、経済上の農耕民的な採算の問題を除いたなら、今にこの火山裾野ほどすばらしい放牧地があろうとは思われないのである。中世以来、新田開発の農耕政策に追い上げられて、文化圏の外殻に出て行くその原則に従い、牧場は遠く八ヶ岳の頂近くまで登ってしまったが、近世なおこの地方の農村は飼馬数においてだんぜん他に抽《ぬき》んで、『延喜式』より引き続いては『和名抄』の大塩の牧も、その文化圏の外殻へ外殻へと伸張して行く一連の地域の利用価のカテゴリーであった。しばらく馬の文化の意義について、書かずもがなであるかもしれぬが、私の考えを整理する意味でも書き抄《す》いて見よう。

乗馬が古代日本の遺産でないとして、我が上代、馬は色々の文化的土産物をぶら下げて我が国へやって来たのは西日本の古い古墳のこれを示すところである。そしてすでに大宝令が出てから二十年目の養老五年には飼馬制限令が布告されて、みだりに馬を飼うことを禁じてさえいる。この時分の馬の流行は非常のものであったに相違ない。この巨大な生産的な家畜は、おそらく辺土よりする奴隷の獲得と共に、人士の心を奪うに充分であった。その馬匹獲得熱、朝廷の馬匹常備の緊急性はよく近都の牧のこれを満たし得ざるものであった。おそらくはこうしたことも原因で、一つには新しき政府の領地確保・奴隷獲得による生産力の拡充の強い意志力が主となり、なお文化の外殻へ外殻へと張り出して行く牧場の必然性とも相いまって、上代の武器馬具の古墳文化の東漸は開始されたのに違いはないのである。

もちろんすべての古墳が牧と共に伸長したのではないが、東国において古式古墳にはあまりにも少ない馬装具と、おそらく馬具武具を除いたら何が残されるか疑われるほどの新式古墳との対照を見たら、何としても理由の出発点だけは明白である。特にも信濃は奈良期における官設牧場の中心地であった。式内牧場についても、信濃・甲斐・上野・武蔵以外が貢馬国とは定められながら、その定数もなければ、また貢上の例も見当たらぬ繫飼《けいし》牧場であるに反して、放牧の四カ国は朝廷貢上の年疋数二四〇疋を全部分担し、事実上此等四カ国は奈良朝文化の外殻に形成された馬匹の欠くべからざる供給地としてこそ独自の重大な経済的意義を持っていた。

その筆頭がすなわち信濃であったのである。

式内牧場

山国——**甲斐**、三牧、貢馬六〇疋、**信濃**、一六牧、貢馬八〇疋

海道——遠江、駿河

関東——相模、**武蔵**、四牧、貢馬五〇疋、上総、**上野**、九牧、貢馬五〇疋、下野、常陸

中国——周防、長門

四国——伊予、讃岐（太字は放牧、細字は繋飼）

「天平十年正庚午朔信濃国献神馬黒身白髪尾」の『続日本紀』の記載を始めにして、信濃の国の国史に見ゆる事件のうち、延暦頃から長元頃までの重要記述は、大略御牧の記事に満たされている。おそらく貞観頃から延喜頃までの平安期が信濃の官牧の真に隆盛期であったものであろう。『類聚三代格』巻十五の大同三年の左右馬寮の水田の2／3は信濃にあった。また大宝厩牧令によっても明白であるが一疋の牧馬にも馬方、草刈人夫その他牧場附属の人民を二人は要した。馬糧の田畑、属官の田畑、それに附属した経済的価値は、嵯峨帝の弘仁年間牧監をば初めて置かしめ、文徳帝天安二年五月十一日には更に一員を加えしめた。その包含する経済的意義また憶うべしであろう。

とまれ、かようにして馬牧を中心にした一つの生活単位が、はなはだ朝廷すなわち畿内文化

と密接な関係に置かれつつ生長して行ったのである。私は牧監駐在の地を求めるの愚はあえてしないが、この四ッ塚古墳群、大塚古墳群を伴った馬牧地帯の咽喉の生活立地が、奈良期あるいは更にくだるべき頃のものであり、かつ古墳の型式が信濃の大族である安曇郡の安曇氏に深い関係ある古墳、及び海人族の拓いた遠江渥美郡のそれとも似た礫積みの狭長にして低き溝状石室であって、更にその構築様式は西日本一般に見いだし得ると共に、その素を高句麗その他に求め得べく、同時に出土遺物がまず馬具の豊富さを第一に、ある意味ではより富を現わし、また異なった意味でははなはだしく渡来文化に刺戟され発達しつつある都の色彩を漂わせていることなどから、西方に深い関連を持つおそらくは帰化人またはその文化の下にある一族が朝廷の勢力の一端ともなって、馬飼なる一つの部をば大いに牛耳り、ここにすぐれたる経済生活を営み、いかにも僻陬《へきすう》らしい呑気さで、石室古墳築造の末期様式を後までも墓として、一生活立地を確立しておったものと信じるのである。『令義解』によるも諏訪そのものがはなはだ保守的で古い生活の形態、文化の様式を保守する傾向のあったことは明白であったのだ。

広大な八ヶ岳の高原に古墳期の遺跡のほとんど皆無であるにかんがみて、鳥居博士は諏訪に古墳築造が行なわれた時期にはその裾野はまったくの未開の地であって、御牧の塩原や大塩の牧が開拓されるのは古墳期の終滅した平安朝のことなりと説かれたが、それはまさに牧場の本質、文化圏の外殻における意義を理解されぬ謂であった。馬の牧場は過去も現今も文化圏の中枢、生活の只中に置かれることはないのである。

農耕文化としての諏訪古墳期の生活が、岳麓にその外殻として、牧場的経済意義を見いだしたことと、かって偉大なる縄文文化の狩猟生活の中心地であったことは、誠にしかあるべき当然の転変であった。すなわちこの広大な牧場地帯はあるいは『延喜式』・『和名抄』時代の塩原・大塩牧そのものではなしに、その前身であるかも知れぬが、とまれその地形・川流・交通の不可離な咽喉であり要地である上川川床・塚原・矢ヶ崎・横内の氏族聚落立地の、まさしくこれを牛耳るところであったのである。同様に長峯台地を墳墓立地とする茅野の氏族聚落がまた、宮川による南山裏の経済的要地であったことはいうまでもない。

その生活立地の論拠とても決して想像では許されない。明確な文献は残されないが、横内、塚原、矢ヶ崎の川床低地は諏訪有数の埴質及び陶質土器散布地の一つであり、その住居阯の発見されたものまた二、三に止まらず、横内一の壺、金山等はその一例として矢島数由氏によって発掘が行なわれているのである。

4 双子塚の保存された旧大熊村内に「コヤ人民」(コヤとは小屋又は古屋とも書く)と称するもの十四戸あり、力者とも称し、笠縫とも称し、或は下民とも称す。双子塚の周囲に居住を構へ、一戸に対し高三石宛合計四十二名を免租し、給与せられて該墳墓を守衛し、常に笠縫を業とし居住せるもの之あり。然る処不幸にして、追々絶家して明治年間に至りては唯僅かに五戸を存す。然るに免租の特権自然に消滅せしにより、彼等益々貧困を極め、遂に森林を伐採し且つ境内の区域を狭迫し、桑園となす等種々に苦心せしも何分活計立たざるに依り、或は逐転し、或は逃亡し、遂に家屋全滅せしにより、随って双子塚古墳の保護者無きに至りたり。――(明治三十三年八月大熊区長より内務大臣西郷従道への古墳取調上告書)

おそらくは築かれたときから今に及んで、明確に陵戸とでも云うべき特殊部民によって古墳が保護されて来たということは、この地方としては何としても驚異に価する事実であった。そうした一種の敬崇を伴って、階級的にも経済的にも絶対の権力を具備した一勢力の実体については、もちろん今にわかに知るべくもないが、発掘者によれば双子塚は二つ小山の並んだいわゆる双子塚型の古墳であって、相当に長大な横穴式石室がその連続した双子山の長軸に、直角に築かれた一つに墳制を持っていた。

その石室は今巨石を残すのみで実測するすべもないが、墳型槨型共に等しいとされている下諏訪町青塚の石室例(図5)によれば、巨石の竪横混用積みの相当大なる横穴式石槨であって、かかる双子山型の古墳が諏訪湖をば挟んで相対し、それぞれ諏訪神社の上社・下社の神域に近く特異な尊崇を留めていたことは、その墳墓の本質について軽視すべからざる暗示でこそあろう。なお双子塚においては多くの鎹《かすがい》及び釘を出していることから前各立地同様、木棺をその石室内に収蔵したものと思われる。墳型こそかかる双子塚ではないが、極似した型式の巨石積み横穴式石槨墳の一群は諏訪湖盆の西岸地方、守矢山を主峰とする赤石山脈の山稜の裾が湖辺の沖積層に投じようとする山脚のいくつかの谷側緩斜面を一墳墓地帯として少なからず存在するのである。

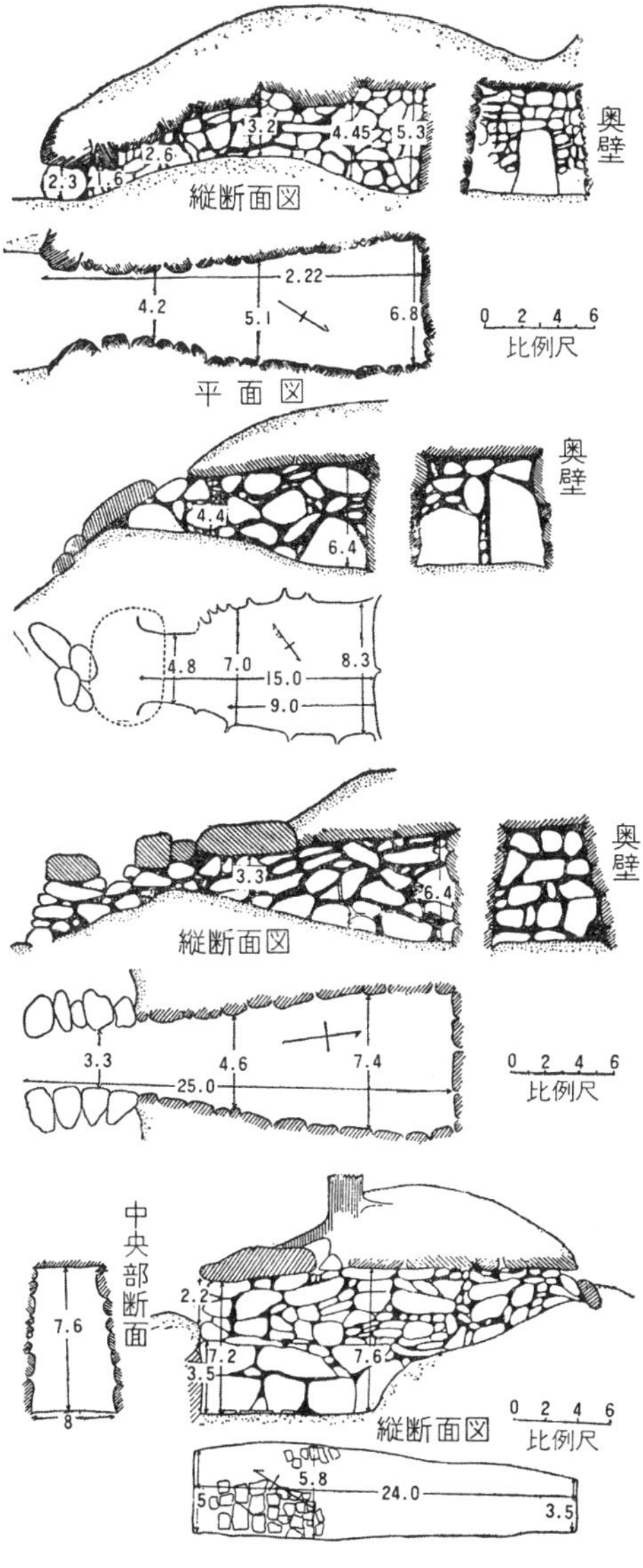

図5　守矢山麓古墳群横穴石槨墳実測図　上ヨリ籠塚　安国寺塚屋　双子塚型の青塚　神長裏古墳

まず南からするなら、宮川村安国寺籠《こもり》塚、この墳墓は諏訪湖の沖積土に迫った山脈の一支脈の、丘陵の中腹段階状の突端となって孤立している。墳型は正しい円型でその高さ一七尺、周囲一五間半、墳には小祠が祭られていたと明治二十八年の記録に見えている。一般にこの守矢山麓の墳墓の石槨は永明寺山腹のそれに比して丈高く、規模また大きく竪積み技術を応用しようとしているが、本墳もその例の一つである。

その横穴式石槨は全長二六尺、六枚の巨大なる天井石で覆われて、高さ四尺六寸五分、石室の上は全面小石で覆い、更に土盛された墳制のもので、双子塚においてもそうだが由来赤石の山脚は小渓流の土砂の泥流の一雨ごとに物すごく、双子塚附近等は唐沢の氾濫により、実に小石原のごとき感すらある。また石槨に用いられる天井石、巨石の多くはこの山腹地方に産出のおびただしい噴出岩の輝石安山岩の、比較的その重量が軽く平盤に剝げる柔らかい石で、俗に神宮寺石と呼ばれ、墓石に今もなお賞用される類である。次に安国寺塚屋古墳は実測図を掲げた（図5）。石室は多く石材を竪積みに用い、高さは六尺四寸あるが、奥行は一五尺で、それでもまずこの立地の、この墳制の最小のものだと見て差し支えない。

官幣大社諏訪神社の旧地である小町屋地籍前宮附近にも前宮を中心に数個の古墳墓がある。往古前宮は諏方《すわ》大祝《おおほうり》の居館神殿《ごうどの》がその中心をなしたもので、その内部及び周囲に散在する神社はことごとくその大祝の屋敷神のごとき性質のものであった。古代の神人分離以前において神を祀るに殿を共にするという、我が国最古の祭祀形態を後世に至るまで残存した希有の遺跡であろうというのが郷土史家の見解である。その古墳についても、郷土史の方面から代表して小池安右衛門氏に意見を聞いて見ようと思う。

「前宮本殿の後方に神陵（前宮古墳）あり。現時墳丘は存しざれども、瑞垣を構へて人の出入を禁ず。里人能くその意を体して小児と雖も古来出入せしことなしと云ふ。里伝に曰く、七十余年前神陵上に成育せる一大巨槻樹を伐採し、之を建築材料に当てんとし、終に伐採せしことあり、而もその根元迄も採取せんとし、土を発くこと数尺に及びしに、石礫累々として、其の底を知る能はざるが如き状態をなすに遭へり。此時試掘者忽ちに恍惚として、手脚戦き、肌に粟を生じて、発熱高く、各々異状を覚ゆ。仍って原形の如く土を覆ひて、発掘を中止せり。然れども、此のことありてより未だ旬日を経ざるに村主某は狂気して頓死し、随従の輩も、或は重患に陥り、或は死亡し、杣の主亦病没せり、且つ時の大祝之を見て熱病に罹り漸にして治せしこと、其の神罰の恐ろしさに今に至るまで鍼戒の談として里人の耳底に残れり。」

なお、氏は種々の事情より考察して、前宮古墳を建御名方命の墳墓と推定している。前宮という古代の偉大なる信仰勢力に附随した神陵であることは異論ないが、墳墓の主に固有名詞を与えることは少なからず無謀であると共にたいした意味はないゆえしばらくおいて、とまれその墳墓が双子塚・籠塚と同様石槨上に小石を覆った墳墓と想像されることは興味深い。その小扇状地の真中にある神陵を繞《めぐ》る附近の古墳は、ちょうど神陵を見守る位置の山腹にあって、常坊主古墳Ⅰ・Ⅱ・ヨシクボ古墳この三墳はすでに破壊、樋沢塚・山神塚は墳型・石室・大きさ共に前述塚屋に極似する。山神塚は墳土を失っているが、樋沢塚も墳土はわずかで石槨は大半地中に入っている。それらの古墳は皆その開口期が早かったか、遺物については知るべくもない。蛇塚は前宮前方の境内、神殿にあって、小発掘が行なわれ副葬品の若干が取り出された。遺物はこの地方の共通の末期様式である。(5) 墳土はきわめてわずかであるが、石室は小さいとは思われぬ巨石の片鱗がうかがわれて、石室のやや地下に深いこの地域古墳の特徴を示したものであろうと思われる。

神長官《じんちょうがん》裏の古墳は同じく宮川村高部の諏方神氏五官の筆頭、神長官居館の裏庭にあるが、亭々《ていてい》たる栗の老樹が繁茂しているほか、今はなんらの信仰もない古墳である。大正の再発掘にあたって木棺破片と、小刀子等を発見したが、特にその陶質土器片は白磁色有釉の平安以降を思わせるものであった。この石室は実測図のように広くはないが、比較的丈が高く、石室はなかば地下に、下半部の石材を竪積みに使って上半部は平積みに構築されて、墳土は低い。神長宮裏古墳と共に同じ小扇状地の上にある乞食塚は、墳土はほとんど注意されなかったが、最近道路工事によって石室が発かれた。おそらく墳土は段畠の若干小高かった畔《あぜ》辺の積石場《やっか》くらいのものであったろうが、石槨は相当大きく二十数尺以上の平面長方型の横穴式石槨で、石材は竪積み二段以上に構築されていたものらしかった。

　この古墳はこの立地における次のホウソノ神塚と共に出土品の明確な古墳とし、双子塚・小丸山古墳等と注意に留めていただきたい重要な墳墓で、特有の末期様相の諸副葬品と共に、和同開珎及び神功開宝を出したものである。(6)ホウソノ神塚はすでに大塚式の礫槨墳で述べたように、このブロックの古墳としてはやや異例であって、上川沖積地の大塚式古墳に入れるべきものかもしれぬが地域と存在位置とからは守矢山麓立地に入るべきものである。現在墳土はまったく失われているが、残存した石室型式は実測図に掲げた（図4）。大塚側から考えても、この立地の一般から推しても、沢山な小石に覆われていたものに相違ない。その副葬土器中にははなはだ末期相を表貌するものが多かった。(7)

　その他に丘陵の突端にある墳墓には神袋塚・塚屋がある。風無神袋《かざなしかんぶくろ》の神袋塚は現存しないけれど、共に平面長方形の横穴式石槨があったものである。

　少し北へ飛んで南大熊には前述双子塚を主とする塚屋、城山塚等の一群がある。高部から南大熊に至る中州村神宮寺すなわち諏訪神社神域は、伝承にも残骸にもまったく古墳を欠いているが、神域とある意味での禁戒《タブー》として故意に避けられたものであろうか。双子塚は、前述諏訪神社下社の神域にある諏訪一の双子巨墳、青塚に相対するものであって、どうしても諏訪上社との関係を考慮しないわけにはいかない。出土物は多く末期相を示すもので、土器、飛燕鏃、鎌、石製銙《か》等はこの重要古墳の年代の決定的な資料である。

北大熊と南真志野はまた墳墓の少ない地域であって、マユミ塚がただ一つ、低い湖盆の沖積地に近く未発掘で残されているのみである。円墳、墳土はきわめて丈が低いが、例によって石室の地下に深い型式ではないだろうか。ぐっと北に寄って北真志野から豊田村有賀にかけて連続した古墳地帯がまた一グループをなしている。山姥塚は大きな横穴式石室を露出して、石材は平積みであった。塚屋は同じく平たい巨岩の竪積みであった。この塚からは新しい土器と共に銅鋺を出した(8)。時間的にも永明村塚原の姥塚と並行すべきものであろう。

中沢塚・北山ノ神塚は丘陵突端、ただ一例中塚は無石槨土墳であって、後に特記するけれど、蕨手刀を出していることは注意して置きたい(9)。有賀では塚屋・小丸山両古墳が山稜の出っぱりに、女帝垣外・廊下久保塚の二墳がゆるい傾斜地にあって、共に天井石が露出している。小丸山は小字平林にある山麓の傾斜地に突出した高さ約二、三十間の丘陵で、その面積百歩余、古くは椹《さわら》等の古巨樹が鬱蒼として繁茂していた。墳上には八幡社が祭られ平林氏の守護神として、古から有賀の名族である平林氏に尊崇されて来た地域であった。大正八年、偶然の機会から墳頂に近く横穴式石室と思われる石構が発掘された。今は埋没されているが、大いなる天井石と高さ約四尺、長さ二間以上の巨石を横積みした石室と、幾多の遺物が注意された[10]。

この立地の古墳が等しく、前出の三つの立地の古墳とまた異なった守矢山麓の一帯において、その豊富ないわゆる神宮寺石を利用し、等しく比較的大規模な通例の横穴式石槨を構築しておったことは、すでにそれ自体一つの有機的関連を持った一立地として認めねばならぬ。更に遺物においても蛇塚・乞食塚・小丸山の鉇切先《かますきっさき》または鎬《しのぎ》を持った切刃造りの太刀、乞食塚・双子塚・小丸山の飛燕型または尖頭の鏃、ホウソノ神塚・神長官裏古墳・乞食塚・双子塚・塚屋・小丸山の土器の新しき型式の雑器、釉薬を認める陶質土器、玉類の新しき様相より、前三立地の古墳と同様に古墳末期に位置させることができる。それのみでなく、乞食塚における和同開珎、及び神功開宝[11]、双子塚における石製銙[12]、きわめて新しい型式の鎌[13]、北真志野塚屋古墳の銅鋺[14]等は決定的にこの立地の古墳を奈良中期以降に位置せしむるものである。更に小丸山出土の三個の銅鈴[15]、挂甲の小札[16]等も特殊遺物として注意されるべきものである。

遺物において守矢山麓立地の古墳は特異性を必ずしも強調し得ないが、対岸の永明寺山腹の立地の矢穴式古墳の実戦用尖頭鏃のみを出すのに反して、この立地の古墳は大部分非刺兵用の平根鏃を出す点も見のがすことができないし、なお地域の特異性はどうしても軽視することはできない。以上の諏訪湖南岸守矢山麓は史家によると、実に南方刀美神社、諏方神家族、及び神氏の根拠地、美和郷または佐補郷――後の諏方の庄であろうとも云われるが、その当否はとにかく、その一帯が祝部土器及びそれ以降の濃厚なる土器散布地であって、東岸の上川沖積地、及び永明寺山腹の聚落地と同様、諏訪における大きな上代末聚落地の一つであったことには疑いない。

この地には、いつか諏訪に来たりあった一大氏族群が、そのいわゆる国つ神であった洩矢神の裔《すえ》である守矢氏等と共に、その長、美和氏をば立てて、古く原始信仰のかたちで存在した大神を奉戴《ほうたい》、守矢山下神宮寺を中心に祭祀し、美和氏、(中世以後の諏方氏)・守矢氏は小町屋前宮及び高部の地にあり、おのおの大祝及び神長官としてもっぱら主要祭事を司りつつ、真志野・大熊・有賀その他の、種々の部民をも包含した各聚落すなわち大きな神家族であった氏族を従えて繁栄したものであろうが、そうした歴史そのものについてはまったく私は素人で自信は持てない。しかしながらそうした祭祀的な色彩に富んだ氏族聚落が有り得て、その生活立地に附随した墳墓立地の存在を認めることがゆるされるならば、あえてその横穴式石槨を因《ちな》みある出雲地方の切石積み石槨墳に擬さなくとも、事実それに相当する唯一の墳墓群が、神社から両側相当な区域を置いた両生活立地に近く単一の様相で散在しているとしたら、この解釈は至って簡単である。

すなわちこの地の後の諏訪神社の治外法権を持った神境、一種のアジール地帯内であった細長い聚落群は、比較的大きいが簡粗な横穴式石室墳のきわめて普通の墳形で、絶対に奈良中期を溯るべきものでない一様相の墳墓、双子塚式横穴石槨墳の築造をある時期に営んだ、一氏族の聚落立地であるのである。[17] しかもそれには有名な諏訪流鷹匠として放鷹の術の一源流[18]をなした鷹部すなわち高部、及び田部すなわち田辺、笠縫、陵戸等の明瞭なる部民をも直属せしめて疑うことのできない氏族聚落の要素を具備していた。

生活立地と墳墓

さてほぼ大差ないと思われる奈良末期前後に大略同一文化に有りながら、三つの異なった氏族が差異ある生活をこの一地域で、おのおの生活立地に立て籠って続けて行った。これこそ古墳から学びうる古墳研究の分野の新しき興味ある事実と云わねばならない。特殊な地域に恵まれて、時間的に事実が夾雑《きょうざつ》していなかったことと、僻陬特有の文化の単純性とその上はなはだしく性格的なそれぞれの生活の特異性が、幸いに私にここまで解らせてくれた。しかし私は諏訪の特殊地帯にのみこうした事象が理解しうるのだとは思っていない。他のいくつかの単位においても、ただ、従来の古墳研究のカテゴリーに対する、笑うべき先入主観ともなり根底の方向指示力となっている掣肘《せいちゅう》をばかなぐり捨てるだけで、新しい理解は更に更に確乎《かっこ》たる方法と方向をば把握し、進展して行くであろうと信じて疑わない。

　開化天皇陵または孝元天皇陵より、仁徳・応神・履中陵に全盛期を持ち、敏達陵頃で漸次衰退した前方後円墳制の、その廃絶が、かように様々な墳制の現われる一つの原因であったに相違ないと同時に、極まることを知らない巨大な墳墓造営の競争心と、それ自身の労力と資源の濫費による経済的行き詰まりを打開し、同時に階級制度の粛正確立の効果を狙って、敢行された孝徳帝の大化改新による墳墓制限令が事実上の要求とも伴って、限られた日数に限られた労力が最もその立地の経済的な方法と材料を用いて、おのおの各地方適宜な型式の墳墓構築に走らしめたものであろう。おそらくはこの地方においても直接法令の牛耳るところであったか否かは断じ難いが、とまれすでにそうした慣例化した墳墓の制を遅れて取り入れ、また末期相を搬入して入り来たり、なお各氏族が若干の故地の墓制をも取り入れながら、おのおの占居した立地に適した墳墓と生活と祭祀とを共にしておったものに相違ない。

　かかる現象を想像しうる地域は東北の柵・城阯の王朝文化最尖端の屯所を中心に、いくつか群集した火葬墳とも思われるものを含んだ小円墳あるいは横穴群、南武蔵の横穴群、千曲川中流信濃埴科上高井郡境方面の積石塚群、畿内において河内高安千塚の横穴石槨古墳群、同じく高井田の横穴土墳群、なお全国を通じて少なしとしないであろう。更に文武帝四年、僧道照によって始められたと称せられる火葬の新葬制は、古墳構築の経済的重圧をも廃して、意外の速さで伝播し、道照歿後いくばくならずして、大宝三年には持統天皇の御火葬を見た、以後一般人民のこれにならうものおびただしくあったろうことは想像に難くない。こうしたとき各地方において火葬墳と思われる石室古墳、骨壷墓誌銘を伴った古墳、または古寺院を繞って群集する古墳の群が行なわれて来たのである。

かように古墳そのものの研究は、まさに畿内・上野・九州その他において、豪然たる巨墳の分析によって一つ一つ闡明《せんめい》されて行くべきものであろうが、生活立地における古墳墓の意義、墳墓本質の研究は、かかる単純性を持った僻陬の古墳群の地域的研究から開きほごされて行かれるものではなかろうか。

【資料】

（1）◎永明寺山腹の墳墓立地

▽**四賀村上桑原四ッ塚**　**太刀**　ふくら切先切刃造りの太刀（細身若干反あり）、鋒切先平造りの太刀、有窓倒卵形鐔、木鞘麻布巻きの太刀外装　**鉄鏃**　尖頭鏃（片刃根、ノミ根、片刃小爪）　**鉄釘**　**馬具**　轡、鞍附属鉄金具、鉄鉸具　**陶質土器**　蓋、茶碗型碗、蓋坏、上り底の坏　▽**永明村塚原矢穴三号墳**　**太刀**　鋒切先平造りの太刀十口　**鉄環**　**鉄鏃**　尖頭鏃　**鉄釘**　**陶質土器**　瓶、玉類　臼玉、金環

◎上川川床の墳墓立地

▽**永明村塚原大塚**　**太刀**　鋒切先平造りの太刀、有窓及び無窓鉄鐔、鉄製円筒柄頭、頭椎式柄頭用

鉄製切羽、小型銅製装具一セット、銅地鍍金鎺《はばき》、縁、鞘口、鞘責、鐶付足金具　**鉄鏃**　尖頭鏃少なく平根鏃多し飛燕型のもの、**馬具**　轡、鐙、鐙吊鉄鎖、鉄鉸具、鞍金具四方手、**鉄釘**　約五寸多数　**陶質土器**　高坏、茶碗坏　**埴質土器**　高坏　**玉類**　赤瑪瑙、勾玉十九個、出雲石勾玉、蠟石勾玉各一個、出雲石管玉二個、水晶切子玉二十九個、青硝子丸玉小玉六十八個、**金環**七個　**銀環**二個　**銅鋺**　▽**永明村塚原蛯塚**　**太刀**　魳切先平造りの太刀、ふくら切先切刃造りの太刀（細身若干反あり）、無窓鐔、頭椎式柄頭用鉄切羽、銅地鍍金薄板　**鉄鏃**　平根鏃、尖頭鏃　**挂甲小札**　**馬具**　轡、雲珠　**陶質土器**　台付盌、吸壺、茶碗型坏、高坏　**埴質土器**　器台、高坏　**玉類**　**金環**　**銅製帯金具**　**和鏡**（平安期か）

◎長峯台地の墳墓立地

▽**宮川村茅野上の山四ッ塚**　**太刀**　魳切先平造りの太刀、ふくら切先平造りの太刀（細身）、小刀子、鉄鐔（有窓、無窓）　**鉄釘**（巨大にして六寸）　**鉄鏃**（平根鏃飛燕型）　**馬具**　鏡板付轡、その他　**陶質土器**　破片　**玉類**　赤瑪瑙勾玉十個、出雲石勾玉、蠟石勾玉各一個、出雲石管玉三個、水晶切子玉六個、ガラス小玉、丸玉平玉　**金環**　**銀環**　中空厚き金張りのもの　▽**宮川村茅野塚屋久保金鍔塚**　**太刀**　魳切先平造りの太刀、鉄鐔（有窓無窓）、鉄製切羽、縁金具　**馬具**　鏡板、雲珠、鍍金馬具金具、鞍覆輪金具

◎守矢山麓の墳墓立地

▽**宮川村高部ホウソノ神塚**　**太刀**　残片　**馬具**　鏡板付轡、杏葉　**陶質土器**　子持高坏、茶碗型坏　**埴質土器**　盤、長頸坩、坏、茶碗型坏　▽**宮川村小町屋神殿蛇塚**　**太刀**　魳切先平造り太刀、ふくら切先切刃造り太刀（細身反あり銅装具を伴う）　**鉄鏃**　平根鏃飛燕型　**陶質土器**　破片（白埴色のもの）　▽**宮川村高部乞食塚**　**太刀**　魳切先平造り太刀、有窓鐔　**鉄鏃**　平根鏃飛燕型一個あり　**馬具**

轡、辻金具　**陶質土器**　長頸瓶、**埴質土器**　坏、器台　**玉類**　瑪瑙勾玉、硝子丸玉小玉　**金環**　**貨幣**　和銅開珎、神功開宝　**▽湖南村大熊双子塚**　**太刀**　残片、無窓鐔、鉄足金具、小刀子、**鉄鏃**　平根鏃、飛燕型のもの、尖頭鏃片刃根、ノミ根　**鎹**　**釘**　**馬具**　轡、鉄製鉸具、鍍金辻金具、壺鐙附属金具　**陶質土器**　蓋坏、蓋、坏　**埴質土器**　高坏　**玉類**　瑪瑙勾玉五個、出雲石管玉三個、水晶切子玉三個、硝子小玉、金環細き小型のもの　**鎌**　**石製鋳**　**▽豊田村有賀小丸山古墳**　**太刀**　魳切先切刃造りの太刀（広刃反なし鐔を装備す）、魳切先切刃造りの太刀（細身短く若干反あり）、ふくら切先切刃造りの短刀、無窓鐔、**鉄鏃**　尖頭鏃（片刃小爪ノミ根）　**挂甲小札**　**馬具**　轡、輪鐙、鏡板、杏葉、辻金具、雲珠、鉸具、鞍金具　**陶質土器**　台付坩　**玉類**　硝子丸玉、小玉　**馬鈴**　銅製素紋、有紋鍍金

（2）西日本においても、かかる群集墳は少なくない。墳型は小さく高さはきわめて低い、木棺あるいは陶棺を主体とし、石室はもちろんいわゆる竪穴式石槨ではないが、それにしても横穴式石槨というよりは木棺をまたは陶棺を囲んだ石箱であって竪穴状石槨という方がむしろ当を得ている。鏃は飛燕型その他の平根鏃、刀は魳切先などを出して末期古墳様相の一様相をなしているものである。

（3）銅鋺発見例の二、三について、

一、大和添上郡東市村横井、銅鋺は白銅質、型状は姥塚例に極似している。伴出遺物は飛鳥期の金銅菩薩立像・唐式白銅鏡・和同開珎・万年通宝・隆平永宝・皇宋通宝・刀及び銅製刀装具等で、仏教関係遺阯である。その他寺院阯出土例数少なくない。

二、山城葛野郡嵯峨村上嵯峨長刀坂銀鋺二、金銅骨壺二、仏教関係火葬墓遺跡の例。

三、信濃諏訪郡永明村塚原大塚　青銅鋺一個、礫積末期古墳出土例。

四、信濃諏訪郡湖南村北真志野塚屋古墳　青銅鋺一個、大塚例と同型やや大きいもの、伴出遺物は

鮪切先太刀、埴質高坏、器台、瑪瑙コの字型勾玉、水晶切子玉等、末期横穴式石槨の出土例。

五、相模鴨居島ヶ崎横穴土墳　二個所よりやや小型の銅鋺を出す。伴出遺物は鉄製圭頭柄頭付太刀及び附属鉄装具・尖頭鏃・刀子・鹿角製刀子柄・祝部土器平瓶・坩・提瓶・高坏・坏・蓋坏、埴質土器坏・高坏・碗（土器類は共に釉薬窯印等により奈良朝以降のものと思われる。）玉類・瑪瑙コの字型勾玉・出雲石管玉・水晶切子玉・玻璃丸玉・小玉・土製小玉・琥珀棗玉・銅釧・貝釧・銅鈴・六朝乳文鏡（仿製鏡）等、奈良朝墳墓の一型式としての横穴における出土例。

六、武蔵埼玉郡埼玉村将軍塚　銅鋺有蓋かと思われる。伴出遺物は直刀・鏃・挂甲小札・玉・鏡鐙・轡・雲珠その他、馬具及び鑷鉄金具に銀象嵌あり、詳細不詳、大型円墳火葬蔵骨器を収蔵する例か。

七、武蔵北埼玉郡太田村若小玉八幡山古墳　銅鋺径四寸七分・高三寸二分・塚屋古墳例類似のもの、伴出遺物は直刀・鉄鏃・俵型陶質土器、金銅八花型環を伴う鐶座、横穴式石室の複式構造を有する円墳、埴輪なし、乾漆棺片を出す推古期以降の古墳出土例、「考古学」六ノ六参照。

八、下野足利市公園麓の古墳　銅鋺大塚例に極似す。伴出遺物頭椎太刀・鉄兜・鞍金具（全面銀象嵌の鉄製覆輪金具）、輪鐙・鐙頭鎖、横穴式石槨円墳出土例、丸山瓦全氏「栃木県報」二一参照。

九、武蔵北部の古墳においては多く銅鋺または蓋付銅壺を出す。その器形仏教器具に極似す。関東に入った帰化人の文化的勢力かといわる。稲村坦元氏「歴公」六ノ八参照。

十、加賀高畠経塚の発掘には大塚及び中塚例と極似した銅鋺と金銅の圭頭柄頭、小尻、倒卵型有窓鐔直刀身が発掘された初期経塚例の好例、東京帝室博物館蔵、「石川県史跡名勝調査報告」第一輯参照。

それらの銅鋺中にはきわめて種々の意義を持つものが、雑然として集められている。有蓋のものその他はおそらく骨壺であろうか、とまれ古墳出土のものは仏教思想が、次第に古墳構築の思想に置き換えられて行く時期の現象と見るべきであろう。西日本においても古寺院阯に接してあたかも墓地のこれに直属するごとき有様で、小円墳の囲繞を見ることがあるが、これもその辺の消息を物語るものに相違ない。

（4）古墳発見の和鏡例について、

一、大和高市郡船倉山松倉古墳　海獣葡萄鏡・鉄鏡（吉野如意輪堂塔阯出土のものと等し）環・鐶座・鈴。

二、山城宇治郡山科村西野岩ヶ谷古墳　金銀鈿鏡（正倉院に例品あり）、唐様太刀、石帯残欠・硯・水滴・鉄板二枚墓誌銘を有する末期古墳の例。

三、美濃可児郡中村・中・長瀬山古墳　瑞花双鳳鏡系五花鏡・仙人弾琴鏡（唐様）・陶製鉢（糸底）・陶製徳利（瓷器か）・横穴式石槨古墳例、森本六爾氏「考誌」一五の一一参照。

四、信濃更級郡稲荷山町古墳　瑞花隻鸞白銅八稜鏡・唐草双鳳八稜鏡（奈良末・平安中期）・坏（平底及び糸底）・鉄地金銅張り環・横穴式石槨古墳玄室は中ぶくれ羨道前びらき、石材竪積みのもの。

五、信濃諏訪郡永明村塚原姥塚　瑞花隻鳳青銅八稜鏡（高麗鏡か）・葡萄唐草青銅鏡・伴出物については資料（1）参照。

六、三河幡豆郡西幡豆古墳　海獣葡萄鏡・伯牙弾琴鏡・宝相華八花鏡その他の二鏡を出す。末期古墳の例、和田千吉氏『中央史壇』参照。

副葬品としての漢式鏡及びその仿製鏡がいつか廃されて、唐式鏡及び唐様式の和鏡の葬られるのはその余波としても、和鏡の特に藤原鏡に至ってはもはやもっぱら経塚関係遺跡に関連するものであって、古墳出土例としてはきわめて特殊例である。遠江西郷氏報告の松喰鶴鏡の例はその時代の最下限のむしろ異例とするものであるが、姥塚の二例は明らかに奈良末から平安中期に該当させうべき鏡面であって、古墳出土鑑鏡の最も新しい例として注意されるべきものであろう。

(5) 資料(1)参照。
(6) 資料(1)参照。
(7) 資料(1)参照。
(8) 資料(3)参照。
(9) 蕨手刀は諏訪でも次の三例出土しているが、共に無石槨土壙と思考されるものであった。
一、原村八ツ手上鹿垣
二、湊村小坂下林
三、湖南村北真志野北中塚
かかる土壙はほとんど歴史時代の卒塔婆を樹てて五輪塔を置いた土壙に連続さすべきもので、もちろん石槨墳前期に出現するそれとは異なったものである。西方では阿波麻植郡敷地村西宮では前出大和桜井能登の例と同様な鉄製墓誌銘と共に蕨手刀を出しているし、信濃では小県郡禰津村の例は石室古墳出土で飛燕形鏃を伴っている。谷川磐雄氏「考古学上より見たる秩父」(中央史壇)によれば、上野秩父郡原谷村小学校附近の、直刀・鉄鏃・鐶・勾玉・管玉・切子玉・鈴釧・祝部土器等を出す、横穴式石槨の群集小円墳の一つから柄頭の菊座を呈する新しい形式の蕨手刀が出ている。奈良中期以降、氏は北武蔵において秩父郡・北足立郡の大半と入間・北埼玉の一部は、かの両毛古墳文化圏とは異なった外殻の文化圏をなすものと説いておられる。また東北各地においては石槨墳・礫槨墳から出土することはすでに既知の事実で、蕨手刀自から新古があるにしても共に奈良朝中期以降の墳墓の地域的諸相と思われる。

(10) 資料(1)参照。

(11) 和同開珎は新和銅銭である。和銅銭を出した古墳の例は、信濃においても一、二例を存し、東北においては少なくない物である。乞食塚例においては「考誌」二六ノ一宮崎紀氏の「信濃宮川村の一古墳」を参照されたい。

(12) 銙発見例の二、三について、

一、山城宇治郡山科村西野岩ヶ谷古墳　石帯残欠・鉄板二枚・金銀鈿鏡・唐様太刀(正倉院に類品を見る)、硯・水滴・最末期古墳の例、「京都府史跡報」参照。

二、大和生駒郡都跡村平城宮址　(青銅銙方形コハゼ形)・和同開珎・万年通宝・神功開宝。

三、信濃国諏訪郡下諏訪町諏訪神社下社境内　石製銙、単独出土、神社関係遺跡の例。

四、信濃国諏訪郡湖南村大熊双子塚　石製銙(二個)、資料(1)参照、末期古墳例。

五、陸中稗貫郡湯口村熊堂古墳　方形石製の銙及び尾錠・新和銅・蕨手刀・足金具・三つ頭環状柄頭・勾玉・切子玉・管玉・小玉・臼玉(おびただしき量)、四十八塚と称される群集せる饅頭型小石槨墳――末期群集墳僻陬の例。

六、陸中胆沢郡金ヶ崎村西根縦街道　方形・コハゼ形・長方角丸形石製銙、青銅製尾錠・鉈尾・鉸具等型式は実用を主としたるもの一般的服飾に属し古制を徴すべきものなるが、実物の年代は下降せしむべきもの、柵址関係。
七、陸中宮城郡多賀城附近　石製櫛形銙。
八、羽後飽海郡城輪柵址附近　石製方形櫛形銙。
九、羽後仙北郡高梨村払田柵址附近　石製方形、前三者と共に柵址の例。

双子塚例を石帯と呼称すべきか、また石帯と石製の銙といかなる関係にあるかしらぬが、まったく石製止具のみの出るそれは奈良時代革帯の変形して来たもので、鉸具・鉈尾の紐に代わり、銙は方形の巡方と丸鞆というべきコハゼ形や櫛形のそれになる頃のものに相当するのではあるまいか、とまれ、双子塚例に近いものは神社関係・柵址・末期古墳等奈良中期以降の関係のものが多いのである。

(13) かかる鎌が相当に時代の下降するものであろうことは論をまたないが、しかしながらその例を見ない訳ではない。下伊那郡竜兵村金山古墳は双子塚同様な双子山で、その前後両円部に主軸と直角の二石室を有する同期の古墳であるが、本例に極似する二例の鎌を出している。(『日本原始農業』所載両角守一氏「再び上代の鎌に就て」参照)

(14) 資料（3）参照。

(15) 小丸山古墳出土の三つの鈴の有紋の二例はその製作が馬鐸のそれに極似してはいるが、馬鈴ではあるまい。無紋の鈴は鈴釧のそれと同形状である。極似した鈴が相州鴨居の横穴から出土している。

(16) 挂甲の小札は、姥塚よりも出土している。小丸山の例は発掘者によれば何領とも知れず、堆《うずた》かかったそうである。諏訪の古墳には挂甲の例は少なくないが、短甲及び冑はかつてこれを出したことがないがそれに引き換えて下伊那の古墳は短甲及び冑が少なくないが挂甲は少ない。喜田博士は両者の相異を持って一つの大和朝廷に対する官位・身分の相異とされておられるが、あるいは時間的の差異かどうか未だ残された問題である。

(17) 高部から有賀に至る守矢山麓一帯はほとんど至る所に埴質土器、祝部土器片の散布を見る。特にも前宮及び神殿阯初め、諏訪社の重要なる関係摂社のいくつもの御左口神の社、野焼社、千鹿頭社、藤島社、武居夷社、闢盧社等の社地境内はいずれも濃密な中心の遺物散布地である。

(18) 宮内省発行「放鷹」を参照。

(一九三九年)

諏訪大社

1　諏訪大社の環境

諏訪神社または諏訪社、いわゆるお諏訪様信仰は、いまも全国に普遍している。これほど、全国民に親しまれている神も少ないだろう。とくに新潟県の一五二二社、長野県の一一一二社などを筆頭に、群馬、山梨、富山の各県などの区域では、諏訪神社が、全神社数のうち、その二〇パーセントを占めている。さらに、もっとも遠い鹿児島県でも、全神社数一五八五社中の七パーセントの一一八社を、諏訪神社が占めているのである。

こうした、日本人の大きな信仰心にささえられている諏訪の神は、いったい、どんな神だったのだろうか。

江戸時代の本宮

諏訪大社は、その数千社に近い社《やしろ》の総本社なのである。信濃一の宮で、戦前は官幣大社、古くは平安時代から、朝廷の神名帳に記載されて、神名大という高い格式をもっていた。

いま社殿は、長野県諏訪市神宮寺《じぐじ》に上社、同下諏訪町武居に下社がある。そして、さらに上社が、本宮と前宮に、下社が秋宮と春宮に、あわせて四祠にわかれている。しかも、その四つの社は、本社とか摂社とかいう関係ではなくて、どれも、はるか上代にさかのぼる古祠で、また新しい古いの差もないという。いったいどれが本体なのか、誰も、その複雑さに戸惑うほどである。

比較的交通の便のいい下社秋宮から

説明すると、参道をはいって、まず真中に天をついて、一本の大杉が立ちはだかる。根入りの杉である。この杉は夜更け、神楽殿を枕にして、横になって眠るとも、御柱に根が生えたものとも、怪しくつたえられている。

根入りの杉をまわり、神楽殿を横に、拝殿の前に立つと、さらに社の四囲には、社殿を圧して、荒々しい五丈五尺（一六・七メートル）の円柱が立っている。樅《もみ》の巨木の樹皮を剥いだ、一

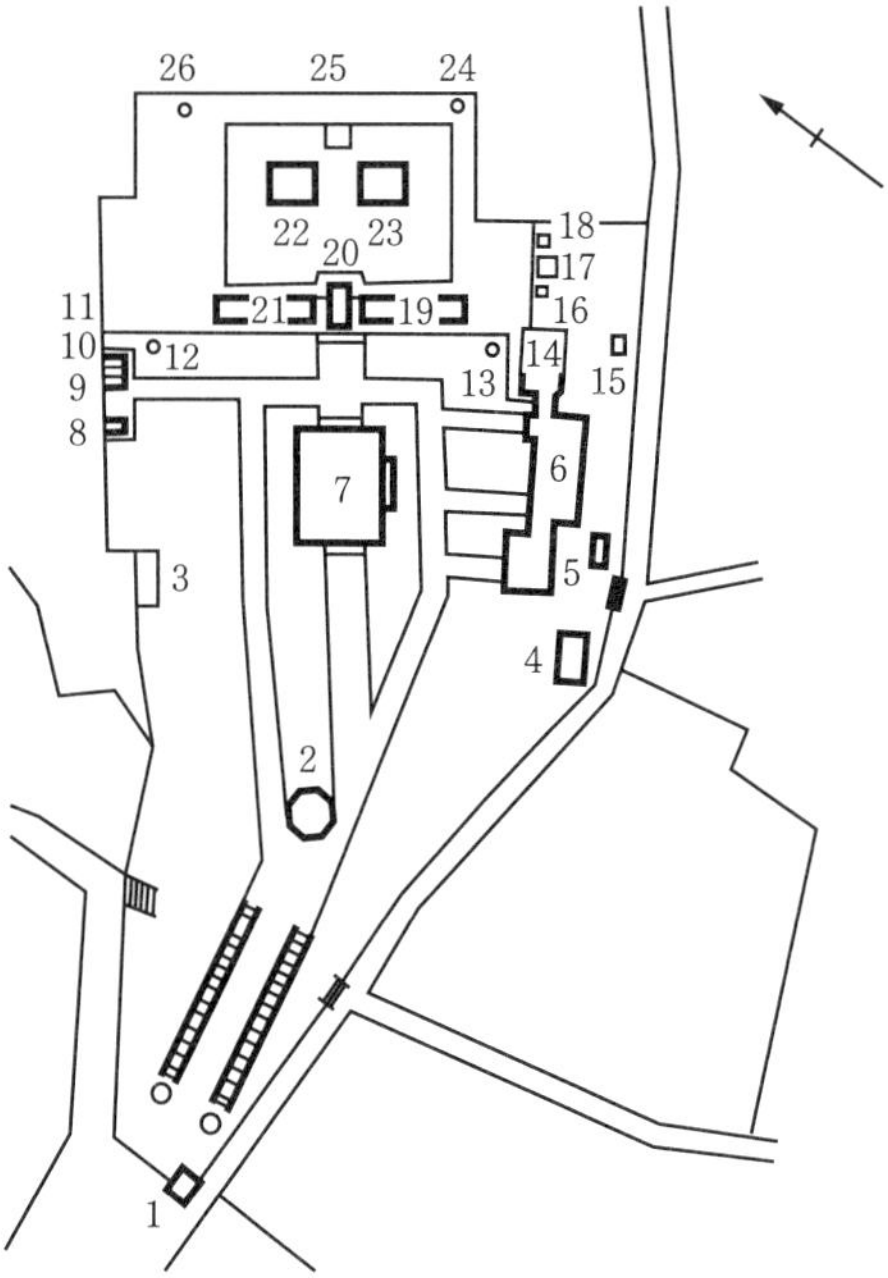

下社秋宮の平面図

1	手水舎	8	鹿島社	15	土　蔵	22	西宝殿
2	根入杉	9	子安社	16	稲荷社	23	東宝殿
3	遙拝所	10	加茂社	17	若宮社	24	四の御柱
4	作業小屋	11	八坂社	18	皇大神宮	25	神　木
5	倉	12	二の御柱	19	片　拝	26	三の御柱
6	社務所	13	一の御柱	20	拝　殿		
7	神楽殿	14	宝物殿	21	片　拝		

社四本の御柱《おんばしら》である。

根元には、いくつかのX状の刻み目がならび、その一面は三分の一も平たくすり減り、この巨木が曳行されてきた長い道中を語っている。

さて、正面の社殿には楼門造りの拝殿と、それを中に両側の片拝殿《かたはいでん》があって、その奥には本殿らしい建物がなく、左右にわかれて、二棟の宝殿《ほうでん》が並んでいる。これは切妻造りの千木《ちぎ》・鰹魚木《かつおぎ》を棟にあげた素朴な建物で、神器のあるところであるが、七年ごとの式年には、東西二棟を交互に神器はうつされ、それぞれ正宝殿・権《ごん》宝殿とよばれる。

下社秋宮の御柱（三好祐司撮影）

そして、その中間の奥の、最秘処に、垣にかこまれた神木がある。つまり、この神社は木に憑《お》りる神の社であり、根入りの杉は、それを社頭において象徴しているといっていいだろう。
諏訪神は、大和の大神《おおみわ》神社とおなじく、本殿がなくて、自然物に神がかりする神なのである。当然、神体木と御柱とには、一連の意味が考えられていいところである。七年に一度、寅《とら》と申《さる》の年（暦の十二支のうち）の式年ごとに、諏訪一円の氏子をあげて、この御柱は建てられる。

上社は八ヶ岳の御小屋山より、下社は霧ヶ峰山中の観音沢から、それぞれ、最大の立木八本ずつを伐採し、本宮、前宮、秋宮、春宮へ、コロ一つ使わず、テコと曳綱の人力だけで十数キロ、山も崖も、田も川もかまわず、真っ直ぐに曳きおろしてくるのである。

そればかりか、春の大祭が終わってからも、小宮《こみや》とよばれる摂社、末社、稲荷社から屋敷神、お湯の神にいたるまで、御柱《おんばしら》をひくのである。いまは、結構人々は楽しんでいるようだが、古くは、そんなではなくて、たいへんな経済的な負担であった。諏訪人は七年稼いで、一年にはたく、御柱年は嫁取りはしない、などのタブーは、やはりその名残りだろう。それのみか、かつて式年に死んだものは、葬式もしてもらえず、野の捨て墓に埋められることになっていた。

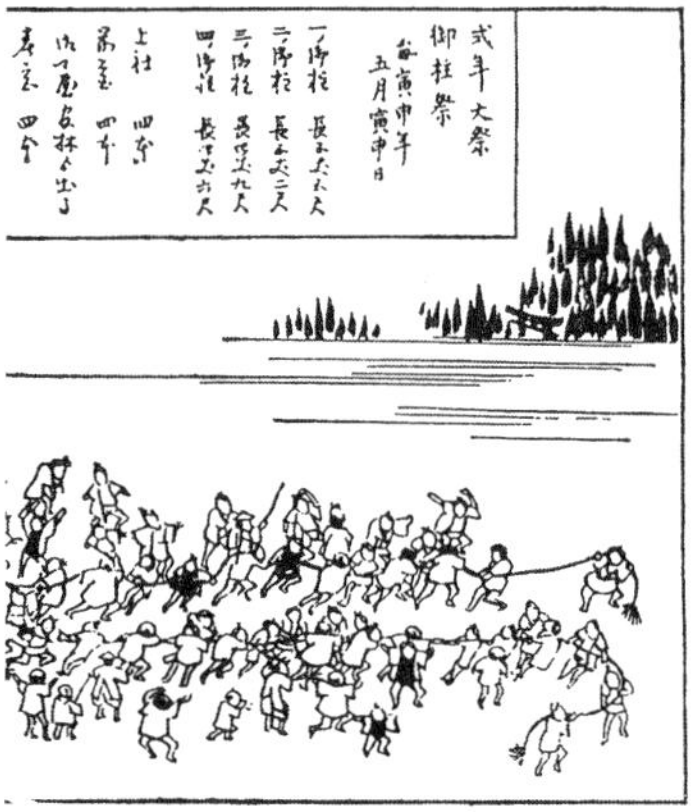

小沢半堂刻）

木に憑りる神、そして氏子のきびしい奉仕の対

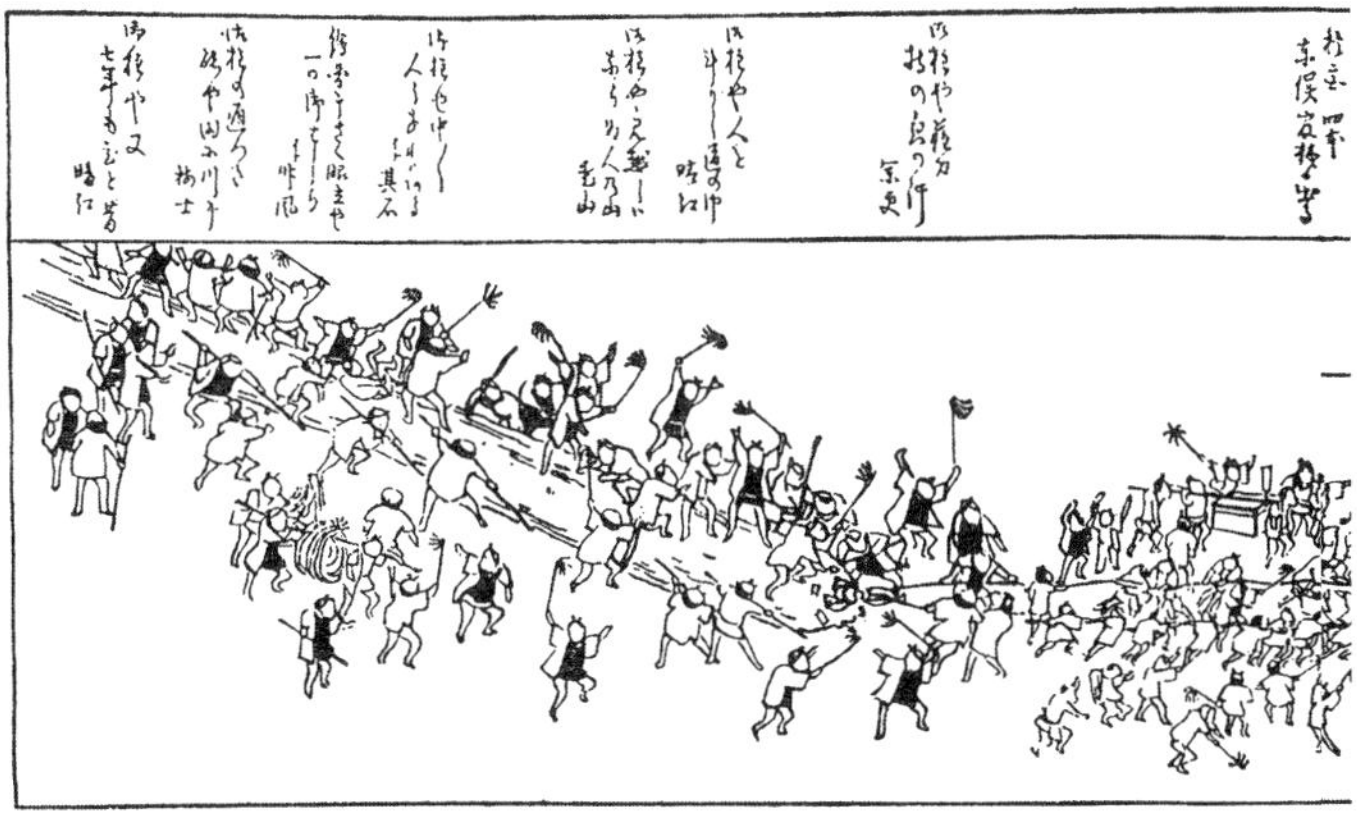

江戸時代の御柱祭り（岩波箕残画・

象になっていた巨大な御柱、まず、われわれは、かなり異常な信仰の対象を目前にしていることを感じる。

　秋宮の境内から見ると、街のむこうに諏訪湖が見える。そのかなたには赤石山脈の守矢山という三角錐状の高峰がそびえ、黒い密林のその下が上社の領域である。つまり、上社と下社は湖を真中に、南北に対座しているといっていい。

　この高冷な盆地の生活は、一年の大半は暖房を必要とし、冬は湖も厚い氷にとざされる。そして、びしびしと凍《し》みる夜、収縮した氷盤は、大音響を四囲の山々にひびかせて大きく亀裂する。陽が昇ると、反対に氷は膨張して、その割れ目に沿って、高い氷壁のような隆起を蜿々と横たえる。この豪壮な現象が御神渡《おみわた》りといわれる。

御神渡りは、たいてい上諏訪から下諏訪方面に向かう。近世には、下社の女神が上社へ行く夫《つま》どいの恋路で、上・下諏訪の温泉はその女神の化粧の湯玉のしたたりだと考えられていた。

諏訪大社を一見して、不審に感ぜられるいくつかの現象――どういう神か、氏子の奉仕が堅く結束したのはなぜか、なぜ、広い範囲に奉斎されていったのか、そういう神の王国がなぜ、寒冷な湖の盆地にそだったのか、といった疑問――は、古代史のなかの日本国家の成立にも、深い関連をもった事柄のように思えるのである。が、それはいうまでもなく、きわめて難解な、錯綜した現象としてしか残っていないのである。

2　州羽神の誕生

多くの神社は、その由緒を記・紀に発している。

諏訪大社も例外でない。しかも、その祭神建御名方《たけみなかた》とよばれる神は、もろもろの神々の中でも特記すべき、はげしい性格と、特別な扱いを受けた神格であることがわかっている。

彼は『古事記』上巻の国譲り神話のなかで、高天原祭政体に抵抗した、既存の出雲祭政体のレジスタンスの英雄ということになっている。

大国主命《おおくにぬしのみこと》とその子事代主命《ことしろぬしのみこと》・建御名方命《たけみなかたのみこと》が経営していた大八洲《おおやしま》に、天照大神《あまてらすおおみかみ》の使がやってきて、この国は天孫族の統治すべき国だからお前らはどけ、というわけである。父と長子は、それで畏《かしこま》ったが、建御名方命は、承知しない。さんざん抵抗したが、とうとうかなわず、追われて科野国《しなののくに》州羽海《すわのうみ》にいたって降参、この地を出ないことで許された、というのである。政権交代期に、普通にあるケースであるが、その抵抗の英雄の流配の地が、説話のうえで中部高地の真中の海抜七九〇メートルの諏訪湖畔に擬せられたということには、何かの理由がありそうに思われる。

この説話、『古事記』(和銅五年・七一二)の書かれた前後の諏訪および信濃の状勢を、少しく検討してみると表1のようである。

考古学的にみた諏訪の八世紀初頭という時期は、古墳後期最終末、横穴式石槨墳《せっかくふん》の全盛期である。稀には前方後円墳もあるが、群集円墳の中には、たくさんな馬具類が、須恵器《すえき》や土師器《はじき》とともに副葬されている。信濃へ波及した古墳文化のうち、千曲川中流の更埴《こうしょく》地方の山上にある前方後円墳を第一波の前期とすれば、三州街道口の飯田市竜丘・川路の台地上の前方後円墳は、第二波の中期古墳であり、これはその後の第三波に相当する。

いっぽんに、この第三波の古墳文化の意義は、馬匹《ばひつ》による軍事・政治・経済の大きな革命が、西方畿内から濃美平野へ伝わり、神坂峠を越えて、東国経営と牧場開発のため、南信濃に流入してきて形成されたものと信じられる。その主座となる古墳は、天竜川中流神坂峠口の飯田市

表1　諏訪および信濃の状勢

西紀	考古学的資料	文献学的資料
三八〇頃	更埴地方に古墳文化はじまる。山頂前方後円墳、将軍塚など。	(須波・州羽・諏方など古文献はいろいろな字を書いているが、すべて諏訪と同音である)
四五〇頃	本宮境内フネに粘土床墳できる。農工具・素環頭大刀・曲刃剣・鹿角柄剣・仿製鏡・角付鉄釧・銅釧などを伴う。	
四八〇頃	天竜川中流竜丘・川路方面に、竪穴式石槨の台地上前方後円墳現わる。兼清塚など。舶載鏡・馬具・武器・須恵器など伴う。	
五五〇頃	前宮境内に狐塚できる。	
六〇〇頃	天竜川中流市田座光寺方面に横穴式石室の平地上前方後円墳現わる。高岡一号墳など。	
六五〇頃	天竜川上流箕輪町に平地上前方後円墳王墓つくらる。	
六九一		須波神・水内神に勅使あり。

七〇〇頃	秋宮境内に最末形式の前方後円墳青塚きずかる。	
七〇二		初めて美濃国岐蘇山道を拓く。
七一二	諏訪地方全般に最末期の小円墳群盛んに行われる。	建御名方命と州羽との関係古事記に書かれる。
七二一		信濃国を割きて諏訪国をおく。
七二四	諏訪地方には奈良仏寺の遺跡がない。はっきりしたものは一二九三年の上社普賢堂がはじめである。	諏方を流罪の中流国と定む。
七三一		諏方国を廃して信濃国に合併する。
七四一		諸国に詔して国分寺を建てしむ。
八四二	このころ、諏訪に火葬墓現わる。	無位勲八等南方刀美神を従五位に叙す。
九〇五		延喜式神名帳に「南方刀美神社二座名神大」とあり。

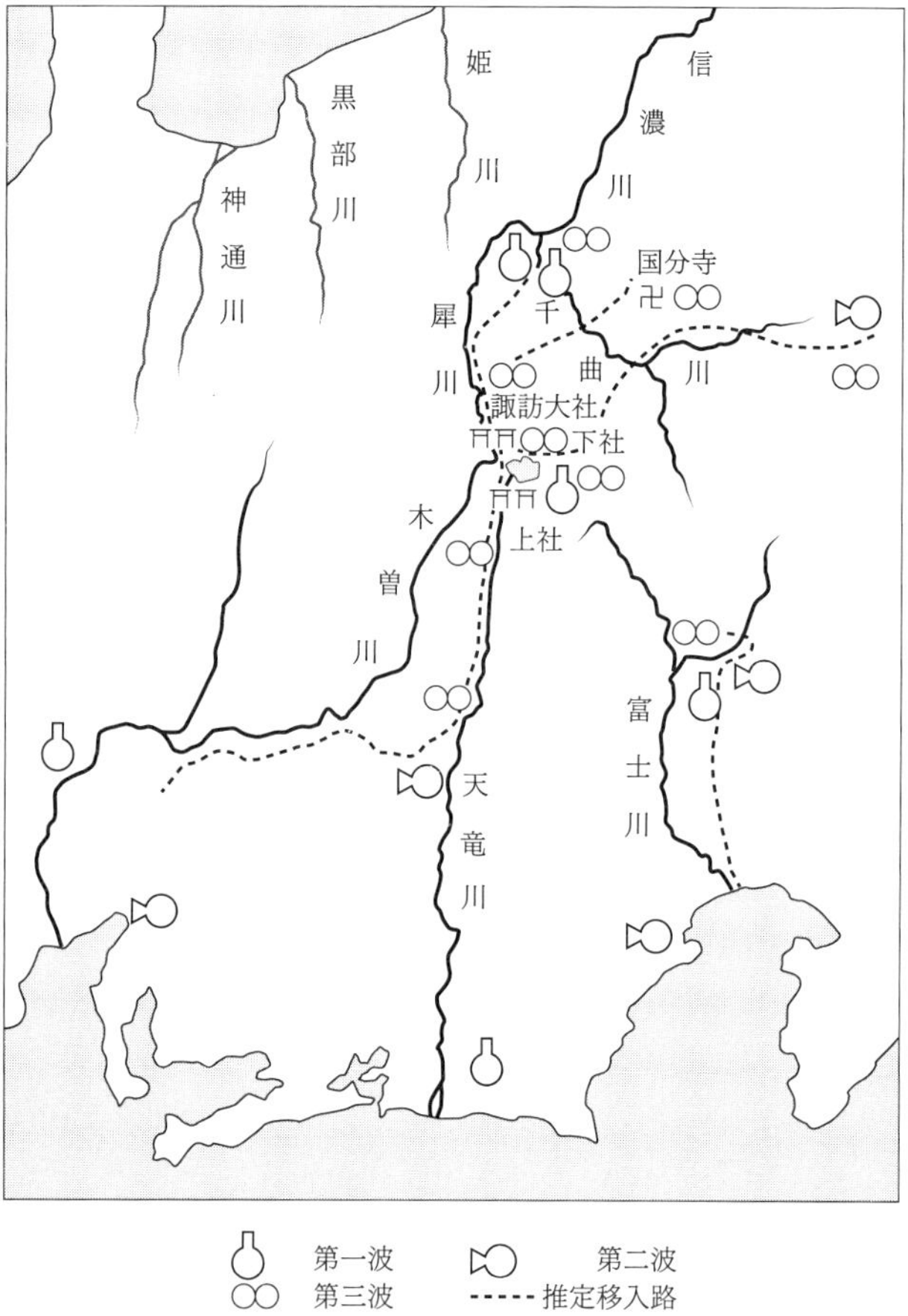

信濃への古墳文化の移入

高岡古墳から、箕輪町王墓古墳をへて、そこでしばらく足踏み、やがて下諏訪町のこの諏訪大社秋宮の境内にある青塚古墳にまで波及してきたもようである。つまり、諏訪下社の領域には、八世紀初頭にいたって、大和朝廷の勢力がおよび、やがて上社領域にもそれに同化する傾向がみえはじめる。しかし、本宮のフネ、前宮の狐塚の二古墳だけは、それよりはるかにとびはなれて古い。つまり、古い形式の主権があって、遅れて別の主権が確立したという証拠である。

考古学的事実に対照すべき文献上の出来ごとで、はじめてみられるのは、『日本書紀』持統天皇五年である。その年、天候がすこぶる不順だったので、信濃の水内《みのち》の神と須波《すわ》の神に勅使がつかわされて天候の回復が祈られたという件がある。竜田大神がその同じ撰にはいっているところをみると、須波の神もすでに風や水の神として、大和朝廷の強い畏敬をつないでいたものと考えられる。

諏訪の末期古墳の全盛期、八世紀にはいると、文献の上でも、急にいろいろな事件がふえてくる。まず信濃、さらに東国経営のために、馬匹の通る峠の開拓（七〇二）がある。十年たつと、建御名方を諏訪へ封じこめた記事（七一二）が現われて、その治外法権の特殊性を認めている。それから九年目の七二一年、諏訪は信濃の国からわかれて独立、しかも流罪国に指定されている。

諏訪国はたった十年で、また信濃国に合併されるが、この辺の事情は、どうも諸国国分寺建立のための統合とばかりは考えられない。諏訪が、すでに国内でも政治的に特異な地方だと認められていたからのことであろう。

『古事記』に建御名方命が現われてから百二十年ほどの八四二年には、南方刀美《みなかたとみ》という神がはじめて従五位に叙せられた記録があらわれる。建御名方が南方刀美であり、延喜式神名大に列する諏訪大社の祭神であることは問題ないとして、それならその二百年前に、風神として朝廷の高い尊崇を受けていた須波《すわ》（州羽）の神とは、どういう関係になるのだろう。おなじ神のことをいっているには違いないが、なにか性格的にちがったニュアンスも否定できない。

3　諏訪信仰の古態

諏訪大社関係には、きわめて優れた古記録群がある。室町期前後の、名高い守矢《もりや》文書『諏訪大明神画詞』などを中心とした諸書である。

まず、諏訪大社の中枢にあった信仰の核、大祝《おおほうり》（おおほりと発音する）について考えねばならない。上社には神氏、下社には金刺《かなざし》氏（後に今井氏）、それぞれ異なった大祝がいた。下社は文献を失っていて詳かでないのでしばらくおき、上社大祝について諸書を符号すると、有員《ありかず》という八歳の童男に神がかられた大明神が、その神衣を脱いで着せかけ「吾無㆑躰以㆑祝為㆑躰」と宣《いわ》れたのがその始源であるという。

その童男を御衣着祝《みそぎほうり》といって、近世まで連綿と続いた諏訪神氏すなわち大祝《おおほり》家の祖となったのだといっている。この記述はそのままには受けとれないとしても、信仰の形式としては、大祝は神体、神の憑代《よりしろ》である。祭る人、つまり神職でなく、祭られる人、現身《うつしみ》の諏訪神そのものなのである。そして職位して神殿に潔斎する大祝（成年と共に退位）には、きびしい二つのタブーが課せられる。一つは国外はもちろん、郡外へも出ることはならない、他の一つは人馬の血肉に触れてはならない、の二箇条である。この戒律をおかす時は、大神の憑代の命、すなわち大祝の命脈がつきるのである。この戒律は『古事記』に、建御名方神を諏訪へ封じこめたとき、この地をおいて他処にはいかない、二度と流血の争いはしないと誓わせた記事に関連するものであろう。

さて、その最高の現身神のあらわれた時が、神社の形態の整った時期に関係があるだろうと考えるのは当然である。ところが、文献によって諸説があり、用明天皇御宇（五八五―五八七）の「神氏系図」説、大同年間（八〇六―八一〇）の「社例記」説、延暦二年（七八三）と推定できる「大祝職位次第書」説などがあげられるが、いずれも第一資料とはいいがたいのが残念である。

しかし、三説の示すところ、その時間的中心は八世紀で、その前後に、諏訪大社の形態――

南方刀美という英雄個人神の神格が、現身《うつしみ》の童男、大祝によって世襲されるという形——が定まったものとおもわれる。それには、いま一つの証拠がある。

諏訪神社の御神宝は、嘉禎三年（一二三七）の記録に、（一）コカネノ御フタ　（二）ミクミノ御宝　（三）ヤサカノ鈴　（四）神サウノカタナ　（五）マスミノ鏡　（六）御手洗水　（七）御鞍　以上七品があげられている。

そのうち（一）、（四）、（六）、（七）は、いま失われて不明。鉄製の壺鐙《つぼあぶみ》が一個のこっているが、これが御鞍の部品であるといわれている。とすると、この鐙は古墳最末の奈良時代のもので、鞍の年代もほぼわかる。

（五）のマスミノ鏡というのは、現存する径二五センチの瑞花麟鳳八稜鏡《ずいかりんぼうはちりようきよう》が、それと思われる。上質の白銅製、やや形態のくずれた麒麟と鳳凰が雄渾に鋳出されている。しかし、表現はかなり正しく、奈良時代につくられた仿製《ほうせい》唐式鏡（日本でつくった唐様式の鏡）の中での逸品である。

つぎに（三）の八栄《やさか》の鈴は大小二具あって、それぞれ三個ずつの銅鈴を、三叉《みつまた》の銅柄につけている。銅鈴には毛彫りで、宝相華文（一種の唐草文）がきざまれていて、形自体は後期古墳文化にもありうるが、刻文からして、まず奈良時代末以前には考えられない。

その真澄の鏡と八栄の鈴、鞍、それに轡が、明神が天降ったときから随身してきた宝だと、

『諏訪大明神画詞』（正平十一年・一三五六）や、「信重申状」（宝治三年・一二四九）などがはっきりいっている。新しい大祝が、職位する当日の儀式で、氏人が神の顕現を見るのはもう薄暮である。前宮の内御玉殿を開扉し、鏡と鈴をたずさえ、鞍や轡と共に大祝は現われる。重要なことは、そのとき、氏人でなければその光は見えず、音は聞こえないといっていることで、当然、大祝はシャーマン（ツングース族の神おろしをする呪巫）のように、鏡を胸に吊って反射させながら、両手に巫女鈴を打ちふって出てくるのである。鏡と鈴と馬具は、この場合、神格を象徴しているといっていいのだろう。

つまり大祝の宝は、ほぼ奈良時代から平安を降らない品物なのであって、はじめて神がかったとつたえられる時期とことなるところはないのである。

4 祭政体の交代

ところが、七種の神器のうちに、大祝《おおほうり》にまったく関係のない一品がある。(二)のミクミノ御宝である。一名「さなぎの鐸」といい、六個ずつ三組に、麻縄でくくられた鉄製筒形の鉄鐸《たく》である。内部に長い鉄舌を持ち、その振舌音と鐸同士がふれあう音とがまじって、ガチャガチャというひどく複雑な濁音を発する。複数で使う点や形態や舌で鳴る点など——材質が鉄と銅

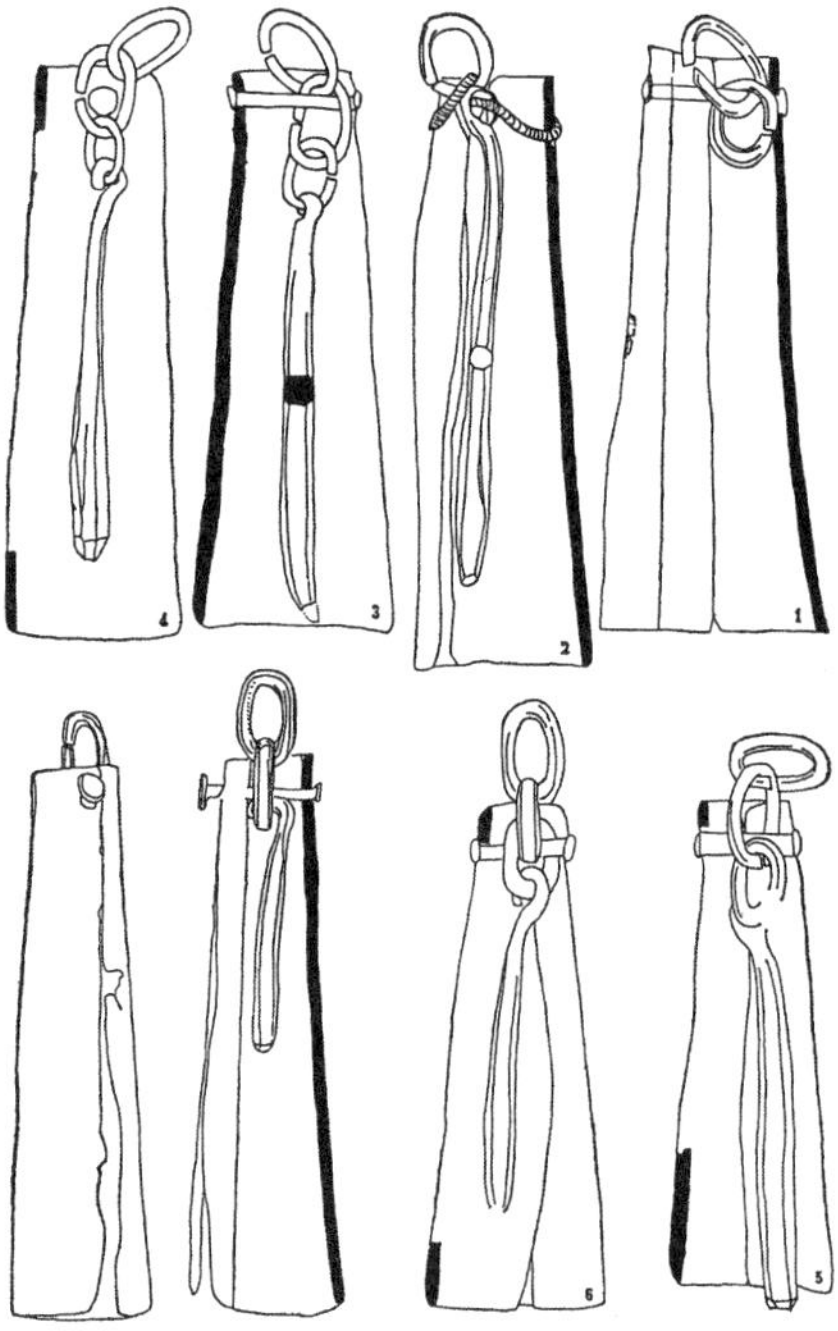

上社第１号鉄鐸の構成

の差、つまり鋳銅と鍛鉄との差があり、また鉄鐸には施文（模様）こそないが――銅鐸（弥生時代の銅製鐸状祭器）の古い形式のものに実によく似ている。

　七種の神器のうち、五種の神器が大祝に属し、その居館である上社前宮の内御玉殿に宝蔵されているのに、この鉄鐸だけは、神長官《じんちょうがん》に所管される。

　神長官というのは、神社の神職五官（神長官《じんちょうがん》・禰宜《ねぎ》・権祝《ごんのほうり》・擬祝《こりのほうり》・副祝《そえのほうり》）のうちの筆頭で、代々、守矢という姓の一家に伝わる最高の祠官である。大祝一族は、諏訪神氏、のちに諏訪氏を名のり、諏訪神の神格、政権、兵馬、経済の一切を掌握して、近世には高島藩主にまでつづくわけであるが、神長官は上古以来、ただひたすらに奉仕する人として、茅野市高部の守矢氏が現代までつづいているのである。

そうした主従の関係は『諏訪大明神画詞』をはじめ、たくさんな室町期説話伝承に出てくる。伝えるところによれば、大祝の始祖が先住民の洩矢《もれや》神の祭政をせめ、追いおとして社壇をきずいたのが、諏訪神社だとはっきりいっている。諏訪の神話伝承にも、この跡がいくつとなくのこり、侵入者は明神、被征服者は洩矢神というかたちで出てくる。神長官（ふつうは神長《じんちょう》という）守矢氏の奉斎していた洩矢神は、ミシャグチと呼ばれる神々を統括している神で、ミシャグチは御社宮司、御左口神などいろいろな漢字が転用されている。むろん、記・紀に主役をつとめるような神ではなく、自分が死んで、その死骸から新しいさまざまな命をよみがえらせる――保食神《うけもちのかみ》・オオゲツヒメ、ときには豊受大神・猿田彦《さるたひこ》神・天鈿女命《あめのうずめのみこと》などのような表現をとる――自然神で、食物、生産または土地についての強い権限をもっていた。

ミシャグチ神の祭祀は、いま多く廃祠となってしまったが、古くは、中部日本全体に広く分布していた。多くは一小単位の聚落、つまり村々の神で、村の台地の上や谷口などにあり、はじめは社殿をもたず、巨木、巨岩、尖った石、立石、棹などに降りてくるナイーブな自然神であったようである。さらに、このミシャグチ神を奉斎する村々の連合体のようなものが考えられ、そのミシャグチ祭政を総括する位置にあったのが、大祝諏訪神の先住者であった洩矢神である。鉄鐸はその洩矢神の祭器であったらしい。

文献上ではっきりいえる鉄鐸の用途は、大御立産《おおみたてまし》の神事という、上社の最大な祭に、御杖《おつえ》とよぶ木の棹の上へ、鉾と共に六個一組ずつ吊られて、三組、それぞれ馬に乗った神使に担われ、領内の内県《うちあがた》・小県《おあがた》・外県《そとあがた》の郷村をまわったのである。

廻神の行く先きは、郷村の湛《たたえ》（神をたたえる意か水がみつる意か？）とよばれる巨木の下である。鉄鐸が振り鳴らされるのは、土地の所有、境界、耕作や水利などの、いろいろな調停の誓約のあかしの場合であることが、室町末のいくつかの振鐸の実例でわかっているので、郷村の湛木《たたえぎ》の下で振られた誓約の意味も、ほぼ類推が可能である。春三月初の酉《とり》の日と、秋十一月の二十八日、この播種前と刈入れ後のタイミングを狙って打ち振られる鉄鐸の誓約は、いったい何を意味するのだろうか。土地の領有や耕作についての豊饒の祈りが主体であったろうことはいうまでもないが、それには、租《そ》あるいは徭《よう》についての義務づけの誓約も含まれていたものと考えたいところである。

郷村のミシャグチ神は、神使すなわち大祝の前で、木に降ろされ、神長の仲介のもとに、おごそかに誓わせられるのである。その誓約を行なうのは、郷民の神ミシャグチ神であって、それを代行するのが郷民なのである。また、この祭は諏訪祭政の経済的な中核を占める重要な祭で、御頭役にあたった郷村からささげられる貢物は、年間をささえるかと思われるほどの豪華さである。

それなら、その大祝対神長・郷民という主従の関係はどういうかたちで展開するのか、それは大祝祭政の成立、ひいては、諏訪神の神格の交代にも関連する重大事なのである。

祭の経済的責務を負うべき郷村、すなわちミシャグチ神の御頭役は、毎年元旦の深更、上社の前宮御室《みむろ》社の竪穴掘立柱のむろの中で行われる神秘な占できめられる。

御室社の竪穴住居は、各年十二月二十三日につくられ、御体を入れ奉るという儀式がある。五丈五尺、太さ二尺五寸という巨大な蛇形が、いくども御室の中にもち込まれて、三月末まで榛の木の枝を芯に、とぐろを巻いているというのである。

ついで元旦には、早朝、蛙狩の神事から新しい歳の祭がはじまる。本宮鳥居の前の御手洗川の凍《い》てついた氷を割って、冬眠中の蛙を掘りだす。そして、弓矢で射とおして、大神への初ニエにする。このニエの蛙と、御室の蛇形とは、直接の関係はわからないが、ひどく暗示的である。いったいに諏訪神社伝承の中には、神長洩矢神がカエルで、征服者大祝がヘビだという説話が特別に多い。

その深更、不気味な掘立の社では、上座に大祝が見すえる中で、神長がおこなう重半《ちょうはん》（薄の芯で行われる丁半の占）の法でその年の祭事の一切をになう御頭郷がきめられる。その御頭郷の奉斎するミシャグチ神は、藁馬の上に乗った剣先版《けんさきばん》という木製の鉾の上に、小刀子で切りとめられた紙であらわされ、祭の完了、すなわち郷村の奉仕がおわるまで、この土室から出ること

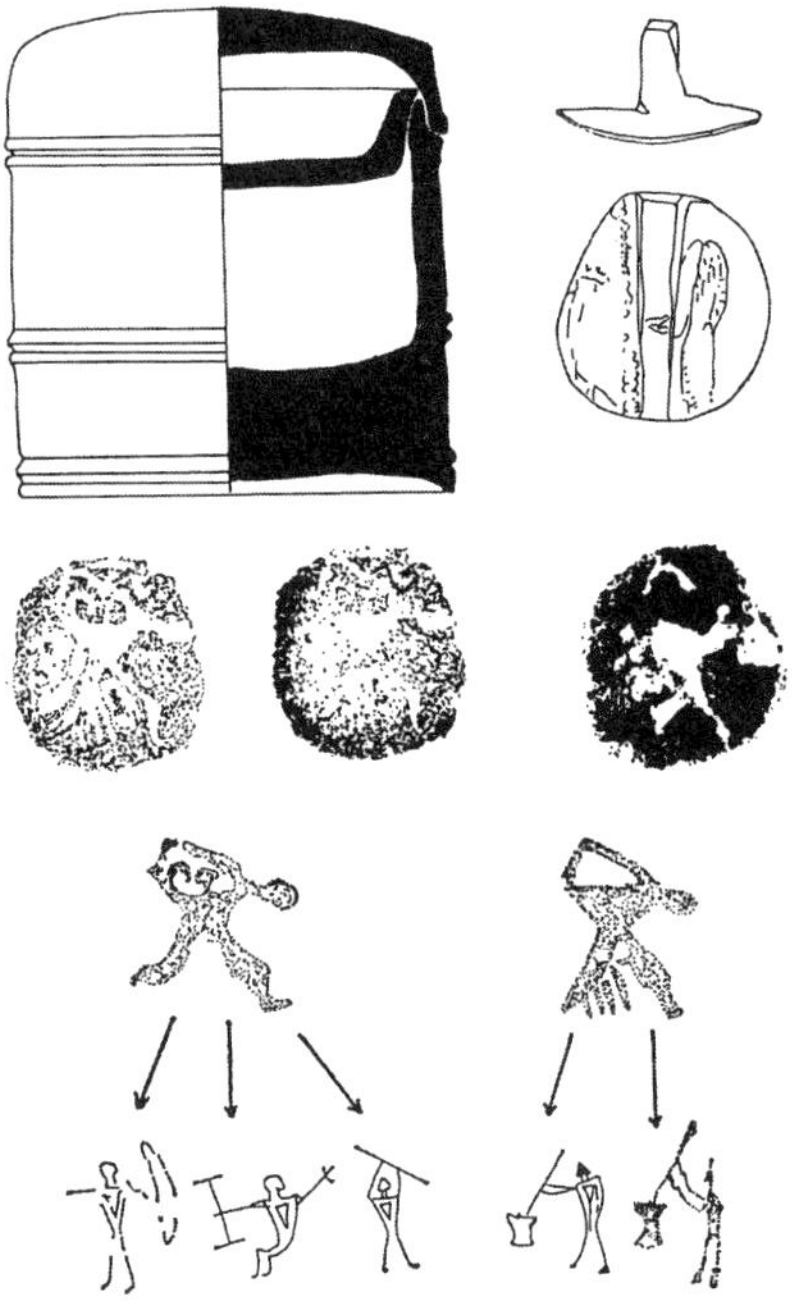

神印とその印面の解読

はできないといわれている。

御頭郷へは、大祝から頭役に当たったという命令書——御符《ごふ》が渡される。御頭を受けた郷村では、その御符を竿の先か、ミシャグチの木に高くかかげ、ミシャグチ神をそれに降ろし、祭の準備にかかる。

御符には神印という不思議な印が捺される。これも鉄鐸とおなじ神長だけの秘宝で、しかも七種の宝物の中にもはいっていない。鹿の角で作られた鍋蓋のような形の丸印である。印面は弥生式土器や銅鐸の描法とおなじ原始絵画で、人または臼と杵らしきものを表現している。

総括すると、鉄鐸、神印で象徴される神長は弥生文化的で原始性が甚だ強い。しかも、神長のミシャグチ神は陰石・陽石の石神であったり、木に降りてくる社殿を持たない自然神である。すなわち、神長洩矢祭政はミシャグチ神を中心とした祭祀共同体らしく思われる。そして、その先住祭政を征服して覆いかぶさったのが、甚だしく後期古墳文化的色彩の強い大祝の祭政でであるということができる。

諏訪大社は、須波神から南方刀美神（建御名方神）に、古墳末期の八世紀を境にして神格が交代したもののようである。現在もなお、祭神の性格が武神だったり、風神あるいは農耕神であったり、狩猟の神に考えられる多様性をもち、祭事が年二百回にもあまり、種々雑多に錯乱していて容易に分析をゆるさないのも、原因はそこにあったのであろう。大和朝廷傘下の神社は多く被統合祭政を抹消しつくしてしまったが、諏訪大社は、旧新の祭式を、依然併存させたところに、特別の地方の事情（旧守矢祭政が、強力で消せなかった場合温存して利用した場合などが考えられる）があったのだろう。守矢祭政の絶頂期を、筆者は上社の領域にのこった前期古墳文化の稀れな例——本宮のフネ古墳、前宮の狐塚古墳の時期——と考えている。

統治された弥生文化以来の神長守矢氏のミシャグチ神祭祀共同体と、統治した後期古墳文化の大祝個人神の祭政、それを考えないと、諏訪神社の現状はまったく理解しがたいのである。

5　上社と下社の構成

下社の秋宮から湖を越して、上社の原始林をのぞみながら、以上のようなことを説明したの

売神祝印

も、そうした予備知識がないと、諏訪大社の構成というものは、まったくわからないからである。

もう一度、下社秋宮を見よう。安永九年（一七八〇）に、立川富棟《とみむね》によって建てられた楼門造りの拝殿の奥の最秘所には、憑代《よりしろ》としての神座の神木が見え、古い信仰形態をとどめている一方、神庫に秘蔵される御符捺印用の神印は、「売神祝印」と刻まれた大和古銅印で立派な大和朝廷の官許印である。つまり、上社が古い形式の私印で、御符の命令を下達しているのに反して、下社はもう平安初めから官印を使用していたのである。古い諏訪祭政体の上に、大和朝廷の息ぶきのかかった時期が、上社より下社が古く、ほぼその時期は八世紀から九世紀のことであったと考えられるわけである。

秋宮と春宮とは、中仙道でもっと

表2　諏訪大社社殿変革年表

年次	事項
永仁元年　一二九三	知久敦幸上社に普賢堂を建立
永仁五年　一二九七	上社神宮寺の梵鐘成る
正安二年　一三〇〇	下社大祝金刺満貞、寧一山を招き慈雲寺を開山
延慶元年　一三〇八	知久執信、上社に五重塔を建立

嘉暦四年 一三二九	甲寅の式年に御柱・宝殿・鳥居・垣などの改築記録あり
宝徳元年 一四四九	上・下社抗争で、下社全焼
永禄八年 一五六五	武田信玄、荒廃に帰した上・下社の祭祀を再興
天正十年 一五八二	武田勝頼、下社三重塔建立 織田信忠軍、武田征伐の途上、上社本宮に放火、全焼
慶長十一年 一六〇六	家康、大久保長安に命じ、下社春宮の宝殿を建立
元和三年 一六一七	宮大工原親成、上社拝殿を造る 天保九年、乙事諏訪社に移建、桃山様式の代表遺品として現存
安永九年 一七八〇	下社秋宮拝殿を立川和四郎富棟、春宮拝殿を柴宮長左衛門の二頭梁競作、現存
天保六年 一八三五	上宮本宮の拝殿を立川和四郎富昌が改築、現存
明治元年 一八六八	廃仏棄釈により、上・下社共神宮寺その他一切の仏教関係建物・造像を破却

も賑わった下諏訪湯之町の宿でつながれている。街道の旅籠は、今も昔のままの街並に、湯の香をただよわせている。

春宮も、構成はほぼ秋社とおなじである。違った点は、正面の大杉が結びの杉という名称で、正面右側によっている点だけである。この拝殿は、秋宮の立川流に対する大隅流の柴宮長左衛門の作である。

上社の前宮は茅野市宮川小町屋、赤石山系を背にして諏訪盆地にのぞんだ小さな扇状地の上にある。面積は三八八四坪（一二八・四アール）で、東に八ヶ岳連峯とその広大な裾野、北に湖と平野を一望におさめる勝地

下社春宮の結びの杉（三好祐司撮影）

である。社地の全部を神原《ごうばら》と称して、これは現身神である歴代の大祝の居館阯、神殿を中心とした生きて祭られる神の宮居と考えられている。

社地にはいると、左に長い吹き抜きの長方形の廊下がある。十間廊で、中世まで諏訪祭政の行われた政庁の場でもある。かつて、すべての貢物はこの廊上で大祝の実見に供されたわけである。その右側の緩傾斜地が大祝居館、神殿《ごうどの》阯、いまは烏帽子状の立石が名残りをとどめている。

十間廊と神殿阯の中間にやや高く内御玉殿がある。ここは中世以来、祖霊が神宝と共にある神殿、また大祝顕現の場で、下社で見てきた宝殿に相当するものであろう。

後の上段には御室社阯がある。前述のとおり諏訪祭政の一切の司令、すなはち神意の定められた枢奥である。中世末はやくも廃絶してしまったが、文献から、祭式や建物の構造の一切がわかっている。

　御室社から右に折れて北へ進むと、山ぎわに鶏冠社（かえでの宮）がある。これは、いま枯れはてた古木の根に小さな板の祠が朽ちているのみだが、大祝職位式の行なわれた磐座《いわくら》が、明治初年まで残っていた神社第一の秘所であった。その他、前宮本殿やいろいろな深い由緒を持

上社前宮平面図

った祠が前宮には多い。

　前宮を北に進むと、本宮に達する。途上、神宮寺の伽藍・堂塔が山沿いにならんで建てられていたはずだが、それらは、明治の廃仏棄釈で、すべてとりはらわれ、いまはない。

　上社本宮は赤石山系の守矢山の急崖の下、北面して諏訪湖盆地に臨む総面積六〇七五坪（二〇〇・八アー

上社前宮の御室社（三好祐司撮影）

ル）の斜面にある。わずかな門前市（神宮寺部落）をすぎて、東面する大鳥居より布橋という長い廻廊に導かれて進む。

廻廊の中ほどの左手に、二棟の並列した千木の上った建物、東宝殿と西宝殿が対立し、その中間に四足門がある。下社でも宝殿の重要性は明らかであるが、この本宮でも七年に一度、一社四本の御柱の建立とともに、寅・申の年ごとの式年祭には、この宝殿を更新して、交互に遷座する祭が主体で、大祝の宝物の置かれた前宮の内御玉殿とおなじ重要な性質の社殿なのである。ところが、廻廊はその重要な宝殿を横に見て通りすぎ、鍵の手に折れて逆の方向にかえり、拝所から拝殿、片拝殿にたいすると、入口の鳥居の方向を遙拝するかたちとなる。これは下社の秋・春宮、それから上社の前宮と見てきた感じからいうと、ひどくかわった感じである。それに一の御柱が、廻廊の鍵の手にまが

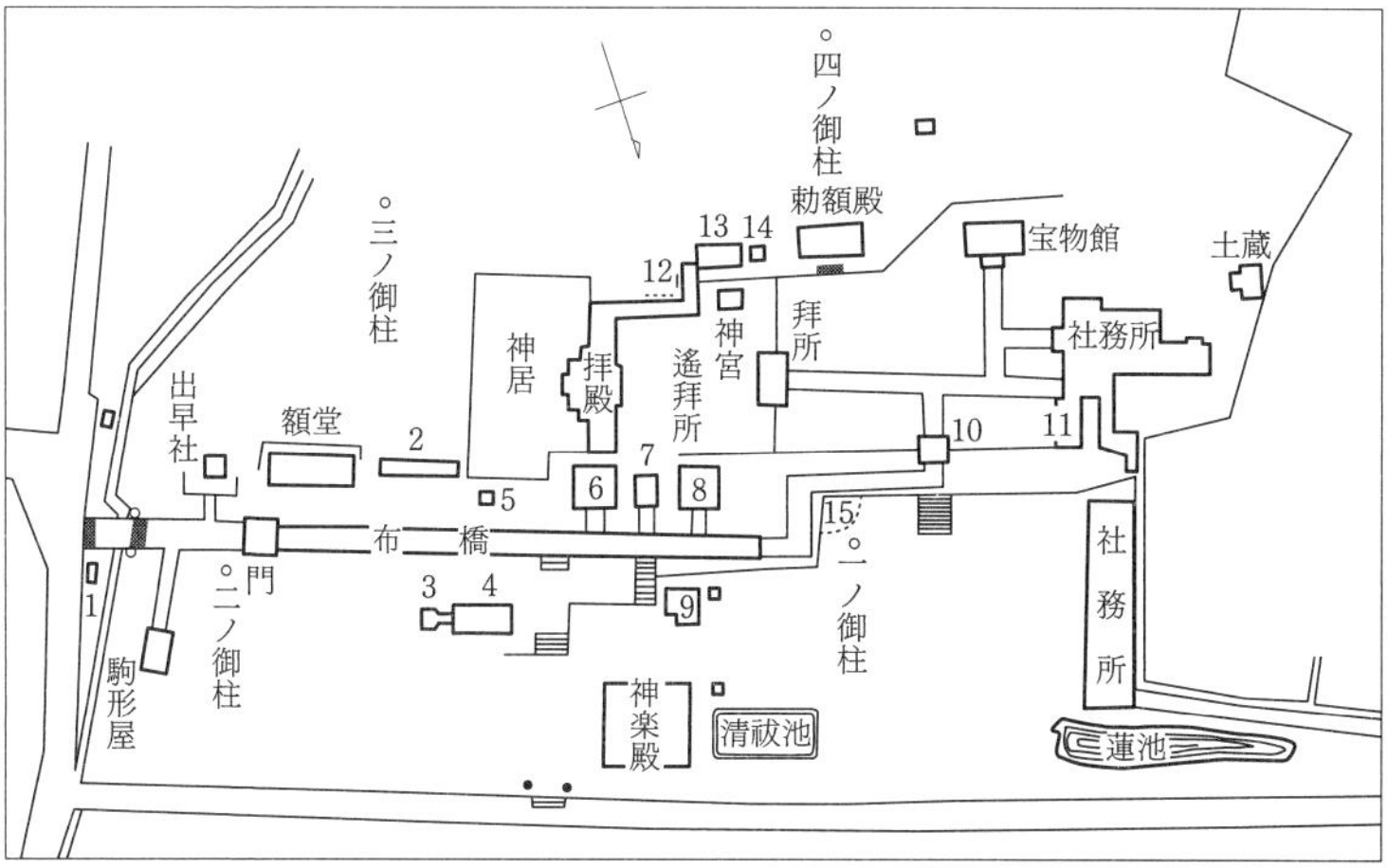

上社本宮の平面図

1 手水舎　2 摂末社遙拝所　3 勅使殿　4 五間廊　5 大国主命社　6 東宝殿　7 四饌足門　8 西宝殿　9 天滴水舎　10 塀重門　11 高御子屋　12 硯　石　13 神饌所　14 文　庫　15 沓　石

る角にある。いままで見た各社の、最大の一の御柱はすべて正面右側であったのに、これでは左側である。これは何かの機会に、大きく配置の変転があったのである。この点を古記に当たると、いま神楽殿のある下段、すなわち第一段が、氏子たちの祭の場で、贄掛《にえかけ》棚《だな》があり、いろいろのけものが掛けられていた。そして、正面の石段をのぼった次の第二段が、神長官以下の五官、神主などの登れる斎場で、宝殿、四足門などがあったのである。

　四足門は、いままではまったく意味をなさない向きにあるが、かつては大祝神だけが、最上段と思われる硯石という磐座へ登って行く門である。硯石は、

上社本宮の宝殿（三好祐司撮影）

神おろしをするシャーマンの最高至極の位置であったものといわれている。

つまり、いつの間にか、社殿全体の本義的な構成が忘れられて、配置が振りかわってしまったのであろう。なお、拝殿正面の均勢のとれた美しさと、左右の片拝殿の欄間にある右の鶏、左の鶉《うずら》の立川和四郎富昌（一七八五～一八五六。作品は静岡浅間神社・愛知秋葉神社・京都御所他）の彫刻は、繊細巧妙な写実で、江戸後期の代表的な作品といわれている。

6　鎌倉幕府との関係

前田氏本「神氏系図」には、諏訪神氏すなわち大祝の始祖有員《ありかず》以下に十四代の欠失部分がある。そしてその部分に、実にリアルな欠失の理由が書き留められている。十七代大祝為仲は、職位前に源義家について、十二年も奥州の戦場にあって武勲をたてた。前九年・後三年の両役である。やがて時いたり、帰郷して大祝に職位した。ところが、後から帰路に立ちよった義家に強く上京をすすめられたのである。もちろん、そこには論功と栄光が待っていたわけであろう。しかし為仲には、すでに大祝のタブー、境を越えられないという絶対な枷《かせ》があった。が、父為信の諫止もきかず、為仲は敢然、人間の行動に出て義家に従った。神の呪縛からとかれた人間の旅が続けられた。そして美濃国莚田庄芝原宿で、為仲の人間の旅は終わった。その夜、新羅三郎義光の手の者と為仲の従者とが、双六賽《すごろくさい》のことから大乱闘をはじめ、双方すくなくない死者をだした。為仲はみずからその責を負って腹を切ってはてた。

「神氏系図」は、この悲劇をきっぱり偏《ひとえに》所レ致二神罰一也といいきっている。人間の知性は神の呪性に敗北したのである。書類、系図、勅裁、相伝の証文のたぐいは、すべて為仲が舅の伊那馬太夫にあずけていったまま、その所在を失ってしまった。これが欠失の理由であるといっている。いろいろの論議もあるが、筆者は、創作ではできぬ中世（寛治元年・一〇八七）らしい現実性を、その説話から感じるのだが。……

それはそれとして、為仲以来諏訪神氏は、はげしく武士化していったようである。上社の諏訪神氏も下社の金刺《かなざし》氏も、それから分かれた各地の諏訪氏も、強く源氏と結ぶようになった。そして保元の乱。さらに治承四年（一一八〇）には、源義仲の木曽挙兵について下社金刺、上社諏訪、千野の一族中の強力者は、あげてこれに馳せ参じた。おなじ年、これに呼応するように頼朝から諏訪上・下社に、平井出、宮処、竜市、岡仁谷など、天竜川の水源の牧場地帯が寄進されている。もちろん、これは、源氏再興の先付手形であったろうが、いずれにしろ鎌倉幕府と諏訪神氏との結びつきは、いよいよ深まったわけである。

しかし、信濃源氏は木曽義仲と運命をともにし、手塚光盛、今井兼平、樋口兼光、千野光弘、ほか藤沢、根津などの勇将を失って一応壊滅することとなった。

一つの諏訪神社の危機であったわけである。

ところが、そのうちの一人、下社大祝金刺盛澄は御射山祭事のために、一人遠征軍の中から越前安保で引きかえしている。そしてそのまま頼朝の傘下に入り、由来、鎌倉幕府と諏訪大社との、切っても切れない縁が生まれることになった。文治五年（一一八九）のことである。諏訪神は蘇生した。

旧七月二十六日から八月一日まで、上社は諏訪郡原村の八ヶ岳山麓の原山に、下社は奥霧ヶ峰（海抜一六四〇メートル）の八島高層湿原の一部に、それぞれ広大な円形の屋外桟敷を設け、そこに、穂屋《ほや》とよぶ仮屋を建てて、祭のあいだ仮泊し祭祀が行われるようになった。そのまわりの限りなく拡がる荒野を神野《こうや》とよんで、そこでは遠駈、騎射それに放鷹を主要素とした草鹿《くさじし》、三馳《みち》、小笠懸《おがさがけ》、あるいは流鏑馬《やぶさめ》、ときには相撲などの競技も行われたものと思われる。

下社の旧御射山は、長軸三七〇メートル・短径二七〇メートルにおよぶ、巨大なコロシアム状の円形土壇を築造し、その桟敷の段は高さ一二メートルにおよぶ部分もあり、それが十数段重なって、いまも塁々と夏草の中に横たわっている。あたりは、はなはだしい土師器盃（かわらけ）の破片、また宋銭、刀、鉄鏃、馬具、薙鎌、それに宋代の青磁片もかなり出土している。早大調査団の発掘調査によると、各段にも穂屋阯らしい細い柱穴や炉などがみられ、中央凹地には、神殿阯らしいかなりしっかりした建造物阯も知られている。この大祭は、鎌倉幕府の強いバックアップによって行われたもののようで、したがって北条氏の全盛期、承久頃から栄えに栄えた。そして、諏訪氏の武技と忠誠、たとえば盛重、信重などは、北条氏の柱石として重んじられた。幕府は諏訪明神の加護と氏人の武勇をたのみ、神社はその政治・経済の力に祭政の経営をゆだねていたものであろう。諏訪大社の全盛時代といっていい。今日、全国に拡がっている諏訪神社の各社は、この時期に守護、地頭たちの武神として勧請《かんじょう》されていったものが、もっとも多いといわれている。諏訪神氏一族の繁栄と共に、各地に拡がってゆき、その氏神としてひろまった例の多いこともいうまでもない。

しかし、このような背景になっていた北条氏の滅びるときがやがてくる。鎌倉に大勢力をはっていた諏訪氏は勇戦、これに殉じて衰滅してゆく。諏訪神社の衰運はこのときに始まったものであろう。建武二年（一三三五）中先代の乱に、鎌倉大御堂で北条氏に殉じ、壮烈な死をとげた諏訪照雲入道頼重の五輪塔が、前宮の神殿の上にある。これこそ、繁栄と滅亡が背中合せにあった武神の宿命の記念碑だったともいえよう。

7　下社大祝の滅亡

室町時代は、鎌倉時代に数多く分流した諸家の整理統合の時期でもあった。それは下剋上《げこくじょう》とか、家督相続の抗争、惣領家のうばいあいなど、いろいろなかたちで行われたが、信濃では守護小笠原氏と存郷の諸族の勢力とが、複雑にからみ合って、たえまのない抗争が続いた。上社対下社、上社の大祝家対総領家（当時では、すでに祭政権は分岐して、大祝家と総領家にそれぞれ祭と政は分権していた）など、いずれも、その例外ではなかった。

宝徳元年（一四四九）には内乱があって下社が焼け、続いて、永正十五年（一五一八）には、上社に攻め立てられて、下社は全く滅亡、上代以来の下社大祝家、名族金刺《かなざし》氏は姿を消すことになった。

下社大祝金刺氏は、大和磯城、島の金刺宮に舎人《とねり》として奉仕した人の血筋のようである。それがはっきり諏訪下社との関連で考えられるのは、『三代実録』の貞観五年（八六三）九月五日の条に、信濃国諏訪郡人右近衛将監正六位上金刺《かなざし》貞長という人がはじめのようである。今、下社の古記録のよるべきものが少なく、ただ一つの金刺氏系図がそのへんを極めて合理的に描出しているが、有学の後世大祝の偽作という説が強いのであげない。しかし、南方刀美神がはじめて従五位に叙せられた九世紀中葉に、すでに正六位の金刺氏のいたことから考えれば、この下社金刺大祝の出現というものが、諏訪神社の中央化という事実に、強い力をもっていたものと考えざるを得ない。貞長のころから、上社との抗争で金刺氏の全滅する永正のころまで、約七、八世紀にわたって、下社は大祝金刺氏の勢力をもって、上社と拮抗していたわけであるが、その全盛期の記録はほとんど失われて、いまは知る由もない。

それから、金刺氏の分家の今井氏が、武居祝《たけいほうり》として、下社大祝職をつぐことになるが、長い空白が、そこにはあって、下社の領域はせばめられ、郷村は失われ、古い祭式その他は、ほとんど転退してしまったもののようである。今日、上社が全国にも珍しい古い記録をもっているのに、下社が、社殿の形式のみ古く、古式の祭式や記録の見られないのは、そうした理由によるものである。

しかし、下社を収めた上社総領家も、戦国の定めからは、まぬかれることはできなかった。隣国甲斐の武田氏と、和戦、虚々実々をくりかえしていたが、やがて、天文十一年（一五四二）信玄に滅されてしまう。

こうして、諏訪大社の荒廃しきった社殿や祭式は、主をかえて、甲斐武田氏によって再興されることになるが、それもつかの間、武田の滅亡と共に織田軍の侵入によって、天正十年(一五八二)上社も焼きはらわれてしまうのである。幸いなことに室町の文献が、神長家、大祝家に残ったため、古態を知りうるとはいうものの、社殿祭式の原形は、まず、このとき失われてしまったのであろう。

8　諏訪大社の現況

諏訪大社は、いまもなお、深い濃い霧の中にある。わかることとは、諏訪大社の理解されるときは、日本古代史の欠史のうちのかなりの部分が明らかにされるときだということである。

しかし、武田氏滅亡以来、この上代から続いた祭政体は完全に分離し、政治的要素が、徳川政権の一小藩諏訪氏にうつり、前宮の政治的重要性がまず失われる。わずかに残った祭祀は社僧の勢力下にかなりゆがめられ、その上、明治元年には神仏分離で、仏教的要素と共にまた大半が亡失する。

以降、多く信濃国内に残るかつての郷村が、その祭祀に奉仕し、やがて官幣の制をむかえる。

いま、長い変貌の末、諏訪大社は信仰や観光、さらにまたこの地方の人々の心の場として、ここにあるのだが、私はもっと重要な意味において、日本歴史の生きた化石——文化財としての、かえがたい評価が、そこにあると思うのである。

【参考図書】

諏訪神社の研究上・下　宮地直一　諏訪教育会　昭和十二年
諏訪の歴史　今井広亀　諏訪教育会　昭和三十年
諏訪の御柱祭　宮坂清通　甲陽書房　昭和三十一年
銅鐸　藤森栄一　学生社　昭和三十九年

（一九六五年）

III

発掘ジャーナリズム

発掘というのは、考古学の発掘のことで、新聞は新聞である。

いっけん、縁がないようで、思えばこの二つは、明治百年とはいえないまでも、確かなところ、明治十年十二月十六日、「朝野新聞」一二九二号から、九十年におよぶ長い長い、おつき合いであった。

その日本最古の発掘記事は、文部大輔田中不二麻呂の書いた大森介墟の出土品を聖覧に供したいという上告書の写しで、記者の書いた記事ではない。当然、カチカチの文語体である。要約すると、「本年九月、東京大学理学部教授エドワルド・S・モールス氏が汽車に駕し、府下大森村を駛行したとき、玻璃窓の彼方の崖に貝殻が推挟し、中には隠々として含有物のある兆象を発見し、心頭頗る感触を発した……」という調子で、モールスが学生を引きつれて乗り込み、日本最初の発掘が行なわれた経過や状態を詳述している。

そして面白いことは、最後に、こういう発見品は外国の古物と交換すれば、地球上の古文化の研究に益するが、私利の徒にゆだねれば、徒らに海外に流出し去るのみ、その弊害を未前に防止するべきであると結んでいることである。実に立派な記事だと思う。

新聞とつき合いがはじまった学問としては、まず考古学は最古の一つといっていいだろう。それから、明治末年の、諏訪湖底に沈んでいた曽根遺跡の不思議についての論争は、考古学というものに、新聞が大きな夢をかける一因になった。引き続いて大正初年、個人的にも私立考古博物館まで持った「大阪毎日」社長の本山彦一が一切のマネージメントをした京都大学の河内国府の発掘が大当りに当って「大毎」が非常に売れたことがある。むろん、ボスの好きな記事はデスクも記者もトロッコもこれを追うようになった。これから、発掘の記事は、事件ものの単調さを救う囲みもの、穴埋めなどの花形として珍重されるようになった。

戦後になっても「毎日」が静岡登呂をバックアップすれば、「朝日」は長野県平出をかつぐ、おくれては、というわけではないだろうが、「読売」は、新しいジャンルとして、旧石器を追うといった傾向も現れてきた。そしてそれぞれに考古学ブームを醸成してくれた。

むろん、それはそれで結構なことで、学界もどのくらい助けてもらっているかしれない。

土の中から、物が出てくるということ自体、百万両の大判小判でなくても、大衆には充分面白かったのである。が、大正末頃から、考古学の記事に一つの特徴がでてくる。日本一、大きい小さい、初めて、もっとも古い、新しい、――それはあまりないが、とにかく、発掘は次から次へと、デスクの喜ぶ何かしらのトピックを提供しなければならない傾向がでてきた。

笑うべき日本最古や最大の記録を、記事ごとに更新しているようであった。だから出先の記者たちも、そういうことでもないと承知しないのである。発掘現場で、炎天のもと、正確にこと細かに説明する。向うもメモをとるが、実はそんなのは儀礼的で、狙いはその次の質問である。――いったい、こいつは、俺の云うことを聞いていたのだろうか――そう恨みたくもなる質問である。次の日の記事には、例の大正以来の珍らしさだけが、大々的に書かれている。そうした要求にあわないときは、まず、追い込みか、地方紙以外は没である。

考古学の発掘など、そんなに面白いネタがその都度でてくるものではないのである。たしかに、近時の考古学発掘の記事は、記者諸賢の力量とともに、面白く、専門のわれわれも、つい関係のない遠い記事でも、見にゆきたくなるほどみごとである。特輯ものでも、専門学者の書いたのは、肝心なところがウヤムヤで、記者の書いたのは、要点をよくしめていてスクラップして置いて使いたいほどである。が、しかし、本当はよくわからないのが本当なのである。

本紙で中島河太郎氏が次のような意見を述べている。砧で炎天下の発掘を覗いた。丹念な作業を続けていたが、格別な発見はなかった。これが当り前であろう。が、気になるのは、いつも考古学の発掘に限って新聞は大々的に書き立てることである。記者が見当がつかないせいもあるが、発掘者も、別に儲けにもならぬ仕事だから、せめて、オーバーな表現で宣伝することでうさ晴しをしているのではないだろうか、というのである。

なるほど、そうにもとれるだろうし、事実、そう話さないと記事にならず、したがって、いろんな方面に協力が得にくくなることもあるだろう。

それについて私には、どうも、考古学の記事をトピカルな部分だけ大きく取り上げる新聞自体の方に責任があると思われるのだが。読者は、そんなに珍らしいことだけしか飛びつかぬほど、まだ低いのだろうか。

（一九六六年）

中央道と埋蔵文化財

北佐久岩村田でこのほど開かれた県考古学会の大会で、私たちは重大な決議をした。それは、議事をみていた私には、本当に身の凍るような決議だった。

結論をいえば、南信を縦貫する中央道で、路線発表になっただけでも百十一遺跡、実に五十八万平方メートルの埋蔵文化財が破壊されることになるが、この膨大な数字の発掘調査と記録保存は、今のままのわれわれの力では、とうてい不可能だということである。

遺跡があるということは、今はじまったことではなく、すでに予備調査でリストアップして、県教委を通じ、道路公団も承知のはずである。それでもなお、下伊那、飯田、上伊那の路線発表をみて、五十八万平方メートルもの破壊を防ぎ得なかったのは、一つに公団の責任である。

思うに、標高海抜の低い既開発地帯の抵抗、地価高からだろうと思うが、実は未開発の高燥台地は、縄文時代から引きつづき、弥生時代から平安時代までにも及ぶユートピア地帯であった。いまだかつて、調査の手も及ばないままに眠っていた大集落が、ブルドーザーであばかれることになったのである。

われわれ、県在住の考古学者は、当日の大会で、開発自体がけしからん、なんでもかでも文化財を守れという論者は一人もいなかった。国策であり、未開発地帯に日の当たる得がたいチャンスとしたら、むろん協力もしようと立ち上がったのであるが、その破壊のすさまじい量には、いかんとも、全国に冠たる発掘技術者の質量を誇る当会メンバーも、ただ驚くほかなかった。

さっそく調査を必要とする飯田地区からは「恵那山トンネル口、網掛峠の東山道古道の祭祀遺跡群や飯田市の石子原古墳だけは、ぜひ残したい。また飯田市大門原や高森町鐘鋳原《かないばら》や新切遺跡は、どうしてこんな高燥地に大集落が栄えたかという重要な研究資料である。どうしても路線変更が無理なら、高架にしてでも残したら」と、強い意見が出ている。事実、大門原一つでも、記録保存の作業は一年はゆうにかかると推算されている。

いままでわれわれは、本業の余暇をさき、気兼ねしつつ、いろいろの破壊をふせぎ、また場合によれば記録保存という便法で、開発に協力してきた。しかし、もう、これまでが限度である。推算してざっと十何億円という調査義務を負う道路公団は、今度も、いよいよとなれば何とか押せると思ってはいけない。県考古学会は、今回、次のような決議をしているのである。

一、県中央文化財資料館を建ててほしいこと。ここでは、全県で調査される埋蔵文化財を収容し、研究要員の養成、保護の徹底を計る。

一、県教委社会教育課の文化財係を課に昇格充実、現埋蔵文化財の指導主事を大幅に増員してほしいこと。現有文化財係の二人の指導主事は、全国一の埋文持有県の、また日本一の破壊量に立ち向かい、西走東奔して、しかも全く手のおよばない多くがある一方、専門技術を学んできた学生が、正しい技術を生かす職を得ていない。

一、発掘調査員の本職の保証は、当然、公団において負うべきこと。

一年あるいは数年の調査は、当然調査員の生活をおびやかす。考古学研究はわれわれの生きてきた使命でありながら、実は本業ではないのである。

埋蔵文化財は、いまの二十世紀末のわれわれのものではない。人類の祖先が残した遺産で、われわれには、これを次代に伝える責任のほか、何もない。

地下にあったものは地下へ置け、それがもっとも望ましいが、やむをえないなら、われわれの世代の責任において、記録を保存して、文化財は、永久に保護すべき責務をもつ。すべての、開発者は当面の福利のために、無に葬ることはゆるされないのである。

（一九六九年）

〝埋文〟は何もいわないが…

埋文とは埋蔵文化財の略、地下に埋もれているわれわれ祖先の遺業である。
日本人はどうして、今日の繁栄？　に達したか、それを知るのには、むろん書かれた歴史にも出てくるが、それはほとんど英雄や豪傑を含めて、権力者のことばかりである。政治の底辺にあって文化をになった人々のことは、まったく出てこないといってもいい。それが、地下の博物館には、有機物こそ腐ってしまうが、日本の民衆が数万年前から、昨日までじっと眠っているのである。

一万年をさかのぼる旧石器時代の文化財は、たいてい一メートル以上の深い下部土層に含まれているが、次の縄文《じょうもん》時代のは、せいぜい数十センチの浅い黒土の下底にある。米作のはじまってからの弥生《やよい》時代から歴史時代までのものは原則として、われわれの生活立地と重なっているので、諸君の床下にも田圃《たんぼ》の地下にもいっぱい。あたりまえのことながら、今の人に住みよい場所は昔だって住みよかったわけである。

ところで、日本の古文化は大陸のそれのように石や煉瓦《れんが》で、金銀に溢《あふ》れた文化とはわけがちがっている。木と土で造られ、残存しているのは悲しいことに土に残された遺構と若干のやきものと石細工のみである。まれには青銅器が残ることはあっても、鉄の道具はたいてい酸化し去っている。要するにわが祖先は、きわめつきの乏しさの中に営々として生き抜いてきたのである。としても、何も卑下することはない。それが輝かしき民族の試練の時代だからである。

田圃にも街《まち》にも村にも、そして山野にもそういうわれわれの祖先の跡はみち溢れている。わりとよく調べられた長野県や千葉県では一万数千の埋蔵地が知られているが、むろん他府県だって調査が及べば、その数はおとるものではない。

専門の考古学者といえども、石油や水脈を検出するような電探もできないので、地表よりかなしい感によって探知する方法しかないのだから、ノーマーリィ（正常な状態下で）の埋文の数は見当もつかない。それなのに、今、国土再開発による埋蔵文化財の破壊は目をおおうものがある。考古学という学問は、その埋蔵文化財を掘りだして古代文化を復原するのが仕事である。ところが、今の情勢はその破壊を守る、つまり掘らぬことが仕事になってきた。

日本の文化財保護法というのには、その埋文を掘りとり調査して、その記録を保存することにより破壊することが認められている。そのため開発や破壊者は、まず、わずかな調査費を計上して、学者を駆使し、応分の調査書を出しさえすれば、何の遠慮もなく祖先の血や汗の遺跡をふっとばしていける。九州から北海道まで、道路敷設、工場建設、住宅団地、レジャー施設、耕地改良のため、急激に煙滅しつつある埋蔵文化財は、この短文では九牛の一毛もお伝えすることはできない。

考古学者がいかにそういう破壊に反対してみても、法の上でゆるされている以上、毀《こわ》されるときまったからは、どんな重い腰でも上げて、記録保存に立ち上がらざるを得ない。

いかに声をからしたところで、ほっておけばただ煙滅してしまうだけである。考古学者も陽《ひ》の当たる仕事になってきたという人もある。多少の日当を得て、心ない破壊の下手人になるやるせなさ。発掘された遺構は再びもどらない。その空《むな》しさ。日当があるといっても、もとより安定した生活があるわけではないから、考古学者は十中八、九、学校の先生で激務をかかえての上である。いま激動驀進《ばくしん》する開発にはとうていついていけない。研究者のいる府県はそれでもなんとか追っかけるが、いない地方はふっとばしてそのままということであろう。

地方自治体自体の認識、埋文についての教委の自覚も立派とはいえない。自らの記念物を、福利のためならやむを得ないと目をつむってしまうところもある。

一本の自動車道路が通るとする。地主は憲法をたてにとって、柿《カキ》の木一木、いや山畑に枯れ残る桑株一つも権益として守り、有償を獲得する。けれども、地下に眠る祖先の埋文について、これを身をもって、地方文化のため死守したという教育委員会のあったという話をきいていない。

死んだ人はもう何もいわない。埋文も何もいわない。だから、ほっといていいのだろうか。日本中にはたくさんの考古学者がいる。いまこそ、教師その他の職業をもって、じりじりと行く末に心をたぎらせている人々を埋文の保護研究に開放専心させるべき時ではないだろうか。そして埋文法改訂とともに。

（一九七二年）

解題にかえて――書かれた時代と背景

三上徹也

今年（二〇二三年）は、藤森栄一の没後五十年という節目の年にあたり、藤森栄一の重要論文・エッセイを集めたアンソロジーが編まれることになった。収録されている論文の多くについては『藤森栄一全集』の各巻解題をはじめすでに多くの優れた解説があり、もとより筆者にはそれ以上の解説などできようはずはない。そこでせめて、藤森の育った諏訪で藤森の文章に導かれてきた者として、書かれた時代と背景に焦点をあてて紹介し、藤森の人物史のごく一端を知る参考に供したい。

藤森の処女論文は諏訪中学三年生、十五歳の一九二七年（昭和二）、『諏訪中学校学友会誌』第二六号に載った「有史以前に於ける土錘の分布と諏訪湖」。文中に「過去三年間を費した」とあるので、中学に入ったばかりの時からの成果である。中学の恩師・三沢勝衛の「風土地理学」の影響を強く受け、考古資料を風土地理的環境に相関させて、かつての諏訪湖の大きさと今後の行く末を描いた渾身の作だった。

藤森の考古学は、諏訪湖底曽根遺跡から引き上げられる美しい石鏃に魅せられたことから始まる。やがて、なぜ湖底にあるのかの不思議にさ迷う。明治期の大学者の杭上住居説、断層沈下説などの論争は決着せずに、考古学の大きな課題となっていた。そのことを含め、藤森の関心は、湖の大きさの変化にその時あった。当時、内陸湖沼は流入する土砂堆積物などでやがて小さくなってゆく運命と考えられて、諏訪湖も例外ではないとされていた。そうした中でこの論文は、かつて諏訪湖が大きかったということを土錘という考古資料を用いてその分布状況から明示して、今に小さくなっていることをいわば実証したものだった。曽根に関しては、杭上住居か断層沈下かと従来の考えにとどまったのだが、大きな評価を得たうえに、「天才考古少年あらわる」などと注目された。

しかし、地元諏訪の考古学の師、両角守一は痛烈な一言を放ったという。「君の諏訪湖の土錘の研究ってのの、見たがね。ダメダメ。第一、あの土錘が何時代のものかってことが、ぜんぜん証明されていないいじゃないいか。土錘といっしょに出た土器、君のいう、そのかけらが時代区分のきめ手になるのだよ」（藤森栄一『心の灯』筑摩書房、一九七一年）。この一言の重みはその後ずっと、藤森の胸の重しになっていたのではなかったか。

「諏訪湖の大きかった時と小さかった時」は、それから三十六年経った一九六三年の著作である。詳細な時間軸に沿って、諏訪湖の大きさの変化をくわしく追った。この論考は地元の『諏訪』（第五号、甲陽書房）という小さな雑誌に発表された。地域の人たちにわかりやすくエッセイ風に。このとき同時に、この問題を広く学術界に提起すべきとも目論んでいた。

本文の最後に「近く、地学雑誌に「石器時代の陸水の増減について」という題で正報告が出される予定で、本篇はその予報である」と記している。しかし、なかなか出なかった。「わたしの正報告は、東京大学人類学教室の渡辺直経博士を通して地理学教室の岩塚守公、西川治両博士、東京都立大学矢沢大二博士とまわり、吟味、再検討されたが、考古学自体の思考方法の甘さと、問題自体のもつ重要性から、修正や訂正がきびしく繰りかえされ、なかなか活字にはならなかった」（藤森栄一『遥かなる信濃』学生社、一九七〇年）。ようやく二年後の一九六五年『地学雑誌』七四巻二号に、「考古学的資料よりみた沖積世における諏訪湖の水位変動」と、いかにもアカデミックなタイトルで掲載された。しかし、藤森の弟子であった戸沢充則が言う。科学的な論文としては「もう一つ実証性に欠けるところがあるため、私は考古学協会の研究発表をきいても、論文を見てもあまり感心しなかった。むしろ前後して書いた「諏訪湖の大きかった時と小さかった時」などのような、自由なエッセイの中に、人と湖水の歴史が織りなす面白さがあると思った」と（戸沢充則「解説」『藤森栄一全集　第一二巻』学生社、一九八六年）。

いずれにしても、師の厳しい助言を心に秘めた藤森が、ようやく求めた一つの答えではなかったろうか。それは同時に、湖底遺跡曽根の謎に大きく迫る成果でもあった。

藤森栄一の初期の本格的論文は、その後にも少ない古墳研究であった。一九三九年（昭和十四）、**「信濃諏訪地方古墳の地域的研究」**（「考古学上よりしたる古墳墓立地の観方—信濃諏訪地方古墳の地域的研究—」『考古学』一〇巻一号）である。後、一九四四年（昭和十九）に伊藤書店から「日本学術論叢」一一として刊行され、さらに一九七四年、藤森の還暦に「永い夫婦の年月の記念に」と弟子の宮坂光昭が企画し、この論文を核とする古墳研究をまとめて『古墳の地域的研究』(永井企画出版)が出版された。

「この論文は発表後の合評会でも、後藤守一、神林淳雄両先輩の異常な支持賞讃をうけ」(「序にかえて」『古墳の地域的研究』)と喜んだ。古墳という権力の象徴的な構築物とその内容物に研究の主眼が置かれた当時の研究。莫大な労力をかけて造られるモニュメントには、当然経済的バックボーンがある。支配者(古墳)と生産者(集落遺跡)の有機的な関連、その相関をあぶりだす作業＝歴史叙述の実践だった。

この論文の生まれる背景をみずから記している。師・森本六爾が亡くなる(一九三六年〔昭和十二〕一月二十二日)直前、多くの弟子に「皆はそれぞれの特長に進め」と言い残した(藤森栄一『二粒の籾』河出書房、一九六七年)。この時、藤森はいかに。「昭和十二年、大阪の大阪鉄工所(日立造船)の社長秘書係にいたとき、学友の小林行雄君は、京都でもう押しも押されもせぬ弥生文化の研究者になっていたし、杉原荘介君は東京で、縄文文化から転じて、弥生の分野に切りこんでいたし、藤沢一夫君はゆうゆうせまらず古瓦の研究に打ち込んでいた。わたしは、いたずらに小林・藤沢両君の尻馬にのって右往左往するだけ、――俺はいったいどうなるんだ――人並みに悩んだ末、――そうだ二人の隔間、古墳文化をやろう――という気になった」という。こうして休みを利用して故郷諏訪へ帰っての古墳調査が始まった。しかし、困った。古墳の実測一つにも、とうてい一人では無理。必要な助手を、恩師矢ケ崎輝夫先生に頼って尋ねた。先生は長女・みち子を指名した。その時「わたしが二十七、みち子さんは二十二であった」。懸命に論文を書き上げて、そして二人は一九三八年（昭和十三）、遺跡の恋を実らせた（「あとがき――論文へのつきせぬ思い――」『古墳の地域的研究』）。

二人の結ばれた一九三八年、考古学界を揺るがす大きな事件が起きた。京都帝国大学医学部教授で考古学・人類学・民俗学の研究者であり収集家でもあった清野謙次が、ある有名な寺の寺宝ともいえる文書を窃盗して逮捕されるという事件であった。時の京大総長で考古学者の濱田耕作は事件処理の心労がたたって急死し、本人は翌年辞職と世間を大きく騒がせた。

「掘るだけなら掘らんでもいい話」はこの時書かれた。ただし、発表されることはなく埋もれた。藤森の死後、遺稿の一つとしてみつかって、一九七四年刊行の遺稿集『考古学・考古学者』（学生社）に陽の目を見た。

文面からは、考古学を一筋にあこがれ、若き情熱をもって取り組んでいた藤森の衝撃、憤慨が伝わってくる。しかし、藤森は怒りにとどまらず、事件の背景にある「知識欲の追求と資料追随主義という学問の錯覚に毒され」たアカデミズムの体質を指摘し、「資料も知識もそれ自身つまるところ何のオーソリティにも価しない」と喝破し、学問はそれを元に「人間の学問」として、「古代日本人の生活」を探究し明らかにすることにある、そうした学問にみんな向かおう、と呼びかける。藤森に貫く姿勢が凝縮されている。

一九四二年（昭和十七）十一月十三日、諏訪に届いた赤紙が、大阪に住む藤森の元に転送された。三十一歳の藤森は、死地に向かう前の時間を論文執筆に費やした。その一本が**「弥生式文化に於ける摂津加茂の石器群の意義に就いて」**であった。未定稿であった原稿に急ぎ手を加えて完成させた。相模原東部部隊入隊が十二月二日。間際まで考古学と対峙した。論文は翌四三年（昭和十八）七月、日本古代文化学会の『古代文化』一四巻七号（葦牙書房）に掲載された。

摂津加茂の遺跡は畿内有数の弥生時代遺跡で、膨大な石器原石・剝片とともに、木工具・武具それぞれがさらに小目的別に、石材を熟知する中で作り分けられている様を描き出し、その上で金属器がすでに存在する中期の時代の大量の石器生産を、その背景におよんで描き出す。今にしても刺激的といえる視点・内容といえまいか。戦前の藤森は、森本はじめ東京考古学会の影響の下、弥生文化の研究者として知られていた。

さて応召した藤森は、まだ言い尽くせぬといわんばかりに、赴いた戦地で軍務の暇に補遺を書く。論文末の〈編者言〉に「藤森君は戦場から本篇の補遺、姉妹篇とも見るべきものを書き送ってこられたが、それはここに併載する時間がなかった」とある。「日本石器時代に於ける器具の発展について」が、三カ月後の同年十月、『古代文化』一四巻一〇号に掲載された。つまり、この両篇は、藤森の「遺書」ともいえるものだった。

戦後の藤森栄一の主要な学説である縄文農耕論に関する最初の活字が、一九四九年十一月、『夕刊信州』に掲載された**「原始焼畑陸耕の問題」**である。『藤森栄一全集　第九巻』でも紹介だけはされている。しかし、その原文は『藤森栄一全集』にも、つまりどこにも再録されることなく、いわば「幻の一文」となってしまって長かった。

そのずっと後のこと。諏訪考古学研究会がこの原典を突き止め、二〇一四年に『藤森栄一の蒔いた種 今―縄文中期文化論を問う―』に収録されて、ようやく陽の目を見るに至った。なお翌五〇年、『歴史評論』(四巻四号)に「日本原始陸耕の諸問題」を発表している。

その後、藤森が精力的に提唱する縄文中期農耕論には、多くの批判が寄せられる。それには「縄文中期文化の構成」(『考古学研究』三六号、一九六三年)や「縄文時代農耕論とその展開」(『考古学研究』三八号、一九六三年)で応えたが、これらもさらなる反論を呼び込んだ。

こうした中で一九六五年、地域の考古学研究者たちと進めていた、諏訪郡富士見町の井戸尻遺跡群の発掘調査の成果をまとめた大著『井戸尻―長野県富士見町における中期縄文遺跡群の研究―』(中央公論美術出版)が刊行された。その結論総括が**「中期縄文文化論」**である。後に「私は縄文中期農耕存在の決め手として」「充分の気概をこめてかかった」が、「論旨は意外にも伸びなかった」と吐露していた(藤森栄一「はしがき」『縄文農耕論』学生社、一九七〇年)。弟子の武藤雄六はその論調を見逃すことなく、「この直前に与えられた縄文農耕論への学界の具体的批判を考慮してか」「いったんは後退させている気配がみえる」と指摘した。藤森自身も「筆者の固く信じてきた縄文中期農耕論は、一応、自らこれを棚上げのかたちにして巻を終えた」(藤森栄一「縄文中期農耕肯定論の現段階」『古代文化』一五巻五号、一九六五年)と語っている。

その五年後の一九七〇年、「縄文農耕肯定論現時点の、手のうちのすべてといっていいかもしれない」（「はしがき」『縄文農耕論』）と、**「縄文中期植物栽培の起源」**が全霊こめて書き下ろされた。武藤が「論争の集約」と評価したこの一文は、結果的に藤森が縄文農耕論に触れた最後である。

『井戸尻』の大きなテーマはこの文化論と、もう一つが考古学における基本、時間軸の提示である。貝塚のない山岳地帯では不可能とまで思われた土器編年。しかし、文化論の強い足元固めには必須であった。共に調査にあたった武藤とともに、住居跡の切り合い関係から土器編年が組み立てられそうだという感触は、一九五八年に始まる井戸尻遺跡群の調査の早くからあったという。六〇・六一年には曽利遺跡の調査が行われ、その報告が六四年の『長野県考古学会誌』創刊号に「曽利遺跡特集号」と組まれて発表された。このなかで「竪穴別による土器編年」として、原理と実践が「新しい編年法の可能性」として報告され、中期後半の曽利Ⅰ～Ⅴ式の細分・編年が開陳された。やがて中期全体の編年が先の『井戸尻』に完成し、公刊された。そうした成果を、満を持したかのように一般書にも堂々広めた。**「中期縄文土器とその文化」**（「縄文中期文化・中部日本」『新版考古学講座3　先史文化』雄山閣、一九六九年）である。井戸尻編年を最も体系的に述べた著作といえるのではなかろうか。

縄文時代研究を進めていた一九六〇年前後に藤森は、諏訪神社に関する研究も精力的に行っている。一九六一年から翌六二年という限られた期間に八編もの諏訪神社研究論文を連続的に『信濃』誌上に発表する。「南信濃の古瓦」（『信濃』一三巻九号）、「諏訪神社の紫舟」（同一〇号）、

「売神祝印と下社御宝印―諏訪神社の考古学的研究（一）―」（同一一号）、「秋宮経蔵下の埋蔵金と経塚―諏訪神社の考古学的研究（二）―」（同一二号）、「下社附近出土品の調査（上）―諏訪神社の考古学的研究（三）―」（一四巻二号）、「下社附近出土品の調査（下）―諏訪神社の考古学的研究（三）《ママ》―」（同三号）、「鉄鐸　その古代史上の意義　―諏訪神社の考古学的研究（四）―」（同四号）、「薙鎌考―諏訪神社の考古学的研究（五）―」（同一一号）である。

この一連の著作がその後、『銅鐸』（学生社、一九六四年）と『**諏訪大社**』（中央公論美術出版、一九六五年）となる。『諏訪大社』は、『銅鐸』の中の諏訪大社の部分を一冊にしないかという中央公論美術出版の栗本社長の勧めなどがあってできたという。この『諏訪大社』は四十ページほどのコンパクなものであったが、栗本さんからかなりきびしくクレームがついて、大冊を作るほどに苦心したという。だからというわけではないが、大社に関する論文はこれが最後となっている。藤森の生涯の中では極めて短い期間、凝縮されたこの業績は、考古学と諏訪神社研究をつなぎ、後に多大な影響をもたらした。

その一九六〇年代のこと。六二年に宮坂英弌を会長として長野県考古学会が発足する。学会は学術雑誌として『長野県考古学会誌』を発行し、それとは別に会員向けのいわば情報交換の場として「連絡紙」という機関紙も出していた。六四年十月の「連絡紙十一」に、「本号より藤森栄一氏をわずらわし、考古随筆を連載することになりました。ご期待ください」と、「考古随想」なる名称での連載が始まった。長きの連載となり、六五年の一五号から紙名は「信濃考古」と改題された。やがて藤森は六八年に長野県考古学会会長となり、その年「一度つけた灯を消さないこと」で連載の区切りにしている。この十回の連載は『藤森栄一全集　第一五巻』に**「考古学への想い」**とのタイトルでまとめられた。

始まった六四年の八月に『銅鐸』が刊行され、十一月には毎日出版文化賞を受賞し、以後、『旧石器の狩人』（学生社、一九六五年）、『古道』（学生社、一九六六年）、『二粒の籾』と出版ラッシュとなってゆく。著者として油がのっていた時期である。若い会員、考古学を志す初学者に、考古学とは何か、学問の姿勢や研究の心得を語りかけた熱のこもったエッセイである。ここでも藤森は、「掘ることがたのしくて、集めることがうれしくてこの学問に入ったのではない」、「遙かかつての世にいなくなった人々の生活や感情を知るための学問であるはずである」と、考古学の意義を記している。それとともに「遊んでみること」「ケンカをしてみる事」などからは、おおっぴらで活発に討論し、付き合い、現場を見てまわる、自由で開放的な藤森の学問のあり方がみえてくる。

一九六〇年代からの日本は、高度経済成長の時代。六一〜七〇年度までの十年間に実質国民総生産の年平均成長率七・二パーセントを達成して、国民所得は倍増する。六八年にはアメリカに次ぐ第二位の経済大国となっていた。

しかし、経済成長と引き換えに失うものも多かった。日本は確かに豊かになって変わっていった。その便利さを求める開発は、自然のそして遺跡の破壊と表裏であった。こうした事態への憂慮が、新聞への執筆へと背中をおした。**「発掘ジャーナリズム」**（一九六六年）、**「中央道と埋蔵文化財」**（一九六九年）、**「〝埋文〟は何もいわないが…」**（一九七二年）である。

破壊の事前に行われる調査は増加して、なかには新たな発見も確かにあって、それはマスコミの格好の対象となり、市民の関心を大きく煽った。しかし、めずらしさのみに飛びつかれる学問であってはならないし、まして失う大きさこそ問題だった。そのような動きは、六八年、藤森が長野県考古学会会長になる時期とも重なった。その時、先頭に立って闘った。諏訪湖底曽根遺跡の浚渫やレジャー施設建設問題、そして中央自動車道やビーナスラインの開通が具体的な問題として火の手をあげた。その奮闘ぶりは、諏訪中学の一年後輩である新田次郎（本名・藤原寛人）の著『霧の子孫たち』（文藝春秋、一九七〇年）に鮮明である。藤森は、行動でそしてペンでこの状況に向かっていた。その象徴的な三編である。

「先生が死を迎えた昭和四十八年のはじめから、いよいよ執筆にとりかかり、発作で倒れる寸前まで筆をとっていた」（戸沢充則「解題」『考古学・考古学者』）。**「考古学者は何をしてきたか」**で、完成まで至っていない絶筆である。未完の最後の見出しが、「諏訪湖底ソネ」につづいた「両角新治と小沢半堂」。ここで尽きた。その最後の一文が意味深い。「小沢半堂の人生の仕事はまったく消えた。しかし、半堂は地下でいっているかもしれない。──人が仕事の途中で斃《たお》れるということは、ちっとも恥にはならんのだよ──と」。

藤森がまだ幼い頃。土蔵には、商家だった生家の店先で売れ残った曽根の石鏃が貼られた

「諏訪みやげ」が、たくさんあった。いたずらをすると入れられる土蔵で、これに遭遇することになる。小さな窓から入る光を受けた、その輝きに魅せられた。この「諏訪みやげ」を作った張本人が小沢半堂（本名・孝太郎）。坪井正五郎が諏訪に来ての曽根の調査は、半堂の気持ちに火をつけた。以来、家族・生活顧みず、一心不乱ともいえる石鏃採集にのめり込むほどの熱を上げ、結果的に残った「諏訪みやげ」だった。

藤森は後、人生を湖底曽根の謎に、半堂のような一身をかけたかのように終生長く付き合った。曽根の謎解きという方法論は、考古学の多くの分野に藤森の好奇をくすぐって、解明する方法思考を磨いていった。半堂が考古学に、ひたすらにのめりこむ様は、藤森の憧れの姿であった。晩年にはもはや一体化したごとく、とさえ思わせる。

「考古学者は何をしてきたか」のタイトルは、もしや「考古学者・藤森栄一は何をしてきたか」と、気持ちの底の照れ隠しの省略形ではと、読み取れそうに邪推する。もうちょっと、の想いもあったかもしれないが、考古学の道を悔いなく進んだ充足感がその時あったと、この最後の一文に思いいたい。

絶筆を見た戸沢がこんな感想を漏らしている。「原稿の字は生き生きと楽しそうに流れている。永いこと心の中で温めてきた作品にとりかかった喜びと、そして早く仕上げてしまわなければという、はずんだような気持があらわれているようにみえる」（戸沢同右）と。

（みかみてつや、〔一社〕大昔調査会／長野県岡谷市在住）

藤森栄一略年譜

一九一一年（明治四四）		八月一五日　長野県上諏訪町（現・諏訪市）南本町に、父益雄、母志うの長男として生まれる。
一九一八年（大正七）	七歳	四月　高島尋常小学校に入学。
一九二四年（大正一三）	一三歳	四月　諏訪中学校に入学。
一九二七年（昭和二）	一六歳	二月　『諏訪中学校学友会誌』二六号に「有史以前に於ける土錘の分布と諏訪湖」が掲載される。
一九二九年（昭和四）	一八歳	三月　諏訪中学校を卒業。 七月　伏見宮博英殿下来諏、お相手役として発掘などに同行。 ＊この頃より諏訪地域のさまざまな遺跡調査に旺盛に参加する。
一九三〇年（昭和五）	一九歳	一月　森本六爾より初めて手紙をもらう。
一九三二年（昭和七）	二一歳	六月　上京し、森本六爾宅訪問。この頃より東京考古学会に関わる。
一九三三年（昭和八）	二二歳	九月　森本六爾宅訪問、一〇月、東大人類学教室にて森本の講演聴く。
一九三四年（昭和九）	二三歳	九月　森本六爾来諏、岡谷庄之畑・天王垣外・松本城山腰遺跡を調査。
一九三六年（昭和一一）	二五歳	一月二二日　森本六爾臨終の枕頭に侍す。
一九三七年（昭和一二）	二六歳	二月　奈良県の唐古池発掘調査に参加、末永雅雄の助手となる。 四月　株式会社大阪鉄工所に入社。
一九三八年（昭和一三）	二七歳	一〇月二三日　矢ケ崎みち子と結婚、大阪府住吉区阪南町に新居。
一九三九年（昭和一四）	二八歳	八月　一家で上京、品川区西大崎の不動荘アパートの管理人になる。
一九四一年（昭和一六）	三〇歳	三月　進退窮まり、母親上京。板橋区に家を買ってもらうことになる。 五月　日本橋区小舟町に葦牙書房を開業。
一九四二年（昭和一七）	三一歳	一二月　応召（入隊）。以後、中国、南方方面へ転戦。

一九四四年（昭和一九）	三三歳	三月　『信濃諏訪地方古墳の地域的研究』（伊藤書店）発刊。
一九四六年（昭和二一）	三五歳	六月　復員、諏訪に帰郷。 一二月　『かもしかみち』（葦牙書房）発刊。
一九四七年（昭和二二）	三六歳	八月　静岡県登呂遺跡の発掘に参加。
一九四八年（昭和二三）	三七歳	一〇月　諏訪考古学研究所を設立。
一九四九年（昭和二四）	三八歳	一一月　「原始焼畑陸耕の問題」（夕刊信州）を発表。
一九五二年（昭和二七）	四一歳	一〇〜一二月　諏訪市茶臼山遺跡発掘。
一九五三年（昭和二八）	四二歳	一〇月　高血圧で倒れる。
一九五九年（昭和三四）	四八歳	七月　諏訪市曽根遺跡調査。
一九六〇年（昭和三五）	四九歳	三月　富士見町曽利遺跡調査始まる。以後断続的に一〇月まで続く。 七月　井戸尻遺跡保存会結成、「考古学上よりみたる井戸尻」講演。
一九六二年（昭和三七）	五一歳	三月　富士見町藤内遺跡発掘始まる。 一一月一一日　井戸尻考古館にて、長野県考古学会第一回大会開催。
一九六四年（昭和三九）	五五歳	一〇月三一日　長野県考古学会大会「縄文中期シンポジウム」開催。 一一月　『銅鐸』（学生社）が毎日出版文化賞受賞。
一九六八年（昭和四三）	五七歳	四月二七日　日本考古学協会委員に当選、総会で曽根遺跡保存を訴え。 六月二日　長野県考古学会会長に就任。 六月　ビーナスラインの自然保護と旧御射山遺跡をまもる運動を開始。 一〇月二六〜二八日　日本考古学協会大会（松本市、大会準備委員長）。
一九七一年（昭和四六）	六〇歳	五月　『心の灯』（筑摩書房）がサンケイ児童出版文化賞大賞受賞。
一九七二年（昭和四七）	六一歳	九月　血圧上昇し諸活動を休止、静養する。
一九七三年（昭和四八）	六二歳	一二月一九日　永眠する。

初出一覧

I

掘るだけなら掘らんでもいい話

一九三八年執筆。『考古学・考古学者　藤森栄一遺稿集』（学生社、一九七四年）所収。

考古学への想い

「連載考古随想　書いてみたいこと」「連載考古随想　書いてみたいことII」「連載考古随想　掘ってみること」『長野県考古学会　連絡紙』11〜13（以上、一九六四年）、「考古随想3　感じてみること」「考古随想4　観察してみること」『信濃考古（連絡紙改題）』14、15（以上、一九六五年）、「考古随想5　歩いてみること」「考古随想6　遊んでみること」『信濃考古』16、17・18（以上、一九六六年）、「考古随想7　ケンカしてみること」「考古随想8　地味をみること」『信濃考古』19、20（以上、一九六七年）、「考古随想9　覗いてみること」「考古随想10　一度つけた灯を消さないこと」『信濃考古』23、25（以上、一九六八年）。

考古学者は何をしてきたか

絶筆・未完。『考古学・考古学者　藤森栄一遺稿集』（学生社、一九七四年）所収。

II

原始焼畑陸耕の問題

『夕刊信州』一九四九年十一月二十五日（夕刊信州新聞社）。

中期縄文文化論

『井戸尻』（中央公論美術出版、一九六五年）所収。

中期縄文土器とその文化

「縄文中期文化・中部日本」『新版考古学講座3　先史文化』（雄山閣、一九六九年）。

縄文中期植物栽培の起源
『縄文農耕』（学生社、一九七〇年）所収。
諏訪湖の大きかった時と小さかった時
『諏訪』第五号（甲陽書房、一九六三年）所収。後に「湖の大きかった時と小さかった時」として『遥かなる信濃』（学生社、一九七〇年）に再録。
弥生式文化に於ける摂津加茂の石器群の意義に就いて
『古代文化』一四巻七号（日本古代文化学会、一九四三年）所収。『藤森栄一全集　第一〇巻』も参照した。
信濃諏訪地方古墳の地域的研究（抄）
「考古学上よりしたる古墳墓立地の観方」『考古学』一〇巻一号（東京考古学会、一九三九年）。後に『信濃諏訪地方古墳の地域的研究』（伊藤書店、一九四四年）として刊行され、『古墳の地域的研究』（永井企画出版、一九七四年）に再録。本書は『古墳の地域的研究』から抄録した。
諏訪大社
『諏訪大社』（中央公論美術出版、一九六五年。収録されている多くの写真・図版は割愛あるいは差し替えた）。

III

発掘ジャーナリズム
『読売新聞』一九六六年十月ほか。『遥かなる信濃』（学生社、一九七〇年）に再録。
中央道と埋蔵文化財
『信濃毎日新聞』一九六九年十二月三日。
〃埋文〃は何もいわないが…
『信濃毎日新聞』一九七二年三月二十五日。

藤森栄一（ふじもり・えいいち、一九一一―一九七三）

長野県諏訪郡上諏訪町（現諏訪市）生まれ。旧制諏訪中学校卒業。在学中より諏訪地域のさまざまな遺跡をめぐり、やがて両角守一の教えもあり、発掘調査を行うようになる。その後、森本六爾から大きな影響を受け、考古学研究に邁進する。一九四二年に応召、中国、南方方面を転戦し、一九四六年に復員。一九四八年、諏訪考古学研究所を設立。諏訪湖曽根遺跡や八ヶ岳山麓の井戸尻遺跡、曽利遺跡、藤内遺跡などの発掘調査を進めると共に、長野県考古学会会長を務め、諏訪湖やビーナスラインの自然・遺跡保護運動に従事する。

おもな著作　『信濃諏訪地方古墳の地域的研究』（伊藤書店、一九四四）、『かもしかみち』（葦牙書房、一九四六）、『石器と土器の話』（蓼科書房、一九四八）、『銅鐸』（学生社、一九六四）、『旧石器の狩人』（学生社、一九六五）、『諏訪大社』（中央公論美術出版、一九六五）、『古道』（学生社、一九六六）、『二粒の籾』（河出書房、一九六七）、『縄文農耕』（学生社、一九七〇）、『心の灯』（筑摩書房、一九七一）、『信州教育の墓標』（学生社、一九七三）、『古墳の地域的研究』（永井企画出版、一九七四）、『考古学・考古学者　藤森栄一遺稿集』（学生社、一九七四）、『藤森栄一の日記』（学生社、一九七六年）、『藤森栄一全集』（全一五巻、学生社）ほか多数。現在、雄山閣より「学生社考古学精選」として『かもしかみち』『銅鐸』が刊行されている。

◎装幀　コバヤシタケシ
◎図版　あおく企画

藤森栄一考古学アンソロジー
掘るだけなら掘らんでもいい話

2023年　12月 19日　第1版第1刷発行

著　者＝藤森栄一
発　行＝新 泉 社
東京都文京区湯島1－2－5　聖堂前ビル
TEL 03(5296)9620 ／ FAX 03(5296)9621
印刷・製本　萩原印刷株式会社

ISBN978－4－7877－2317－8　C1021

藤森栄一を読む　人間探究の考古学者

諏訪考古学研究会編　２５００円＋税

藤森栄一とともに考古学に携わった研究者たちが『藤森栄一全集』（全十五巻、学生社）に執筆した解題を一冊にまとめる。古代人の生活を探求する藤森考古学をよみがえらせる。

考古学のこころ

戸沢充則　１７００円＋税

旧石器発掘捏造事件を検証するとともに、藤森栄一、宮坂英弌、八幡一郎、杉原荘介ら先人達の考古学への情熱と研究手法を振り返り、考古学のこころの復権を熱く訴える。

考古地域史論　地域の遺跡・遺物から歴史を描く

戸沢充則　２５００円＋税

八ヶ岳山麓に栄えた「井戸尻文化」、関東南部の土地を開拓した人びとによって生みだされた「貝塚文化」の叙述などをとおして、考古資料から原始・古代の歴史を生き生きと描き出す。

歴史遺産を未来へ残す　信州・考古学の旅

戸沢充則　２５００円＋税

信州の数多くの遺跡を歩き、遺跡と自然環境を保存・復原し未来へ伝えようとする地域の人びとの貴重な実践を紹介しながら、これからの考古学の歩むみちを展望するエッセイ集。

考古地域学を学ぶ　戸沢充則の考古学

海戸塾編　２３００円＋税

戦後、旧石器時代・縄文時代研究をリードした考古学者、戸沢充則の貝塚文化、井戸尻文化などの実践から、考古学で歴史叙述する方法を、戸沢から考古学を学んだ研究者たちが解説。